中国語筋トレ
100読練習法

木本一彰 著

MP3 CD付

東方書店

まえがき

　皆さんこんにちは。木本一彰と申します。共同通信社の中国語ニュースサイト「共同网」（http://china.kyodonews.jp/）の編集を担当しています。仕事は、通信社が出稿する膨大な日本語の原稿の中から中国語に翻訳するためのニュース原稿を選択することと、翻訳後の中国語と日本語の対照作業、つまり訳語の正確さ、ニュアンスなどのチェックです。毎日、仕事で読む量は少なくないと思います。しかし職場には中国人のスタッフが大勢いて、自分で翻訳することはありません。

　僕は、大阪外国語大学（現大阪大学外国語学部）中国語科を卒業し、共同通信社に入社。入社9年目に、北京にある対外経済貿易大学に1年間、語学留学させてもらい、その後、香港に3年駐在しました。おかげで中国語を読めるようにはなりました。しかし、たまたま耳にはいったテレビや他人のおしゃべりが理解できるかというと、正直なところ9割は理解できませんでした。職場でも日本語の極めてうまい中国人の同僚に囲まれているため、意思疎通は日本語で十分。日本企業で中国人職員のいる職場だと、どこも似たり寄ったりではないでしょうか。

　これでも中国語が分からない人にとっては「中国語ができる」レベルに入れてしまいます。一方で、真面目に勉強を続けているつもりなのに、どうしても「ぺらぺら」への突破口がみつからない。なんとかしたいが、語学学校へ通っている時間もない。いわゆる典型的な「自称"中級の上"」「さまよえる中級」状態でした。口語のテストがある日本政府観光局（JNTO）の通訳案内士も受験してみました。中国語の通訳学校などには一切通わず、ひたすら独学で勉強しました。そのために相当遠回りしたと思います。そして、通訳案内士に合格はしたものの、会話力は自分が満足するレベルには達しませんでした。なぜなのか考え、会話能力を上げるためのあるヒントにたどり着くことができました。

　そのヒントは、言葉とはそもそも何なのか、人はどうやって言葉を習得するのか、ということを考えた時に浮かんできました。そして「子供が初めて言葉を覚える時には、教科書なんか使ってない。ということは、誰でももっと楽に会話できるようになるのではないか」と思ったのです。同時に「中級になるとなんでピンイン使わないの？」という疑問がわきました。通常、ピンインは「初

i

級者の学習の補助輪」「読めるようになるまでの必要悪」だと考えられています。したがって、中級以上になればテキストのピンインは極力なくしていきます。「いつまでもピンインに頼っていては、中国語は上達しないよ」というわけです。果たして本当にそうでしょうか？

　一つの文字に複数の読み方がある「多音字」と、同じ漢字の部首を使い、字の形が似ているために「なんとなく読めているつもりの字」の存在こそが、中級者をいつまでも中級者のレベルにとどめている２大要因ではないでしょうか。こうした不安要因を容易に解消する手段がピンインなのです。まず漢字があって、その読み方としてピンインがある、と考えるのではなく、ピンイン（音声）で表す意味があって、それを表現するために漢字が付随している、という風に考えてみたのです。

　この本の学習法は、これまでの中国語会話のテキストとはまったく異なっています。まず、大まかな日本語の意味を頭にいれてからピンインだけの文章を朗読します。次にCDの音声を後追いして発音を重ねていくシャドウイングをします。ピンインだけを朗読したりシャドウイングをしたりしている状況は、中国人と実際に会話している状況に似ていて、なんとなく不安になります。日本人が中国人と実際に会話するときになぜ不安を覚えるのでしょうか？それは、眼に見える漢字が介在しなくなるからです。本書では、中国語の勉強イコール漢字という考え方をやめてみました。「音で中国語を覚える」、これが本書の目的です。

　本書が目指すのは、ある程度「読める」、つまり一定程度の語彙がある人が、ネイティブスピードで「話せる」ようになることです。ピンイン朗読とシャドウイングを繰り返すことで、ピンインと意味、つまり音と意味のペアを頭にしみこませていきます。同時に、漢字を見て反射的にピンインを思い浮かべられるようにします。スポーツの基礎トレーニングと同じような感覚で、頭をあれこれ悩ませずに基礎的な動作を繰り返して言葉を身につけていきます。

　この学習方法を積み重ねていくとどういうことが起きると思いますか？まず、中国人から中国語で話しかけられる確率が急増します。ネイティブの人は僕の発音を聞いて、「お、中国語が話せるな」と判断して、中国語で話しかけてくれるわけです。発話の速度がかなり上がると、それまでたどたどしい日本語で話しかけてきていた同僚の中国人やアルバイトの中国人留学生が中国

語で話しかけてくれるようになり、内心嬉しかった記憶があります。

　さらに別のミラクルも起きます。それは中国語で話をしていて、頭の中に伝えたい内容があるときに、その意味を表す単語が知らず知らずのうちに口をついて飛び出てくるようになります。その時、文字は意識していません。というより、自分でもどういう漢字か分からないことがあります。潜在意識の中に音と意味のペアとしての言葉が刷り込まれていて、会話の最中に、それが記憶の引き出しから出てくるのです。これは自分でもびっくりしました。あとからその辞書を引いて文字を確認し、「おお、これは確かに朗読したことがある」という状態です（笑）。身をもって体験した、まさにブレークスルーでした。これを体験すると、「話せるようになる」という実感が伴い、勉強が本当に楽しくなります。

　初めに断っておきますが、この本は「中国語が１ヶ月でぺらぺらになる」といったたぐいの本ではありません。これまでなかった視点からの学習方法ではありますが、どちらかというと正攻法の勉強です。ですので「１ヶ月でぺらぺらになりたい」と思ってこの本を立ち読みされているのであれば、この本を書棚に戻し、隣の本に手を伸ばされることをお勧めします。しかし、少なくとも３ヶ月、我慢できる覚悟があれば、この本の学習方法をぜひためしてみてください。あなたが素晴らしいブレークスルーを体験できることを願っています。

本書の学習方法

これが基本

　本書ではまず、ピンインの朗読とシャドウイング1回を1セットとして、25セット前後やります。同じ文章を口に出して50回前後読むということです。100読の半分です。各課のピンインページの上に、数字入りのバーがありますので、読んだ回数をカウントするのに、両脇のチェック欄を活用してください。

❶ まず、日本語の訳文を読んでください（15課までは各課3ページ目、16課からは2ページ目にあります）。中国語と日本語では文法が違うので、必ずしも同じ語順で単語が並んでいるわけではありませんが、あなたが今から読む文章の意味が書いてあります。

❷ 次に、正確に発音できる速度でピンイン文を朗読します。ピンインだけのテキストには多少面食らうかもしれません。でも、3分の2以上は既習の単語のはずですので、丁寧に正確に発音することでどういう漢字か分かると思います。漢字が分からない単語に関しては、語釈を見るか、発音と意味から推測してみましょう。

　ピンインは口語での実際の発音を優先しています。意味的につながっていて一音節で発音される語はピンインもつなげて書いてありますし、軽声化されている発音もあります。文法的な区切りとは必ずしも一致していません。

❸ できれば起立して（集中力が高まります）、目をつぶって、課文を音読したCDの音声教材を聞きながらシャドウイングしてください。この時、自分の発音が間に合わない単語がいくつも出てきますが、それを気にせず、なるべく聞こえてくる音声に口を合わせる意識をもってください。自分の発音の正確さではなく、教材から流れてくる音についていくことがポイントです。音声を翻訳した文章が頭の中に浮かぶと思いますが、音に集中して口を動かしてください。いずれ、口が教材の音声に追いつきますので心配はご無用（笑）。これで1セット。

❹ 再びピンインの朗読をします。速度は上げません。正確に発音することを心掛けてください。その後に「起立して、目を閉じて」シャドウイング。これを合計10セット、つまり同じ文章の朗読を10回、シャドウイングを10回くらいやったあたりから、正確に読んでいるピンイン朗読の速度も少

しずつ上がってきます。でもまだ引っかかる発音もあると思いますので、さらに10セットやりましょう。

20セットまでくると…

20セットまでくると、繰り返し読んでいるために文章の意味も明確に頭に入ってきます。そして、それぞれの単語の発音の特徴、伸ばし方や縮め方、声調などもかなりクリアに聞こえます。もしあればですが、自分の発音とネイティブスピーカーの発音の違っているところを認識できるレベルになっていると思います。

20セットを過ぎ、できれば30セット、つまり朗読とシャドウイングを合わせて50〜60回くらい読んだところまでを目安に、次のページ(16課以降は各課3ページ目)に進んでください。ここまで頭に叩き込んできたピンインの漢字の原文です。これで、これまで推測にしていたピンインがどういう漢字の単語かが分かります。発音はすでに正確にマスターしています。漢字は覚えた発音を想起させる手がかり、ツールに過ぎません。

後半の練習方法

ここからは前半で固めた発音を基礎に、朗読のパートでは、漢字の文章を見ながら発話のスピードアップを目指します。朗読の速度を上げるには、ピンイン文では限界があります。ですから漢字を見ながら朗読するのですが、文章は音声のつながりとして頭に入っているはずですので、音声に集中して意味を頭に浮かべてください。頭に浮かべるのは「漢字」ではなく、「意味」です。正確さを保ちながら、なるべく速く文章を読めるようにトレーニングしていきます。漢字文の朗読のあとはシャドウイング、朗読とシャドウイングで1セットなのは同じです。

文字化しない

重要なことをひとつ。漢字の文章を決して暗記しようとしないでください。この場合の文章は「文字の連なり」です。この練習方法が「音を意味として捉える」ことを目的としている以上、文字は不必要です。しかし、テキストを暗記してしまうと、当然ながらその「文字の連なり」を思い出そうとします。

ここで字面を思い出そうとするのは、この練習方法の目的と逆のことをやることになります。あくまで朗読は正確な発音のためであり、漢字は発音を思い出す手がかりです。

　40セットを越えたあたりから、シャドウイングの際に文字を思い浮かべず、意味のつながりとして理解しようと試みてください。これは意識の問題です。朗読のパートで正確な発音と同時に、文章、文字の意味は理解しています。今度は意識して音だけで意味を感じようとする。音をまるごと消化する。これが本書の勉強法の最大のポイントです。理解というよりは音を聞いて意味を体感する、言葉を体得する、というイメージです。

　ここからはこれまでと違って顕著な上達を自覚することがありません。すでに発話の速度もある程度まで上がっていますのでシャドウイングも難しくはありません。通常の暗誦であればここまでやらないと思います。しかし、100読メソッドにおいてはここが一番重要なステップです。なぜなら無意識の、あるいは潜在意識の記憶の領域に音声と意味のペアを刻みつける作業だからです。意識しなくても耳に入ってきた音を意味として捉えられるようにする、それがこのステップの目標です。かつ、無意識の記憶の引き出しをいかに多く作るかが、今後の飛躍的な上達へのカギです。無意識の領域に働きかけているわけですから、変化を自覚できないのは当然とあきらめてください。

　こうやって言葉を「意味と音声」のペアというより、「意味としての音声」として脳に刷り込んでしまいます。実は、この過程はまさに、子供が言葉を習得するプロセスを再現し短縮しているだけなのです。子供たちは保育園や幼稚園までは基本的に音声だけで言葉を取得していきます。そして小学校に上がる直前くらいから文字を習いますよね。ひらがなやカタカナ、あるいはアルファベットは表音文字です。つまり、文字はあくまで音声としての語彙を大幅に増やしていくためのツールです。ですから、文字を先に理解している我々は、小学生と同様、文字を使って語彙を増やしているだけだと思ってください。

目指せ「ネイティブ超え」
　もう一つ、後半は朗読のパートにも課題があります。25セット前後のピンイン朗読まではシャドウイングでネイティブスピードに追い付こうとしていた速度を、漢字文の朗読のパートでは、音声教材より速く読もうと意識して

ください。つまり「ネイティブスピード」を超える練習をします。もちろん、正確さを軽視してはいけません。基本に忠実に発音しますが、ここまで繰り返してきたシャドウイングを通じて、ネイティブスピーカーの音のつぶし方、切り方、飛ばし方を耳が学んでいます。あとはその真似をしながら早口で文章を読めるようにします。

　発音を一つも間違わないように正確さを意識しながら、これまでなかった速度に挑戦することで、口の緊張感、意識の集中の度合いが全く違うレベルに高められます。シャドウイングなら楽についていける速度ですから、集中すれば超えられるはずです。超えられないとすれば、一つはピンインがうろ覚えか、もう一つは集中できていないか、どちらかが原因です。

　この速度までくると、文字を頭の中に浮かべて読み上げることが無理になります。頭の中で文字を読もうとすると音声の速度についていけなくなるからです。このレベルこそが「音声と意味がペア」になった状態です。さらにこの速度で練習を続けることによって、無意識の領域に「音声と意味のペア」を刻み付けていきます。これは目に見えて効果があるわけでなく、ある日ふと、覚えていた単語が口をついて出てくる、という形で現れます。

　口が速度に慣れてくると、音を聞いただけで意味が頭の中に飛び込んでくると同時に、口が勝手にCDの音声についていくようになります。文字は全く意識しません。さらに慣れてしまうと、僕の場合は雑念がわいてきます（笑）。要するに音声だけで意味を理解し、口がネイティブスピードに楽についていけるようになると、頭の中で文章を考える必要がなくなり、思考するスペースが空くんですね、おそらく。もし、50セット、100読してもこういう状態にならないのであれば、さらに練習を続けてください。練習を続けていれば必ずこのレベルに到達できます。

　最終段階まできても、重要なのは最初のピンイン朗読をいかに正確に発音するか、ということです。お分かりになったでしょうか？　これまで「中級になったからピンインをはずせた」と考えていませんでしたか？　しかし、会話能力に限って言えば、あなたは「ピンインをはずしたばっかりに中級以上に進めなかった」のではないでしょうか？　それに気づいてもらうだけでも、この本を読んでいただく価値はあると思います。

　一つずつの練習文は2分くらいが適当です。短く感じるかもしれませんが2

分を中央電視台のアナウンサーの速度で読むとかなりの文字量になります。2分を100回繰り返すと200分。休憩を取らずに読み続けても3時間を超える練習時間が必要です。人間の記憶は日付をまたいで反復した方が深まります。100読を一気にやるのではなく、少なくとも4回に分けるのが適切だと思います。

ちなみに、CDの音声速度は31課以降、それまでより約20%速くなります。ネイティブの中国人にとっても早口と思えるスピードですので、かなり手ごわいはずです。ぜひ、がんばってください。

レベルの確認

この学習方法の優れている点は、自分がどのレベルにいるかを常に自覚できることです。

最初は朗読がスムーズにできません。初めて発音するピンインに口が順応できないからです。そして新しい単語は音声もうまく聞き分けることができません。その次に発音に口が順応できると、シャドウイングが楽しくなります。ついていけるようになるととシャドウイングは楽しいし、いくつか発音の苦手な単語が分かります。そして教材の音声がとてもはっきり聞き取れるようになります。

ネイティブ超えを目指すところになると、おそらく1回目を読んだ日ではなく、3日目か4日目の学習になっています。そうすると1回目にあれほど速く感じていた音声教材のネイティブスピードがゆっくり感じられます。

最終的にはわずかな発音のミスなどを聞き取れるようになります。発話の速度もネイティブスピーカー並みです。

以上のように、はたから見ると同じことを繰り返しているように見えても、自分の上達の段階を意識できると学習している当人は退屈しません。100読（50セット）の1セット目と50セット目でどういうふうに自分が上達しているか手に取るようにわかるからです。なおかつ、最初は全くスラスラ読めなかった文章を、50セット目にはネイティブスピーカーなみの速度で、かつネイティブのような発音で読めるようになります。この学習方法の楽しさはここにあります。

この学習方法は、あまり思考を必要としません。音声についていく集中力は必要ですが、何かを考えている暇はありません。スポーツの基礎トレーニング

を繰り返している感覚です。目標の速度を設定し、ひたすら繰り返すことで頭と口を慣れさせていくだけです。意味もそのうち自然に頭に入ります。「読書百遍意自ずから通ず」です。ネイティブの人は生まれた時から、音を意味として脳に刷り込み続けているわけです。だから話せる。読み書きできない人はいても、話せないネイティブの人はいませんよね。その理由はこの学習方法に隠されています。

　これが僕の紹介したい100読の学習方法です。この学習方法は中国語に限ったやり方ではありません。すべての語学の学習にあてはまる大原則だと思います。この本の練習をすべて終えたら、もっと長い文章にぜひ挑戦してみてください。しかも中国のテレビなどを使った教材で。そうすれば、あなたが費やした時間が無駄でなかったことを実感できます。これは保証します。

　では、ここからは僕が共同網に連載してきたエッセイの一部を練習文として掲載し、同時に音声を提供しますので、存分にネイティブスピーカーの発話速度に挑戦してみてください。

100読練習法のまとめ　　1課につき4日かけて行います

日本語訳を読んで意味を把握
↓
ピンイン文朗読（正確に読める速度で）＋シャドウイング……25セット前後
↓
漢字文朗読（目指せネイティブ超え）＋シャドウイング……….25セット前後
↓
次の課へ進む

❖ MP3CDについて

本書にはMP3CDを附属しています。パソコンやMP3対応のCDプレーヤーでご利用ください。また、Windows Media Playerなどの音楽再生ソフトを立ち上げても、自動では読み込まれません。任意のフォルダにコピーしてからご利用ください。

track01〜10は「気をつけたい発音の復習」で、track11からが本文です。31課（track41）以降は朗読のスピードがあがっています。

目　　次

1 迪士尼乐园受欢迎的理由 ディズニーランドの人気の理由 2
2 便利店增多不一定健康 コンビニが増えるのは必ずしも健全ではない 6
3 东京晴空塔和心柱 東京スカイツリーと心柱 10
4 "养狗"意味着什么？ 犬を飼うとはどういうことか 14
5 能否享受幸福的晚年？ 幸せな晩年をすごせるだろうか？ 18
6 同样行为不同目的 同じ行為と違う目的 22
7 运动会的教训 運動会の教訓 26
8 搬家和故乡 引越しとふるさと 30
9 运动与年龄 スポーツと年齢 34
10 画家的意志力 画家の精神力 38
11 什么是"真正的善意"？ 何が「本当の善意」か？ 42
12 范式转换 パラダイム転換 46
13 适当的经济状态 適切な経済状態 50
14 阻碍发展的因素 発展の阻害要因 54
15 力争成为超级"二流" 超二流をめざせ 58
16 生意的本质 ビジネスの本質 62
17 能否相信他人？ 他人を信じられますか？ 66
18 国家实力并非武力 国家の実力は武力に非ず 70
19 走正确的路需要什么？ 正しく歩くには何が必要か 74
20 不想失去便利吗？ 便利さを失いたくありませんか？ 78
21 身边的高科技 身近なハイテク 82
22 谁真正有能力？ 誰が本当は有能なのか 86
23 职场晋升的终点 出世のゴール 90

x

24 没有不使用的自由？ 不使用の自由はないのか？	94
25 发展的方向 発展の方向	98
26 运动和经济的关系 スポーツと経済の関係	102
27 浅谈"竞争力" 競争能力	106
28 朋友的定义 友達の定義	110
29 捐款和善意 寄付と善意	114
30 没有变化的理由 変わらない理由	118
31 你要鼓励谁？ 誰を励ますのか？	122
32 一个50岁人的感慨 50歳の挑戦は大変	126
33 最后的工作 最後の仕事	130
34 日本人的英语 日本人の英語	134
35 如何发挥日本的技术实力 日本の技術力をどう利用するか	138
36 是否需要遵守规定 規定を守るべきか	142
37 构成幸福的因素 幸福の構成要素	146
38 到什么地步才需要修改规则 みんなが必要だと認めてはじめてルールを変えるべきだ	150
39 一起喝酒的社交功能 一杯やる付き合いの効能	154
40 年轻朋友步入婚姻 若い友人の結婚	158
41 宝冢的"丑女之25条" 宝塚「ブスの25か条」	162
42 充满干劲、迎难而上 やる気をもって自ら困難を克服しよう	166
43 增长见识的交往 見識を増やす付き合い	170
44 自我肯定 自己肯定	174
45 步入老年和成熟的差异 老いることと成熟の違い	178

語句索引　182

多音字

❶ 挨／艾／熬／拗／扒／把／柏／般 65
❷ 膀／剥／炮／薄／堡／刨／暴／曝 69
❸ 背／臂／奔／绷／秘／辟／便／屏 73
❹ 泊／参／藏／曾／叉／差／刹／禅 77
❺ 长／场／吵／绰／朝／车／称／澄 81
❻ 盛／冲／重／臭／处／畜／揣／传／创 85
❼ 幢／刺／伺／答／打／大／待／逮／担／单 ...89
❽ 弹／石／当／倒／得／的／提／调 93
❾ 钉／都／斗／度／恶／发／坊／菲／分 97
❿ 佛／否／服／父／夹／轧／干／杆／蛤 101
⓫ 给／更／颈／供／骨／贾／观／冠／还 105
⓬ 行／号／好／喝／和／荷／吓 109
⓭ 横／糊／划／豁／晃／会／混／几 113
⓮ 期／奇／济／系／假／间／监／渐／见／将 ..117
⓯ 强／降／教／嚼／角／校／结／解 121
⓰ 禁／尽／劲／圈／卡／看／壳／空 125
⓱ 落／勒／了／撂／累／量／撩／淋 129
⓲ 溜／笼／露／绿／论／抹／埋／脉 133
⓳ 没／闷／蒙／靡／模／磨／南／难 137
⓴ 粘／宁／拧／迫／泡／跑／劈／片／漂 141
㉑ 朴／撒／铺／纤／抢／悄／翘／切 145
㉒ 亲／曲／嚷／撒／塞／散／丧／扫／色 149
㉓ 煞／扇／栅／上／捎／少／折／舍／什 153
㉔ 省／食／识／似／熟／数／属／说／宿 157
㉕ 遂／拓／苔／挑／帖／吐／褪／为／遗 161
㉖ 鲜／相／削／血／兴／吁／旋／压／咽 165
㉗ 燕／要／掖／拽／荫／饮／应／佣／予 169
㉘ 与／晕／扎／咋／载／仔／择 173
㉙ 炸／涨／着／爪／正／怔／挣／只 177
㉚ 中／种／轴／转／琢／钻／作 181

気をつけたい発音の復習

イントロ 4
発音で使う部分 8
難しい【e】1 12
難しい【e】2 16
難しい【e】3 20
難しい【e】4 24
難しい【e】5 28
【ü】【üe】 32
【ün】1 36
【ün】2 40
そり舌音 44
日本語にない母音 i【ɿ】....48
日本語にない母音 i【ʅ】....52
さいごに 1 56
さいごに 2 60

中国語学習のヒント

ピンイン善玉論 5, 9
言葉の成り立ちについて
　考える 13
音から意味にたどりつくまで
　 ...... 17, 21
「多読・多聴」から
　本当の「多念」へ 25
最大の無駄は
　20読から30読 29, 33
聞き取りとスピーキングの
　関係 37, 41
発想の逆転 45, 49
語学学校ではなぜ限界が
　あるのか？ 53, 57
なぜ朗読を繰り返すのか ...61

中国語筋トレ
100読練習法

⑪ Díshìní Lèyuán shòu huānyíng de lǐyóu

Dōngjīng Díshìní Lèyuán hé Dōngjīng Díshìní Hǎiyáng Lèyuánde lěijì rùyuán rénshù tūpò liùyì réncì. Zì yījiǔbāsānnián sìyuè **kāiyè** yǐlái, jīngguò sānshiduōnián shíjiān, **xiāngdāngyú** Rìběn **zǒngrénkǒu** yuē wǔbèide rén qùle Dōngjīng Díshìní. Chúle zhùzài **shǒudūquān**de **jūmín** yǐwài, zhīchí Dōngjīng Díshìní Lèyuánde shì **zhěnggè** Rìběn yǐjí Yàzhōude **huítóukè**. Tèbiéshì yǒule háizi yǐhòu, duì Rìběnde bàba māma **éryán**, Díshìní chéngle yídìng yàoqùde dìfang.

Wǒmen zài nàlide dàbùfen shíjiān yònglái zǒudòng huòzhě páiduì, bùnéng **shíshí** dōuzài yúlè shèshīshang **wánshuǎ**. Wǒmen **chéngzuò** gèzhǒng shèshīde shíjiān kěnéng hái búdào **yígezhōngtóu**. Díshìní wèishénme néng yìzhí xīyǐn rúcǐ duōde yóukè?

Wǒ yǐqián zhùguo wèiyú Xiānggǎngde "Bàndǎo Jiǔdiàn", nà shì měinián bèi xuǎnwéi quánqiú zuìjiā wǔjiājiǔdiàn zhīyīde zhùmíng jiǔdiàn. Dōngjīng Díshìní **yuángōng**de tàidù yǔ gāi jiǔdiànde yuángōngmen hěn **xiāngsì**, **zǒngshì** miàndài xiàoróng, hěn rènzhēnde jiēdài kèrén. Kèrén néng gǎnjué shòudàole **shēngqíng kuǎndài**. Zài Díshìní, zài nàme **guǎngkuò**de gōngyuánli, yóukè **suíchù** dōu néng shòudào gāodàng jiǔdiànbānde kuǎndài. Rìběnrén **yuánběn** jiù hěn **shàncháng xìxīn** kuǎndài, dànshēngyú Měiguóde Díshìní mófǎ zài Rìběn gèngshì fāhuīde **línlíjìnzhì**.

2

01 ■ 迪士尼乐园受欢迎的理由

东京迪士尼乐园和东京迪士尼海洋乐园的**累计**入园人数突破 6 亿人次。**自** 1983 年 4 月**开业**以来，经过 30 多年时间，**相当于日本总人口**（约 1.2 亿人）约 5 倍的人**去**了东京迪士尼。除了住在**首都圈**的**居民**以外，**支持**东京迪士尼乐园的是**整个**日本以及亚洲的**回头客**。特别是有了孩子以后，对日本的爸爸妈妈**而言**，迪士尼成了一定要去的地方。

我们在那里的大部分时间用来走动或者排队，不能**时时**都在娱乐设施上**玩耍**。我们**乘坐**各种设施的时间可能还不到**一个钟头**。迪士尼为什么能一直吸引如此多的游客？

我以前住过位于香港的"半岛酒店"，那是每年被选为全球最佳 5 家酒店之一的著名酒店。东京迪士尼**员工**的态度与该酒店的员工们很**相似**，**总是**面带笑容，很认真地接待客人。客人能感觉受到了**盛情款待**。在迪士尼，在那么**广阔**的公园里，游客**随处**都能受到高档酒店般的款待。日本人**原本**就很**擅长细心**款待，诞生于美国的迪士尼魔法在日本更是发挥得**淋漓尽致**。

---

lěijì〔累计〕：累計　zì〔自〕：(時間、場所について) ～から　kāiyè〔开业〕：開園。営業開始　xiāngdāngyú〔相当于〕：～に相当する　zǒngrénkǒu〔总人口〕：総人口　qù〔去〕：行く。赴く　shǒudūquān〔首都圈〕：首都圏　jūmín〔居民〕：住民　zhīchí〔支持〕：支持する。応援する　zhěnggè〔整个〕：全部の。すべての　huítóukè〔回头客〕：リピーター　éryán〔而言〕：～に言わせれば　shíshí〔时时〕：いつでも　wánshuǎ〔玩耍〕：遊ぶ　chéngzuò〔乘坐〕：乗る　yígezhōngtóu〔一个钟头〕：一時間　yuángōng〔员工〕：従業員　xiāngsì〔相似〕：似る。似ている　zǒngshì〔总是〕：いつも　shèngqíng〔盛情〕：厚情。心のこもった　kuǎndài〔款待〕：丁寧にもてなす。歓待する　guǎngkuò〔广阔〕：広々とした　suíchù〔随处〕：いたる所。あちこち　yuánběn〔原本〕：そもそも。本来　shàncháng〔擅长〕：～を得意とする。長ける　xìxīn〔细心〕：注意深い。細心である　línlíjìnzhì〔淋漓尽致〕：意を尽くす。伸びやかである

3

ディズニーランドの人気の理由

　東京ディズニーランドと東京ディズニーシーの**累計**入園者数がのべ 6 億人を超えた。1983 年 4 月の**開園**以来、30 数年の時を経て、日本の**総人口**約 1.2 億人の 5 倍に**あたる**人が東京ディズニーを**訪れた**ことになる。**首都圏**の**住民**だけでなく、東京ディズニーの**ファン**は日本**全部**とアジアの**リピーター**だ。特に子供ができたら、日本のパパやママに**言わせ**れば、ディズニーは必ず行くべき場所なのだ。

　私たちがディズニーですごす時間の大部分は移動しているか、行列しているかで、**いつでも**アトラクションを**利用**できるわけではない。私たちが各種のアトラクションを利用している時間はおそらく **1 時間**にも満たない。ではなぜ、こんなにたくさんのお客さんを引き付けるのか？

　私は以前、香港にある「ペニンシュラホテル」に泊まったことがある。ここは世界でもっとも素晴らしいホテル 5 ヶ所に毎年選ばれる有名ホテルだ。東京ディズニーの**従業員**の態度は、このホテルの従業員の態度ととても**似ている**。**常に**笑顔を絶やさず、**真剣**にお客を**もてなす**。お客は**心づくし**の**おもてなし**を受けた気分になれる。その上、ディズニーはあの**広い公園**の中、**いたる所**で高級ホテル並みのもてなしが受けられるのだ。日本人は**もともと**、**細やかな**気配りのもてなしが**得意**だし、アメリカ生まれのディズニーの魔法は、日本でさらにその持ち味を**存分に発揮**している。

気を付けたい発音の復習　　　　　イントロ

　　ここでは正しい発音をおさらいします。中国語学習の最難関、というか日本人にとっての弱点は中国語の子音と母音の多さに加え、発音する位置、いわゆる調音点の前後差です。日本語はどちらかというとのどの中間から前の部分で発音しますが、中国語はのどの奥まで使って発音します。日本語にない子音と母音を正確に発音できるようにすることこそ、ネイティブ並みの発音を身に着ける近道です。

　　この本は中上級者向けですので、そり舌音と有気音、無気音は一応クリアしたレベルを前提に話をします。したがって細かい復習まではしません。ただ、もう一度見直すべき発音の注意事項についてのみ触れたいと思います。

中国語学習のヒント

私たちが中国語を学習する際、何が上達を妨げているのでしょうか？ ここでは、中国語会話上達のヒント、「さまよえる中級」突破のカギについて考えてみたいと思います。

ピンイン善玉論
〜その1〜

　日本人の中国語会話力が、中級からストップしてしまうのはピンインを使わなくなることに原因があると僕は考えています。漢字を見て正確なピンインを思い浮かべられればいいのですが、語彙量が増えるにつれて、ピンインをうろ覚えの漢字も増えていきます。特に違う発音や四声を使い分ける漢字「多音字」がやっかいな存在です。

　たとえば"我给你五块钱"は読めても"供给费用""自给自足""给予支持"の"给"の発音を正しく「jǐ」と認識できていますか？ 意味は分かりますよね。だけど、音だけを聞いて正しく字を思い浮かべられるでしょうか？"协调"と"调查"、"省略"と"反省"、"角度"と"主角"など、同じ字で違う発音の場合はまだしも、四声だけが違う場合も大いにあります。アルファベット表記された部分は比較的覚えやすいのですが、四声の使い分けまで正確に覚えるとなると結構大変です。しかも、四声の使い分けは中国語の発音にとってきわめて重要なポイントなのです。しかし、字を見れば意味が分かるばっかりに、こうした発音の違いを明確に把握していない人はたくさんいます。

　日本人は日常的に漢字を使いますので、漢字の単語を見て意味を理解できてしまいます。そうすると、発音はできなくても意味はわかりますから、文章は「読める」わけです。しかし、同じ部首を使った違う漢字、たとえば"携带"と"滞留"の"带"と"滞"とか、"纤维"の"纤"と"千"、"诸"と"绪"など、外見が似ている漢字は発音を混同しやすくなります。

5

⑫ Biànlìdiàn zēngduō bùyídìng jiànkāng

Zài qù diànchēzhànde túzhōng, wǒ jīngguò yíchù zhèngzài shīgōngde diànmiàn, bōliqiángshang tiēde zhǐ xiězhe "Qī-yāoyāo jíjiāng kāiyè! Chéngpìn dǎgōngzhě!". Kàndào zhège gàoshì wǒ hěn chījīng, yīnwèi cóng zhèli wǎngběi jìnjìn yìbǎimǐyuǎnde shízìlùkǒupáng yǐjīng yǒule yìjiā "Qī-yāoyāo".

Cóng wǒjiā bùxíng wǔfēnzhōngde jùlínèi jiù yǒu sìjiā "Luósēn", dào diànchēzhàn yuē yìgōnglǐde lùshang gòngyǒu liùjiā biànlìdiàn, háiyǒu jíjiāng kāiyède shàngmian nèijiā. Shènzhì yǒu yíge shízìlùkǒu, sāngejiējiǎo fēnbié bèi "Qī-yāoyāo", "Luósēn", "Quánjiā" sānjiādiàn zhànjù. Píngjūn xiàlai měi yìbǎiwǔshímǐ jiù yǒu yìjiā biànlìdiàn, zhè yě xiǎnrán tài mìjíle.

Jǐnguǎn rúcǐ, shòuquánfāng qǐyè réng zhuózhòngyú kāifā gèzhǒng biàndāng, píngjià yǐnliào,tiánpǐn děng zìzhǔ pǐnpáide shāngpǐn yǐ móuqiú fāzhǎn. Érqiě tāmen kāifāde shāngpǐn dōushì zài chāoshìděng xiāoshòude jiyǒu shāngpǐn. Biànlìdiàn chúle zhēngduó qítā diànpùde gùkè zhīwài, sìhū yě méiyǒu biéde fāngfǎ.

Rúguǒ tìngzhīrènzhī, Rìběn jiāng biànchéng zhǐyǒu dàxíng gòuwù zhōngxīn hé biànlìdiàn liǎngzhǒng diànpùxíngtàide guójiā. Jíqǔ dìqū tèsè dǎzào xīnshāngpǐn, tuòzhǎn xīnshēngyide jīhuì jiāng jiǎnshǎo, dìfāng jīngjì kěnéng biànde gèng bú jiànkāng.

6

02 ■ 便利店增多不一定健康

在去**电车站**的**途中**，我经过一处正在**施工**的**店面**，玻璃墙上贴的纸写着"7-11即将开业！**诚聘**打工者！"。看到这个**告示**我很吃惊，因为从这里往北**仅仅**100米远的**十字路口**旁已经有了一家"7-11"。

从我家步行5分钟的距离内就有4家"罗森"，到电车站约1公里的路上共有6家便利店，还有**即将**开业的上面那家。**甚至**有一个十字路口，三个**街角**分别被"7-11"、"罗森"、"全家"三家店**占据**。平均下来每150米就有一家便利店，这也显然太密集了。

尽管如此，**授权方企业**仍**着重**于开发各种便当、**平价**饮料、甜品等自主品牌的商品以**谋求**发展。而且他们开发的商品都是在超市等销售的**既有**商品。便利店除了**争夺**其他店铺的顾客之外，**似乎**也没有别的方法。

如果**听之任之**，日本将变成只有大型购物中心和便利店两种店铺形态的国家。**汲取**地区特色**打造**新商品、**拓展**新生意的机会将减少，地方经济可能变得更不健康。

---

biànlìdiàn〔便利店〕：コンビニエンスストア　bùyídìng〔不一定〕：必ずしも〜ではない。〜とは限らない　jiànkāng〔健康〕：健全である　diànchēzhàn〔电车站〕：電車の駅　túzhōng〔途中〕：途中　shīgōng〔施工〕：建設する。施工する　diànmiàn〔店面〕：店構え。店先　chéngpìn〔诚聘〕：募集する。お願いする　gàoshì〔告示〕：掲示。お知らせ　jǐnjǐn〔仅仅〕：わずか　shízìlùkǒu〔十字路口〕：交差点　jíjiāng〔即将〕：もうすぐ。まもなく　shènzhì〔甚至〕：さらには。ひいては　jiējiǎo〔街角〕：コーナー　zhànjù〔占据〕：占拠する。占有する　jǐnguǎn〔尽管〕：〜だけれども。〜にかかわらず　shòuquánfāng qǐyè〔授权方企业〕：フランチャイザー　zhuózhòng〔着重〕：力を入れる。重きを置く　píngjià〔平价〕：価格を抑える　móuqiú〔谋求〕：求める。追求する　jìyǒu〔既有〕：既存の　zhēngduó〔争夺〕：争う。奪い合う　sìhū〔似乎〕：〜のようだ。〜らしい　tīngzhīrènzhī〔听之任之〕：放任する。放っておく　jíqǔ〔汲取〕：汲み取る　dǎzào〔打造〕：製造する。製作する　tuòzhǎn〔拓展〕：拡張する。広げる

コンビニが増えるのは必ずしも健全ではない

　電車の駅に行く途中、工事中の店の前を通りがかった。ガラスの壁に紙が貼ってあり「セブンイレブンもうすぐ開業！アルバイト募集」と書いてあった。このお知らせを見た私はとても驚いた。なぜなら、ここからわずか100メートル北の交差点にセブンイレブンがすでにあるからだ。

　私の家から歩いて5分の距離に4軒ものローソンがある。電車の駅までの1キロの路上には6軒のコンビニがあり、さらにもうすぐこの店が開業する。ひいては、ひとつの交差点の3つのコーナーにセブンイレブンとローソン、ファミリーマートがあるところすらある。平均して150メートルに一軒のコンビニは明らかに多すぎる。

　だが、フランチャイザーの企業はさらに各種の弁当や安い飲み物、スイーツなどの自社ブランド商品の開発に力を入れて成長を追求してきた。彼らが開発する商品はスーパーなどですでに売られている商品だ。コンビニにはほかのお店のお客さんを奪う以外、ほかに方法がないようだ。

　もし、こんな状況を放っておけば、日本は大型のショッピングセンターかコンビニしかない国になってしまう。地域の特色を取り入れた新商品を作り、新しいビジネスを切り開くチャンスは減るだろうし、地方の経済はさらに不健全になっていくだろう。

 気を付けたい発音の復習　　発音で使う部分

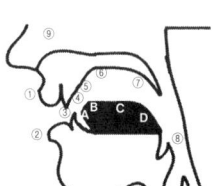

①上唇　②下唇　③歯　④歯茎
⑤歯茎硬口蓋 (しけいこうこうがい)：歯茎と硬口蓋の間。
⑥硬口蓋 (こうこうがい)：歯茎の後ろの硬い部分。
⑦軟口蓋 (なんこうがい)：硬口蓋の後ろの柔らかい部分。
⑧声帯 (せいたい)：声帯振動があれば、有声音になります。
⑨鼻腔 (びこう)：鼻からも呼気を出します。
A：舌尖：舌の先っちょです。　　B：舌端
C：舌面：舌尖から舌の中腹にかけての部分
D：舌根：舌の根元

ピンイン	調音点	備考
m, b, p	①と②	両唇を使います。
f	②と③	上唇と下歯を使います。
l, t, d, n, c, z, s	④とB	歯茎と舌面を使います。
q, j, x	⑤とC	歯茎硬口蓋と舌面を使います。
ch, zh, sh	⑤とA	歯茎硬口蓋と舌先を使います。反り舌音です。
r	⑤と⑧とA	歯茎硬口蓋と舌先と声帯を使います。反り舌音です。
h	⑦とD	軟口蓋と舌の後部 (舌根) を使います。
k, g	⑦と⑨とD	軟口蓋と鼻腔と舌の後部 (舌根) を使います。

中国語学習のヒント

ピンイン善玉論
～その2～

　話はややそれますが、中国語が表意文字であるということは、日本人が中国語を学習する上でのメリットでもあり、デメリットでもあります。漢字のわかる日本人は中国語を見れば大意を把握できる。これがメリットです。文章を理解することが学習目標であれば、中国語の本を読めれば目標達成です。その先にあるはずの音声の習得に進むことはあまり大きな意味を持ちません。ですから、ネイティブと間違われるほど中国語を話せる日本人は非常に少ない。中国語の文字も日本語や英語と同様にもともとは音声を再現するためのツールでもあります。文字の本来の役割が音声の記録なわけですから、文字が伝えたいのは音声でもあるのです。

　日本人はたいていの漢字を読めます。読めて意味を理解できれば仕事はできます。そこで会話能力の向上がストップしてしまいます。これが大きなデメリットです。これは、日常生活で漢字を使わない欧米人学習者との大きな違いです。欧米人学習者は漢字をほとんど「模様」とか「デザイン」に近く捉えているため、書くことは苦手です。一方、音から意味を捉えていくため、漢字が書けなくても話せるようになる人が多いのです。

　こうした日本人の学習方法を逆手にとったのが本書の「ピンインだけ」のテキストです。中級レベルの語彙量であれば、大方の意味はわかるはずです。おそらくあなたは、自分の記憶がいかにあいまいかに驚かれると思います（笑）。

　このピンイン文を読むのは、これまでの「単語を見てピンインを思い出す」という行為の逆、「ピンインを見て、ひいては音声を聞いて単語を連想する」というトレーニングです。さらに、知らない単語の場合「ピンイン（音声）から漢字を推測する」というトレーニングにもなります。ピンインを正確に覚えていないと文章を連想することができませんし、新出単語も推測できません。

⑬ Dōngjīng Qíngkōngtǎ hé xīnzhù

Wǒ jīnrì kànle yìběn míng wéi《Rúhé jiànzào Dōngjīng Qíngkōngtǎ》de shū. Shūshang jièshào shuō, Dōngjīng Qíngkōngtǎ zuòwéi zìlìshì guǎngbōtǎ shì quánqiú zuìgāode, dá liùbǎisānshísìmǐ. Tāshang shèyǒu wèiyú sìbǎiwǔshímǐ hé sānbǎiwǔshímǐ gāochùde liǎngge zhǎnwàngtái, ménpiào fēnbié wéi sānqiānrìyuán hé liǎngqiānrìyuán. Wǒ hái liǎojiědào qí zuìguānjiànde jìshù zhīyī jiùshì wèi kòngzhì yóu dìzhèn huò dàfēng yǐnfāde yáohuàng ér cǎiyòngde "xīnzhù" jiégòu.

"Xīnzhù" shì zhíjìng bāmǐ, gāodá sānbǎiqīshíwǔmǐde yuánzhù, yìngyòngle Rìběn gǔdài jiànzhù "wǔchóngtǎ" de jìshù. Chúle dìyī bùfen yǐwài, "xīnzhù" zài Qíngkōngtǎ nèibù kōngjiān yǔ tāshēn fēnlí sǒnglì. Érqiě qí dǐngbù bǐjiào zhòng, yīncǐ guā dàfēng děngde shíhou, xīnzhù bǐ tāshēn wǎnyìdiǎn kāishǐ yáohuàng, chǎnshēng yǔ tāshēn fǎnfāngxiàngde bǎidòng, kěyǐ fāhuī gěi tāshēn jiǎnzhènde zuòyòng.

Zìgǔyǐlái, yīn yǒu "xīnzhù" gòuzào, Rìběnde mùjiégòu wǔchóngtǎ cóngwèi yīn dìzhèn dǎotāguo. "Xīnzhù" huì bǎ "Dōngjīng Qíngkōngtǎ" de yáohuàng jiǎnqīng yuē bǎifēnzhī sìshí. "Dōngjīngtǎ" tǎgāo yǔ dǐbiānde bǐlì yuēwéi sānbǐyī, dàn "Dōngjīng Qíngkōngtǎ" de bǐlì yuēwéi jiǔbǐyī. Wàibiǎo kànlái nàme xiānxìde "Dōngjīng Qíngkōngtǎ", qí nèibù què yǒu yìgēn "xīnzhù" lái bìmiǎn búbìyàode yáohuàng.

Yǒuqùdeshì, Rìběnde gǔdài jiànzhù jìshù dàdà bāngzhùle èrshíyīshìjìde xiānjìn jiànzhù. Huòxǔ wǒmen yě kěyǐ shuō, gāokējì hái gǎnbushàng gǔshíhou rénmende shénmì nénglì.

03. 东京晴空塔和心柱

我近日看了一本名为《如何建造东京晴空塔》的书。书上介绍说，东京晴空塔作为自立式广播塔是全球最高的，达 634 米。塔上设有位于 450 米和 350 米高处的两个展望台，门票分别为 3000 日元和 2000 日元。我还了解到其最关键的技术之一就是为控制由地震或大风引发的摇晃而采用的"心柱"结构。

"心柱"是直径 8 米、高达 375 米的圆柱，应用了日本古代建筑"五重塔"的技术。除了地基部分以外，"心柱"在晴空塔内部空间与塔身分离耸立。而且其顶部比较重，因此刮大风等的时候，心柱比塔身晚一点开始摇晃，产生与塔身反方向的摆动，可以发挥给塔身减震的作用。

自古以来，因有"心柱"构造，日本的木结构五重塔从未因地震倒塌过。"心柱"会把"东京晴空塔"的摇晃减轻约 40%。"东京塔"塔高与底边的比例约为 3 比 1，但"东京晴空塔"的比例约为 9 比 1。外表看来那么纤细的"东京晴空塔"，其内部却有一根"心柱"来避免不必要的摇晃。

有趣的是，日本的古代建筑技术大大帮助了 21 世纪的先进建筑。或许我们也可以说，高科技还赶不上古时候人们的神秘能力。

Dōngjīng Qíngkōngtǎ〔东京晴空塔〕：東京スカイツリー　**jìnrì**〔近日〕：近ごろ。最近　**shèyǒu**〔设有〕：備えている　**zhǎnwàng**〔展望〕：見る。眺める　**ménpiào**〔门票〕：入場券　**liǎojiě**〔了解〕：分かる。知る　**guānjiàn**〔关键〕：肝心な点。キーポイント　**kòngzhì**〔控制〕：抑える。制御する　**yáohuàng**〔摇晃〕：揺れ動く。ゆらゆらする　**jiégòu**〔结构〕：構造。仕組み　**zhíjìng**〔直径〕：直径　**yuánzhù**〔圆柱〕：円柱。丸い柱　**yìngyòng**〔应用〕：応用する。活用する　**dìjī**〔地基〕：土台。基礎　**fēnlí**〔分离〕：分かれる。分離する　**sǒnglì**〔耸立〕：そびえ立つ　**bǎidòng**〔摆动〕：揺れ動く　**jiǎnzhèn**〔减震〕：ショック吸収　**zìgǔyǐlái**〔自古以来〕：いにしえから。古来　**cóngwèi**〔从未〕：まだ〜したことがない　**dǎotā**〔倒塌〕：倒れる。崩れる　**xiānxì**〔纤细〕：非常に細い。繊細な　**bìmiǎn**〔避免〕：避ける。免れる　**yǒuqù**〔有趣〕：おもしろい　**xiānjìn**〔先进〕：最も進んだ。先進的な　**gǎnshàng**〔赶上〕：追いつく　**shénmì**〔神秘〕：神秘的な。得体の知れない

11

東京スカイツリーと心柱

　最近、『どうやって東京スカイツリーを建てたか』という本を読んだ。それによると、東京スカイツリーは自立式の放送用タワーとしては世界一高く 634 メートルある。タワーには 450 メートルと 350 メートルの所に二つの**展望台**が**あり**、**チケット**はそれぞれ 3000 円と 2000 円だ。さらに**分かった**のは、そのもっとも**肝要な**技術の一つは、地震や強風が起こす**揺れ**を**抑える**ために採用された「心柱」**構造**だということだ。

　「心柱」は**直径** 8 メートル、高さ 375 メートルの**円柱**で、日本の古代建築である「五重塔」の技術を**応用**している。**基礎**部分を除けば、「心柱」はツリーの内部にツリー本体とは**分離**して**立って**いる。その頂上部分は比較的重く、強風が吹いたときなどには、心柱はツリー本体よりも若干遅れて揺れ始め、ツリー本体と反対方向に**動く**ことでツリーの揺れを**抑える**作用をしている。

　昔から「心柱」の構造があったために、日本にある木造の五重塔は地震で**倒れた**ことが**ない**。「心柱」は「東京スカイツリー」の揺れを約 40％も減らしている。「東京タワー」の高さと底辺の比率は約三対一だが、「東京スカイツリー」は九対一である。外から見ればそれほどに**細い**「東京スカイツリー」は、内部に「心柱」があることで不要な揺れを**免れ**ている。

　おもしろいのは、日本の古代建築技術が 21 世紀の**最先端**建築を助けていることだ。あるいは科学技術はまだ先人の**神秘的な**能力に**追いついて**いないと言えるのかもしれない。

気を付けたい発音の復習　　難しい【e】1

　日本人にとって一番難しいのは【e】音です。日本語の「え」という字と発音があるために、【e】音そのものの概念がうまく伝わってないと思います。

　ここで皆さん、英語の発音記号を思い出してください。Cup, Hut, Luck に使われている【ʌ】、Ball, Dog, Tall に使われている【ɔ】、そして最難関の Red, Rabbit, Dream などの【r】。いずれも日本人が苦手な発音です。なぜかというと、すべてのどの奥を使った発音で、日本語に似た発音が非常に少ないのです。言い換えれば、まねしようにも簡単にまねできません。これと同じことが【e】に当てはまります。

中国語学習のヒント

言葉の成り立ちについて考える

　新約聖書の「初めに言葉ありき、言葉は神と共にありき、言葉は神であった」という言葉は有名ですが、さてこの言葉とはいったい何だったか考えてみたことはありますか？　何？　質問が唐突すぎる？（笑）じゃあ、この「言葉」というのは音声だったでしょうか？文字だったでしょうか？　そもそも言葉は何の必要があって生まれたのでしょうか？

　人間が生活するうえで、何かを考えたり、考えた内容を伝えようとするために言葉はあります。人間は言葉がなければ思考できません。考えや意味を組み立てる手段が言語、言葉です。言語を得たことで人間はより複雑な思考を手に入れました。その言葉は意味を伝えられればよかったので、最初は音声ですね。そして音声を記録するための手段として文字がうまれました。順番として頭の中のもやもやした考え→言葉を使ってその考えに形をつくる→人に伝えるための音声言語→記録するための文字です。つまり文字は話すという音声言語の次のレベル、それを記録して伝えるための道具であり手段です。文盲の人はいても、障碍がなければ言葉を話せない人はいません。新約聖書の「言葉」とはおそらく音声でしょうね。

　音声は意思伝達の手段、つまり意味を伝えるための手段です。私たちが会話を交わしているときの頭の中を考えてみてください。音声は意味とともにあります。音声と意味が一つのペアです。というより、意味に付随して音声があります。頭の中にいちいち文字や文章を浮かべて考えている人はいませんよね。話すときには伝えたい意味があり、その意味を伝えるために口から音声を発しています。その時私たちは文字を意識していません。あるのは「意味と音声」です。なにか回りくどいようですが、実はこれが大変重要なことなのです。意味と音声がペアであることに気づけば、学習方法が大きく変わります。

⑭ "yǎnggǒu" yìwèizhe shénme?

Wǒjiā shǒucì jiēhúi yìzhī **gǒuzǎi** hòu, yǐjīng guòqù liǎnggeyuèle."Yǎnggǒu" yìwèizhe dāng nǐ sànbù huò pǎobùshí huì **bùjīngyìde guānzhù** lùshang jīngguòde gǒude pǐnzhǒng. Zài wǒ èrshiduōniánláide pǎobù shēngyázhōng, yǐqián cónglái méiyǒu zhùyìguo qítārén liùde shì shénmegǒu, shènzhì hái juéde "bǐjiào **fánrén**". Xiànzài, wǒ huì miàndài xiàoróng cóng tāmen shēnbiān pǎoguò.

"Yǎnggǒu" yìwèizhe yào zhùyì wèishēng. Yīnwèi wǒjiā xiǎogǒu yǒu báisède máo, wàichū sànbùhòu hěnróngyì **nòngzāng**, xūyào měizhōu xǐ yícìzǎo, zhìshǎo měi yígebànyuè háiyào qù **jiǎnmáo**, yícì yào liùqiānrìyuán. Wǒ zìjǐ píngjūn měi liǎnggeyuè cái huā yìqiānrìyuán jiǎn tóufa, kànlái xiǎogǒu bǐ wǒ dōu **shēchǐ**.

"Yǎnggǒu" yìwèizhe néng **xiǎngshòu**dào xiǎogǒu **wúyōngzhìyíde** rèqíng **duìdài**, **lǐnglüè**dào chúnzhēn zìránde gǎnqíng biǎodá. Měitiān huíjiā, chúle tā yǐwài, yǐjīng méiyǒu rúcǐ gāoxìngde huānyíng wǒ huíjiāde jiārén le. Suīshuō yǎnggǒu zhǐnánshūshang xiězhe "huíjiāhòu zhìshǎo bàngexiǎoshí bùgāi jiēchù **chǒngwùgǒu**", dàn wǒ háishi **jìnbuzhù jìngzhí** zǒuxiàng tā, xiǎngyào bàobao tā. Wǒ chángcháng bèi nǚ'ér **pīpíng**: "Bàba! Nǐ búyào yìhuílái jiù jiējìn tā!"

"Yǎnggǒu" hái yìwèizhe yǒu bìyào qù kàn、qù **cāicè** bùnéng yǔrén jiāotán de xiǎogǒude xīnqíng. Gǒuzǎi búshì **wán'ǒu**, dāngrán yǒu tāde **línghún** hé gǎnqíng. Zhǐyào **zǐxì** guānchá tāde **shénsè** hé dòngzuò, jiù huì **zhújiàn** liǎojiědào tā suǒyào biǎodáde nèiróng. Tōngguò miànduìmiànde **jiāowǎng**, cái nénggòu gōutōng.

04. ■ "养狗"意味着什么?

我家首次接回一只狗崽后,已经过去两个月了。"养狗"意味着当你散步或跑步时会**不经意**地**关注**路上经过的狗的品种。在我 20 多年来的跑步生涯中,以前从来没有注意过其他人**遛**的是什么狗,甚至还觉得"比较**烦人**"。现在,我会面带笑容从他们身边跑过。

"养狗"意味着要注意卫生。因为我家小狗有白色的毛,外出散步后很容易**弄脏**,需要每周洗一次澡,至少每一个半月还要去**剪毛**,一次要 6000 日元。我自己平均每两个月才花 1000 日元剪头发,看来小狗比我都**奢侈**。

"养狗"意味着能**享受**到小狗**毋庸置疑**的热情**对待**,**领略**到纯真自然的感情表达。每天回家,除了它以外,已经没有如此高兴地欢迎我回家的家人了。虽说养狗指南书上写着"回家后至少半个小时不该接触**宠物**狗",但我还是**禁不住径直**走向它,想要抱抱它。我常常被女儿**批评**:"爸爸! 你不要一回来就接近它!"

"养狗"还意味着有必要去看、去**猜测**不能与人**交谈**的小狗的心情。狗崽不是**玩偶**,当然有它的**灵魂**和感情。只要**仔细**观察它的**神色**和动作,就会**逐渐**了解到它所要表达的内容。通过面对面的**交往**,才能够沟通。

---

yǎnggǒu〔养狗〕:犬を飼う gǒuzǎi〔狗崽〕:子犬 bùjingyì〔不经意〕:思わず guānzhù〔关注〕:関心を持つ。注意を払う liù〔遛〕:ゆっくり歩かせる。運動させる fánrén〔烦人〕:わずらわしい。うっとうしい nòngzāng〔弄脏〕:よごす。よごしてしまう jiǎnmáo〔剪毛〕:トリミングする。毛を刈る shēchǐ〔奢侈〕:ぜいたくである xiǎngshòu〔享受〕:享受する。味わい楽しむ wúyōngzhìyí〔毋庸置疑〕:疑う余地がない duìdài〔对待〕:対処する。対応する lǐnglüè〔领略〕:理解する。味わい知る chǒngwù〔宠物〕:ペット。愛玩動物 jīnbuzhù〔禁不住〕:耐えられない。持ちこたえられない jìngzhí〔径直〕:まっすぐに pīpíng〔批评〕:批判する。叱責する cāicè〔猜测〕:推測する。推量する jiāotán〔交谈〕:言葉を交わす。話し合う wán'ǒu〔玩偶〕:(おもちゃの)人形 línghún〔灵魂〕:心。魂 zǐxì〔仔细〕:注意深い。綿密である shénsè〔神色〕:表情。顔つき zhújiàn〔逐渐〕:次第に。だんだんと jiāowǎng〔交往〕:付き合い。交際

15

犬を飼うとはどういうことか

　我が家に初めて 1 匹の**子犬**が来て 2 ヶ月がたった。犬を飼うというのは、散歩やジョギングをしているときに**つい**、すれ違う犬の犬種を注意するようになることだ。僕は 20 数年来ジョギングしてきて、他人が**つれている**のが何の犬か注意したことはなかったし、「**面倒くさいな**」と思うことすらあった。今、僕は笑顔をたたえて彼らの脇を通り過ぎる。

　犬を飼うというのは、衛生に気をつけることだ。うちの犬は白く、外に散歩に行くと**汚れやすい**ので、週に一回は洗わなければならない。少なくとも一月半に一回は**トリミング**が必要で一回 6000 円かかる。僕が平均して 2 ヶ月に一回散髪に行き、1000 円かかるのに比べるとなかなか**ぜいたく**だ。

　犬を飼うというのは、小犬が**疑いもなく**喜んで**接して**くれて、純粋で自然な感情表現を**味わう**ということだ。毎日家に帰ると、彼以外にあれほど喜んで僕を迎えてくれる家族はいない。ペットのガイドブックには「家に帰って少なくとも 30 分は**ペット**の犬に触ってはいけません」と書いてあるが、僕は**こらえきれず**、**まっすぐ**彼の所へいって抱き上げたくなる。そしてしょっちゅう娘に「父さん！帰ってくるなり触っちゃだめじゃない！」と**しかられる**のである。

　犬を飼うというのは、人と**話ができない**彼の気持ちを**察する**必要があるということだ。子犬は**おもちゃの人形**ではないので、当然、**心**があり感情がある。彼の**顔色**や動作を**細かく**観察すると、**次第に**何をしてほしいかわかってくる。顔を突き合わせて**付き合って**、ようやく気持ちが通じる。

気を付けたい発音の復習　　難しい【e】2

⑴
【e】は指一本をくわえた程度口を開いて、やや唇を横に開き、のどの奥で「オ」に近い「ア」と「オ」の中間音を発音します。ポイントは発音する位置（調音点）で、のどの奥で発音します。うがいをするときに音を出す場所です。子音の【h】を発音する場所と同じです。ちなみに僕が大学のころ、【h】は「痰を吐くように発音する」と教わりました（苦笑）。

| 阿【ē】 | 得【dé】 | 特【tè】 | 歌【gē】 |
| 科【kē】 | 遮【zhē】 | 车【chē】 | 奢【shē】 |

中国語学習のヒント

音から意味にたどりつくまで
〜その1〜

こで会話の中で音声を聞いてから意味を思い浮かべるまでの過程を考えてみましょう。初級者の場合、中国語の意味の認識は次のようなステップになります。音声を聞いてから文字を起こし、さらに日本語に翻訳して、最終的には日本語で理解します。

1) 中国語の音声を認識する→中国語を文字化する→日本語へ翻訳し意味を理解する

中国語の意味をしっかり理解できるようになると理解のプロセスが以下のように変わります。

2) 中国語の音声を認識する→中国語を文字化し意味を理解する

中国語を聞いて、文字を起こして意味を理解するようになるわけです。頭の中に文字を思い浮かべれば意味が分かる、というレベルです。こうなると頭の中で理解へのステップを一段減らすことができます。

中国語会話をマスターする上での問題は、多くの人がこの段階で学習をやめてしまうことです。なぜなら「中国語を聞いて中国語として理解できる」からです。聞いた中国語を頭の中に浮かべ、文章で理解できる、つまり「日本語に翻訳しないで理解できる」というのは一般的には上級者です。日本人の学習者はここまでくれば通常、満足します。しかし、最初に申し上げた通り、言葉は「意味と文字」のペアではありません。「意味と音声」のペアです。このレベルはまだ、文字で意味を理解しているに過ぎないのですが、その次のステップに進めることを多くの人が認識していません。

ではさらに練習を繰り返すとどうなるでしょう？　こういうレベルにたどりつきます。

3) 中国語の音声のみで意味を理解する

これが我々の目指すレベルです。いわゆるネイティブスピードを聞き取るための秘訣はここにあります。「音を意味として聞く、捉える」ということです。日本人で日本語を話すときに日本語の文章を頭の中に思い浮かべている人はいません。みなさんが話しているときに、頭の中に文字はありませんよね？　思いついた意味を表す言葉が無意識に口から出てきているはずです。これと同様の状態を中国語でも作り出すことがこの本の目的です。

⑮ Néngfǒu xiǎngshòu xìngfúde wǎnnián?

Wǒ měigé liǎnggeyuè huí gùxiāng **tànqīn**shí, yídìng huì gēn fùqīn yìqǐ dào yǎnglǎoyuànwài chīfàn. Tā yǐjīng bāshísìsuì, hái xǐhuan chīròu, yīncǐ qù **kǎoròu**diànde shíhou bǐjiàoduō. Wǒ wèi tā kǎoròu, bǎ cài fàngzài **diézi**shang, dàn tā mǎnkǒu **jiǎyá**, chīde hěnmàn. Búguò duìtā'éryán, yě díquè gēnběn méiyǒu jízhe chīwánfànde lǐyóu.

Rìběn liùshiwǔsuì yǐshàngde lǎonián rénkǒu yǐjīng tūpòle sānqiānwàn, zhàn zǒngrénkǒude sìfēnzhīyī. Chūshēngyú yījiǔsìqīnián zhì yījiǔsìjiǔniánde **suǒwèi** **Èrzhànhòu "shēngyù gāofēngqī"** de rénmen lùxù bùrù lǎonián, Rìběn jiāng miànlín yánzhòngde rénkǒu **lǎolínghuà**.Tāmen chuàngzàole zhànhòu Rìběnde **huīhuáng** lìshǐ, dāngrán yōngyǒu **shūshì** dùguò wǎnniánde quánlì.

Dànshì **ànzhào** mùqiánde Rìběn cáizhèng zhuàngkuàng, zài dànshēngyú gāofēngqīde rénmen **niánmǎn** qīshiwǔsuìde èrlíng'èrwǔnián, zhèngfǔde shèhuì bǎozhàng zhìdù jiāng pòchǎn, lǎonián rénkǒu jiāng xiǎngshòubudào **yǎnglǎojīn**. Xiànzài **niánfùlìqiáng**de yídài yǐjīng kāishǐ dānxīn zìjǐ tuìxiūhòude shēnghuó, jǐnliàng jiǎnshǎo làngfèi, **jīzǎn** tuìxiūhòude shēnghuófèi. Zhèyàng néng shuō shì **jiànquán**de shèhuì ma?

Sìshiduōniánqián wǒ háishi xiǎoháir, bùnéng chīde hěnkuài, fùqīn děngzhe wǒ mànmànde chī. Xiànzài, wǒ xiǎngxiàng dāngshí fùqīnde xīnqíng, děngdài tā mǎnyìde chīwán. Wǒ kàn xīnwén bàodào fāxiàn, Rìběn mínzhòng zuìguānxīnde shì zhèngfǔ **rúhé chóngzhěng** cáizhèng, jīhuó jīngjì. **Lǎoshi shuō**, lǎobǎixìng bùyāoqiú shèhuì chūxiàn hěndà gǎibiàn, zhǐxīwàng quèbǎo xiǎoxiǎode xìngfú.

05 ■ 能否享受幸福的晚年？

我每隔两个月回故乡**探亲**时，一定会跟父亲一起到养老院外吃饭。他已经84岁，还喜欢吃肉，因此去烤肉店的时候比较多。我为他**烤肉**，把菜放在**碟子**上，但他满口**假牙**，吃得很慢。不过对他而言，也的确根本没有急着吃完饭的理由。

日本65岁以上的老年人口已经突破了3000万，占总人口的四分之一。出生于1947年至1949年的**所谓**二战后"**生育高峰**期"的人们**陆续**步入老年，日本将面临严重的人口**老龄化**。他们创造了战后日本的**辉煌**历史，当然拥有**舒适**度过晚年的权利。

但是**按照**目前的日本财政状况，在诞生于高峰期的人们**年满**75岁的2025年，政府的社会保障制度将破产，老年人口将享受不到**养老金**。现在**年富力强**的一代已经开始担心自己退休后的生活，尽量减少浪费，**积攒**退休后的生活费。这样能说是**健全**的社会吗？

40多年前我还是小孩儿，不能吃得很快，父亲等着我慢慢地吃。现在，我想象当时父亲的心情，等待他满意地吃完。我看新闻报道发现，日本民众最关心的是政府**如何重整**财政，**激活**经济。**老实说**，老百姓不要求社会出现很大改变，只希望确保小小的幸福。

---

xiǎngshòu〔享受〕：享受する。味わい楽しむ　wǎnnián〔晚年〕：老後。晩年　tànqīn〔探亲〕：家族、親戚を訪問する　kǎoròu〔烤肉〕：焼肉　diézi〔碟子〕：小皿　jiǎyá〔假牙〕：入れ歯。義歯　suǒwèi〔所谓〕：いわゆる　shēngyù〔生育〕：子供を産む　gāofēng〔高峰〕：ピーク。最高点　lùxù〔陆续〕：続々と。絶え間なく　lǎolínghuà〔老龄化〕：高齢化　huīhuáng〔辉煌〕：ひかり輝く。輝かしい　shūshì〔舒适〕：心地よい。快適である　ànzhào〔按照〕：～に照らして。～によって　niánmǎn〔年满〕：年齢が達する　yǎnglǎojīn〔养老金〕：年金　niánfùlìqiáng〔年富力强〕：年が若くて精力が旺盛である。働き盛りである　jīzǎn〔积攒〕：少しずつ蓄える　jiànquán〔健全〕：健全である。整っている　rúhé〔如何〕：どのように。いかに　chóngzhěng〔重整〕：再び整える　jīhuó〔激活〕：活性化する　lǎoshí shuō〔老实说〕：正直なところ。実をいえば

幸せな晩年をすごせるだろうか？

　2ヶ月に一回、帰省して父と一緒に老人ホームの外へ食事に行く。彼はすでに84歳だが、まだ肉が好きなので、**焼肉**屋に行くことが多い。彼のために肉を焼き、**皿**におかずを置くが、父は総**入れ歯**なので食べるのが非常に遅い。しかし、彼に言わせれば急いで食べる理由などどこにもない。

　日本の65歳以上の老人人口はすでに3000万人を突破し、総人口の四分の一を占めている。1947年から49年に生まれた**いわゆる**戦後の「**ベビーブーム**」の人たちが**続々**老人になっていき、日本は厳しい人口の**高齢化**に直面することになる。彼らは戦後日本の**輝かしい**歴史を築いており、当然、**快適**な晩年をすごす権利を持っている。

　しかし、現在の日本の財政状況に**照らす**と、ベビーブームに生まれた人たちが75歳に**なる**2025年、政府の社会保障制度は破綻し、老人は**年金**を受け取れなくなる。今働き盛りの世代が、自分が退職した後の生活を心配し、なるべく浪費を抑え、退職後の生活費を**積み立てる**、こういったものが**健全**な社会と言えるだろうか？

　40数年前、僕が小さな子どもではやく食べられなかったころ、僕がゆっくり食べ終わるのを父は待っていた。今、僕は当時の父の心境を想像し、彼が満足して食べ終わるのを待つ。ニュースを見れば、日本の民衆の最大の関心は、政府が**どうやって**財政を**立て直し**、経済を**活性化するか**だ。**正直なところ**、庶民は社会が大きく変わることを求めてはいない、小さな幸せを確保したいだけなのだ。

気を付けたい発音の復習　　難しい【e】3

02

　ところが、数字の"二"や"而"、一部の単語の"儿化"をするときは「ア」に近い音に聞こえます。日本人が"儿化"を「アルファ」と読むのはそのせいです。【e】を発音した後、舌をすばやくそりあげて【r】を発音します。ちなみに母音の【er】は1音節ですが、"儿化"は【er】が前の音に結合し音節は構成しません。

而【ér】　　耳【ěr】　　二【èr】
花儿【huār】　哪儿【nǎr】　一会儿【yíhuìr】　一点儿【yìdiǎnr】

【e】は発音記号を単純にしてあり、【e】という記号は【e】と【ê】の2種類の発音をカバーしています。【ê】は「エ」の音で結構です。この音は【ei】【ie】【ue】の3つにしか使われません。

陪【péi】　飞【fēi】　业【yè】　切【qiē】　学【xué】　约【yuē】

中国語学習のヒント

音から意味にたどりつくまで
〜その2〜

　この三つのステップはスピーキングにもあてはまります。ただ、順序が逆になります。初級者は以下のプロセスです。

　1）伝えたいことを日本語で思い浮かべる→中国語に翻訳する→中国語で発音する

これが中級になるととこうなります。

　2）伝えたいことを中国語で思い浮かべる→中国語で発音する

我々が目標とするレベルはこれです。

　3）伝えたい意味を中国語で発音する

　日本人がなぜ外国語の習得を苦手としているかというと、文字で理解することに重点を置きすぎて、頭の中で文字化しようとするからです。初級者は中国語の文章を思い浮かべ、さらにそれを日本語に翻訳します。いわゆる上級者になっても中国語の単語を思い起こしている人が多い。そうすると、通常会話の中では文字化が絶対に間に合わなくなります。「中国語の意味を中国語のまま理解できる」レベルであっても、頭の中に文字を思い浮かべている段階で、会話は先に進んでしまうのです。

　以前、あるメーカーに勤めている友人と話していたら「最近はビジネスでも英語で話さなければいけないことが増えた。向こうが英語で言うことは理解できるけど、言いたいことはなかなか口から出てこないんだよね」と言っていました。その理由は今のあなたにはお分かりですよね？　彼は英語で言われたことを英語で理解できていると思います。そのあと、頭の中で言いたいことをいったん英語で文字化しようとしているのです。だから遅い。「音を聞いてから文字化して意味にたどりつく」のではなく「音を意味として聞く」そして「意味として音声を返す」のがネイティブスピーカーの会話であり、だからこそネイティブのスピードは速いのです。

　ネイティブスピードにたどり着くための秘訣は二つ。ひとつは「日本語に翻訳しない」。そしてもうひとつは「文字化もしない」。本当の上級者は「文字化しない」レベルです。

⑯ Tóngyàng xíngwéi bùtóng mùdì

Fǎguó měinián jǔbàn yícì "HuánFǎ Zìxíngchē Dàsài". Wèile **huòdé** quánqiú zuìyōuxiù qìchē xuǎnshǒude **róngyù**, yuē èrbǎimíng **dǐngjí** xuǎnshǒu **huìjù** Fǎguó, tiāntiān zhǎnkāi jīliè bǐsài, lìng guānzhòng **zhuóshí niēzhebǎhàn**. Wǒ rènwéi gāibǐsài zuì **xīyǐn**rénde dìfang zàiyú yuē sānqiānwǔbǎigōnglǐde chāochángjùlí, yìtiān hǎibǎ chāyì yǒushí chāoguò liǎngqiānmǐde lùxiàn yǐjí wéiqī èrshisāntiānde rìchéng.

Zhèjǐnián, zài wǒjiā fùjìnde JiānghùChuān hébiān qìchēde zhōngnián nánxìng **jùzēng**. Tāmen qízhe liúxíng **pǐnpái**de xīnkuǎn **gōnglù zìxíngchē**. Wǒ yǐwéi tāmen yěshì zìxíngchē àihàozhě, shì xǐhuan qìchēde. Dàn tāmen qìchēshí **shénsè** guòyú rènzhēn, yǒuxiērén hái **mǎntóudàhàn**, **pīnmìng**de qí. Suīrán rúcǐ, tāmen qíde qíshí bǐjiào màn. Wǒ juéde qíguài "tāmen zhēnde xǐhuan qìchē? Zěnme huì zhème màn?"

Zuìjìn, yìmíng **tónglíng**de tóngshì duìwǒ shuō, yīshēng gàosu tā déle **dàixièzōnghézhèng**, rúcǐ xiàqu huì dé **tángniàobìng**. Wèile **jiǎnféi**, tā kāishǐ bùxíng yùndòng. Qiánjǐtiān, tā dào fùjìn gōngyuánhòu hěn chījīng, yīnwèi fāxiàn dàochù dōushì kěnéng gēn tā chǔyú tóngyàng qíngkuàngde zhōngniánrén. **Nánguài**! Wǒ zài JiānghùChuān hébiān pèngdàode bìngbúshì zìxíngchē àihàozhě, tāmen shì bùdébù qíchē xīwàng jiǎnféide rénqún.

Tīngshuō, HuánFǎ Zìxíngchēde xuǎnshǒumen yìtiān **xiāohào**de **rèliàng** yuē dá qīqiānqiānkǎ. Pǔtōng chéngrén yìtiān shèqǔ rèliàngde **lǐxiǎng** shùzhí yuē wéi liǎngqiānwǔbǎiqiānkǎ, zhème yìbǐ jiù néng lǐjiě tāmen zài zuò **héděng** jīlièda yùndòngle. Qìchē **bùjǐn** kě **bìmiǎn** pǎobù róngyì yǐnfāde **xīgài** sǔnshāng, érqiě shì yíxiàng xiāohào rèliàng dàde lǐxiǎng yùndòng. HuánFǎ Zìxíngchē Dàsài xuǎnshǒu hé dàixièzōnghézhèng bìngrén cóng biǎomiànshang kàn dōushì yíyàngde qìchē xíngwéi, dànshì mùdì què wánquán bùtóng.

06. 同样行为不同目的

　　法国每年举办一次"环法自行车大赛"。为了**获得**全球最优秀骑车选手的**荣誉**，约 200 名**顶级**选手**汇聚**法国，天天展开**激烈**比赛，令观众**着**实**捏着把汗**。我认为该比赛最**吸引**人的地方在于约 3500 公里的超长距离、一天海拔差异有时超过 2000 米的路线以及为期 23 天的日程。

　　这几年，在我家附近的江户川河边骑车的中年男性**剧增**。他们骑着流行**品牌**的新款**公路自行车**。我以为他们也是自行车爱好者，是喜欢骑车的。但他们骑车时**神色**过于认真，有些人还**满头大汗**、**拼命**地骑。虽然如此，他们骑得其实比较慢。我觉得奇怪"他们真的喜欢骑车？怎么会这么慢？"

　　最近，一名**同龄**的同事对我说，医生告诉他得了**代谢综合症**，如此下去会得**糖尿病**。为了**减肥**，他开始步行运动。前几天，他到附近公园后很吃惊，因为发现到处都是可能跟他处于同样情况的中年人。**难怪**！我在江户川河边碰到的并不是自行车爱好者，他们是不得不骑车希望减肥的人群。

　　听说，环法自行车的选手们一天**消耗**的**热量**约达 7000 千卡。普通成人一天**摄取**热量的**理想**数值约为 2500 千卡，这么一比就能理解他们在做**何等**激烈的运动了。骑车**不仅**可**避免**跑步容易引发的**膝盖**损伤，而且是一项消耗热量大的理想运动。环法自行车大赛选手和代谢综合症病人从表面上看都是一样的骑车行为，但是目的却完全不同。

---

huòdé〔获得〕：獲得する。得る　róngyù〔荣誉〕：名誉。名声　dǐngjí〔顶级〕：トップレベル。トップクラス　huìjù〔汇聚〕：集合する。集まる　jīliè〔激烈〕：激烈である。激しい　zhuóshí〔着实〕：確かに。ほんとうに　niēbǎhàn〔捏把汗〕：手に汗を握る。はらはらする　xīyǐn〔吸引〕：引きつける。魅了する　jùzēng〔剧增〕：急増する。激増する　pǐnpái〔品牌〕：ブランド。ブランド品　gōnglù zìxíngchē〔公路自行车〕：ロードレーサー　shénsè〔神色〕：表情。顔つき　mǎntóudàhàn〔满头大汗〕：頭にいっぱい汗をかく　pīnmìng〔拼命〕：懸命になる。死に物狂いでやる　tónglíng〔同龄〕：同年齢である。年齢が近い　dàixièzōnghézhèng〔代谢综合症〕：メタボリックシンドローム　tángniàobìng〔糖尿病〕：糖尿病　jiǎnféi〔减肥〕：減量する。ダイエットする　nánguài〔难怪〕：道理で。なるほど　xiāohào〔消耗〕：消耗する。消費する　rèliàng〔热量〕：熱量。カロリー　shèqǔ〔摄取〕：摂取する。吸収する　lǐxiǎng〔理想〕：ちょうどよい。適切である　hédēng〔何等〕：なんと。いかに　bùjǐn〔不仅〕：～ばかりでなく　bìmiǎn〔避免〕：免れる。防止する　xīgài〔膝盖〕：ひざ。ひざ頭

同じ行為と違う目的

　毎年一回、フランスで「ツール・ド・フランス」が開かれる。世界でもっとも優秀な自転車選手の**名誉**を**得る**ために、約200人の**トップ**選手がフランスに**集まって**毎日**激烈な**レースを展開し、観衆に**手に汗握らせる**。私はこのレースの最大の**魅力**は3500キロに及ぶその距離と、時には一日に海抜差2000メートルを超えるルート、23日にわたる日程だと思う。

　ここ数年、我が家の近くの江戸川を自転車で走る中年男性が激増した。彼らは流行の**ブランド**の新しい**ロードレーサー**に乗っている。私は彼らが自転車の愛好家で、自転車に乗るのが好きなのだと思っていた。しかし、彼らはまじめな**顔つき**で自転車に乗っている。ある人は**大汗をかき**、**必死**にこいでいる。こんな感じなのにけっこう遅いのである。私は「本当に自転車に乗るのが好きなのだろうか？　どうしてこんなに遅いわけ？」と奇妙に思った。

　最近、**同い年**の同僚が私に言うには、医者から**メタボリックシンドローム**だと告げられたそうだ。このままだと**糖尿病**になると、**減量**するため、彼はウォーキングを始めた。先日、彼は近くの公園に行って驚いたという。到る所におそらく彼と同じ状況の中年を見つけたからだ。**なるほど**、私が江戸川沿いで出くわしたのは自転車の愛好家ではなくて、やむを得ず自転車に乗ってダイエットしたい人たちだったのだ。

　聞くところによると、ツール・ド・フランスの一日の**消費カロリー**は約7000キロカロリーだという。普通の成人男性が一日に**摂取する適当な**カロリーが約2500キロカロリーなのに比べると、彼らが**いかに**激烈な運動をしているか理解できる。自転車はランニングが起こしやすい**ひざの怪我を避ける**ことができる**だけでなく**、消費カロリーも多い理想的な運動なのだ。ツール・ド・フランスの選手とメタボの病人、自転車に乗るという見せ掛けは同じだが、その目的は全く別だ。

気を付けたい発音の復習 — 難しい【e】4

⑬　【e】が単母音のときはまだいいんです。これが鼻音つき母音【en】になるとその正体を現すといいますか。（笑）この音を【ên】（エン）だと勘違いしている人は大勢います。かなりの上級者でも間違っている人がいます。まず、これは【e】音だとしっかり認識してください。【n】で終わるので舌先を上の歯茎につけて終わると「オン」に近い発音になります。ところが、前に子音がつくと「エン」に近い音に聞こえます。同じ発音記号ですが、カタカナで書くと「オン」と「エン」の2種類の音になるので、【ên】だと思われがちなのです。

恩【ēn】　　根【gēn】　　门【mén】　　真【zhēn】　　沉【chén】

中国語学習のヒント

「多読・多聴」から本当の「多念」へ

　ひとつの文章を正確に速く発音できるようになるためには、どのくらい朗読やシャドウイングを繰り返せば適切なのでしょうか。通常、20回も繰り返せば、たくさん読み込んだ気になると思います。また、その程度読むと文章もかなり流暢に読めるようになりますし、意味もしっかり頭に入ります。しかし、20回から30回では、実はしっかり記憶はできません。結論から言ってしまえば、必要なのは最低100回です。「え、そんなに？」と思いましたか。「なんだ、たった100回」と思った人は少ないと思います。ぼくも最初は腰が引けました（笑）。

　この100回という数字は、通訳を目指すためのガイド本などで目にしたことがあります。100回も繰り返せば、いやでも単語や文章が脳裏に焼きつきます。というより丸暗記してしまいますよね。実はそれだけではありません。その100回繰り返す過程で、頭の中で非常に大きな変化が起きるのです。とりあえず繰り返す最低ラインが100回。そう思ってください。遠回りに思えますか？

　考えてみてください。あなたは何年中国語を勉強してきましたか？　どのくらいの回数、辞書をひいたでしょうか？　もし、今まで辞書を引いた単語を全て暗記できているとしたら、あなたの語彙はどのくらいに達しているでしょう？　100回の繰り返しは、覚えた単語を忘れていく、その速度を最低限にするための努力です。これが「さまよえる中級」脱出への一番の近道なのです。

⑰ Yùndònghuìde jiàoxùn

Shàngzhōuliù, wǒ hé jiārén qù cānguān nǚ'ér xiǎoxuéde yùndònghuì. Cóng dà'érzi shàngxiǎoxué qǐ, wǒmen liánxù shísìnián cānguānle xiǎoxué yùndònghuì, ér zhècì jiāngshì zuìhòu yícì le. Zhè shísìniánjiān, **jiāzhǎng de rènwu yìchéngbúbiàn** -- duì háizide **huóyuè** qíngkuàng jìnxíng **pāizhào** hé lùxiàng. Dàochǎngde jiāzhǎngmen dōu rènzhēn zhǔnbèi zhè yī jǐwéi zhòngyàode gōngzuò.

Yùndònghuì shí, **pāishè** háizi huì **yùdào** hěnduō nántí. Háizimen dōu chuānzhe tóngyàng yùndòngfú érqiě **ànzhào** gèzi **gāo'ǎi** páiduì, yīncǐ cóng yuǎnchù kàn, yàngzi dōu chàbuduō, hěnnán **biànrèn**chū zìjǐde háizi. Lìngwài, rúguǒ yào yòng pǔtōng **shùmǎ** xiàngjī pāizhào, àn **kuàimén**hòu qǔjǐngqì nèi jiù huì yǒu língdiǎnjǐmiǎo wánquán biànhēi, huīfù zhèngchángshí yǐjīng bùzhīdào háizi zàinǎrle. Zhèzhǒng **xiànxiàng** dǎozhì tèbié nán pāidào háizi pǎodào **zhōngdiǎn**de shùnjiān.

Wǒ nǚ'ér bútài **shàncháng** yùndòng, dàn gèzi jiàogāo. Yīncǐ **zǔchéng** rénti **jīnzìtǎ** shí, yào zuò zuì xiàbiande jīchǔ; cānjiā qímǎzhànde shíhou, yào dānrèn jiāngjūn zuòqíde mǎ tóubù. Wǒ tàitai duōshǎo yǒudiǎn xīngfènde qiángdiào: "Jiāngjūn mǎtóubù gēn biéde mǎ bùyíyàng, hěnzhòngyào!" Suīrán wǒ yǒudiǎn huáiyí tāde shuōfǎ, dàn yě chōngfèn míngbái bùnéng **cuòguò** pāishè jīhuì.

Zài yùndònghuì shí, wǒmen "lǎo jiāzhǎngmen" huì **tōutōu xiàgōngfu**. Bǐrú ràng háizi chuān **yíngguāng**sè wàzi; nǚháirde huà, jiù yòng yánsè **xiānyàn**de fàdài, ràng tāmen zài yuǎnchù yě hěn róngyì **shíbiàn**. Zài pǎobù bǐsài děng yǒu hěnduōzǔ **yīcì** jìngzhēngde shíhou, wèile yìngduì shùnxù gǎidòng, dàduōshù jiāzhǎng huì zài gūjì zìjiā háizi cānsàide yuē liǎngzǔqián jiù kāishǐ pāishè. Zhècì wǒ yě **shǔcuò**le nǚ'ér cānjiāde zǔbié, dànshì suǒxìng méiyǒu cuòpāilòupāi. Wǒmen **jīlěi** xǔduō shībài jīngyàn hòu, **xīqǔ**le jiàoxùn.

07 ■ 运动会的教训

　　上周六，我和家人去参观女儿小学的运动会。从大儿子上小学起，我们连续14年参观了小学运动会，而这次将是最后一次了。这14年间，**家长**的任务**一成不变**——对孩子的**活跃**情况进行**拍照**和录像。到场的家长们都认真准备这一极为重要的工作。

　　运动会时，**拍摄**孩子会**遇到**很多难题。孩子们都穿着同样运动服而且**按照**个子**高矮**排队，因此从远处看，样子都差不多，很难**辨认**出自己的孩子。另外，如果要用普通**数码**相机拍照，按**快门**后**取景器**内就会有零点几秒完全变黑，恢复正常时已经不知道孩子在哪儿了。这种**现象**导致特别难拍到孩子跑到**终点**的瞬间。

　　我女儿不太**擅长**运动，但个子较高。因此**组成**人体**金字塔**时，要做最下边的基础；参加骑马战的时候，要担任将军坐骑的马头部。我太太多少有点兴奋地强调："将军马头部跟别的马不一样，很重要！"虽然我有点怀疑她的说法，但也充分明白不能**错过**拍摄机会。

　　在运动会时，我们"老家长们"会**偷偷下功夫**。比如让孩子穿**萤光**色袜子；女孩儿的话，就用颜色**鲜艳**的**发带**，让她们在远处也很容易**识辨**。在跑步比赛等有很多组**依次**竞争的时候，为了应对顺序改动，大多数家长会在估计自家孩子参赛的约两组前就开始拍摄。这次我也**数错**了女儿参加的组别，但是所幸没有错拍漏拍。我们**积累**许多失败经验后，**吸取**了教训。

---

jiàoxùn〔教训〕：教訓　jiāzhǎng〔家长〕：保護者　yìchéngbúbiàn〔一成不变〕：変わらぬ　huóyuè〔活跃〕：活発である。活気がある　pāizhào〔拍照〕：写真を撮る　pāishè〔拍摄〕：撮影する　yùdào〔遇到〕：出食わす。ぶつかる　ànzhào〔按照〕：～に基づいて。～によって　gāoǎi〔高矮〕：高低　biànrèn〔辨认〕：見分ける。識別する　shùmǎ〔数码〕：デジタル　kuàimén〔快门〕：シャッター　qǔjǐngqì〔取景器〕：ファインダー　xiànxiàng〔现象〕：現象　zhōngdiǎn〔终点〕：ゴール　shàncháng〔擅长〕：～を得意とする。～に長ける　zǔchéng〔组成〕：構成する。組み立てる　jīnzìtǎ〔金字塔〕：ピラミッド　cuòguò〔错过〕：(チャンスなどを) 取り逃がす　tōutōu〔偷偷〕：こっそりと　xiàgōngfu〔下功夫〕：時間と労力をかける　yíngguāng〔萤光〕：蛍光色　xiānyàn〔鲜艳〕：鮮やか。あでやか　fàdài〔发带〕：リボン。ヘアバンド　shíbiàn〔识辨〕：識別　yīcì〔依次〕：順に従って。順番に　shǔcuò〔数错〕：数え間違える　jīlěi〔积累〕：積み重ねる。蓄積する　xīqǔ〔吸取〕：汲み取る

運動会の教訓

　先週土曜日、妻と一緒に娘が通う小学校の運動会を見にいった。長男が小学校に入ってから、私たちは 14 年連続で小学校の運動会を見ており、そして今回が最後になる。この 14 年間、**保護者**の**変わらぬ**任務といえば、子どもの**活躍する**様子を**カメラ**やビデオに**撮影する**ことだ。現場に着いた保護者たちは誰も真剣にこの重要極まりない仕事の準備にかかる。

　運動会のとき、子どもの**撮影**はいろいろな難題に**ぶつかる**。子どもたちはみな同じような運動服を着て身長の**順**にならぶ。このため遠くから見るとほとんど様子が同じで、自分の子どもを**識別する**のが非常に難しい。また、もし普通の**デジタル**カメラを使っていると、**シャッター**を押してからコンマ数秒の間、**ファインダー**の中が暗転し、元に戻った時には子どもがどこに行ったのか分からない。この**こと**は子どもが走って**ゴール**に着いた瞬間の撮影を特に難しくしている。

　我が家の娘は運動がそれほど**得意**ではないが、身長が比較的高い。このため、人間**ピラミッド**を組むときは一番下の基礎、騎馬戦に出るときは将軍が座る馬の頭の部分になる。妻は「将軍の馬の頭は、ほかの馬とはわけが違うのよ。とても重要なのよ」と多少興奮気味だ。僕は彼女の言うことにいささか疑問はあったが、シャッターチャンスを**逃せない**ことは十分に理解した。

　運動会のとき、我々のような「ベテラン保護者」は**こっそり工夫している**。たとえば子どもに**蛍光**色の靴下をはかせるとか、あるいは女の子の場合、**派手な**ヘアリボンをつけるとか、遠くからでも簡単に**見分けられる**ようにする。徒競走のようにたくさんの組が**順番**に競争するときは、走る順番が変わっても大丈夫なように、多くの保護者は子どもが走ると思われる二組前からすでに撮影を始める。今回も僕は娘の参加する組を間違えたが、撮影しそこねはしなかった。我々はたくさんの失敗を**積み重ねて**、教訓を**汲み取っている**。

---

(04) 　気を付けたい発音の復習　　　　難しい【e】5

　そして、よく出てくる【eng】は「オン」と聞こえます。これをやはり日本語では「オン」と聞こえる【ong】と明確に発音を分けている人がどのくらいいるでしょうか？【e】に【ng】が付くとはっきりのどの奥で出す「オン」に近い音になります。これに対し【ong】の【o】は、唇を丸めて突き出して「オ」を発音し、口の前の方で「ウン」に近い音になります。

登录 【dēnglù】	东路 【dōnglù】	疼痛 【téngtòng】	统统 【tǒngtǒng】
功能 【gōngnéng】	更农 【gēngnóng】	政府 【zhèngfǔ】	重负 【zhòngfù】
蒸锅 【zhēngguō】	中国 【zhōngguó】	承认 【chéngrèn】	重任 【chóngrèn】(再任)
能力 【nénglì】	农历 【nónglì】		

中国語学習のヒント

最大の無駄は20読から30読
～その1～

　僕は1987年に就職してから、地方支局の記者を9年勤めました。その間、中国語を読んだり話したりする機会はほとんどありませんでした。

　1996年に北京にある大学への語学留学が許可されました。青ざめたのは実は僕自身でした。大学は外国語学部中国語科だったとはいえ、もう中国語から遠ざかって10年。真面目な学生とは言えなかった僕は、在学中も中国語がうまいというレベルではありませんでした。正直いえば下手くそで、特に発音に関しては力が入りすぎて「オール有気音男」とからかわれていました。その僕に留学の許可がおりました。さすがに会社に費用を負担してもらう留学から帰ってきて、まさか「話せません」とは言えません。そこで、留学先では、入学の時に行われた実力テストの結果よりも少しレベルが高いクラスで勉強することにしました。

　ところが、先生の講義がほとんど聞き取れません。教室の一番前の席に陣取り、先生の口元をにらむようにして発音を聞き取ろうとしましたが、もともとの語彙が少ないため何を言っているのか理解できない。そこで僕は一計を案じました。予習の段階で、次に習う教科書のページを丸暗記してから授業に臨むことにしたのです。当時の教科書はもうなくしてしまいましたが、単語も意味もおぼつかない本文を1ページ暗記するために読まなければならなかった回数は平均して20回。時間にして約2時間。

　これは効果てきめんでした。何せ先生は教科書に沿って授業するわけですから、大変理解しやすい。どういう解説をしているか頭にどんどん入ってきます。ただ、授業は一コマではありませんし、一コマの授業でも教科書は数ページ進んでいきます。当然、予習は1ページでは済みませんよね。多いときには1日に5ページほど暗記した記憶があります。予習だけで10時間。

⑱ Bānjiā hé gùxiāng

Wǒ **bèijīnglíxiāng** qù shàngdàxué dàoxiànzài yǐjīng guòle sānshí'èr nián. Zhè qījiān, wǒ bānle shíliùcì jiā. Shàngdàxué shí, wǒ zhùzài mínyíng xuésheng sùshè, zài jǐnyǒu qīdiǎnwǔpíngmǐ de fángjiān kāishǐ dúlì shēnghuó. Dìsāncì bānjiā shì wèile kāishǐ gōngzuò, dìliùcì shì wǒ jiéhūn bìng yǒu dà'érzi le, dìjiǔcì shì yīnwèi yòudéyìyǐ, dìshíyīcì shì zhǎngnǚde **jiàngshēng**, dìshíwǔcì shì yǎngle **xiǎogǒu**, dìshíliùcì shì wèile yíngjiē **yuèmǔ** tóngzhù. Suízhe shēnghuó biànhuà, wǒde fángzi hé zérèn yě yuèláiyuèdà.

Měicì bānjiā dāngrán dōu yǒu xīn **línjū**. Dìwǔcì bānjiā shí, wǒmende línjū shì **hēishèhuì** chéngyuán. Tā yōngyǒu **Bēnchí** pǐnpáide **tiānjià** chē, gēn jiārén **dǎjià** shí luàn **zá** dōngxi. Yǒuyìtiān, wǒ fāxiàn línjū rēngle yìtái dāngshí **hǎnjiàn**de sānshí yīngcùn diànshìjī, **xiǎnxiàngguǎn** yǐjīng **suìdiào**le. Dìliùcì bānjiā shí, línjū shì yíduì dìfāng zhèngfǔ guānyuán fūqī. Tāmen hé **nǎinai** yìqǐ zhù, hái dàizhe sānge nǚ'ér. Nàjiā zhīhòu yòu shēngle yíge nǚ'ér. Yǒu liùge nǚréndé jiālǐ tài **chǎonào**. Dāngshí hái méiyǒu shǒujī, nà wèi zhàngfu **píngshí** zhǐnéng qù zìjiā fùjìnde shāngdiànlǐ dǎ diànhuà.

Suīrán bānle zhème duōcì jiā, dàn wǒ yìzhí yīláide **yuànwàng** shì zuìhòu huídào zìjǐ chūshēngde gùxiāng. Yīnwèi **xīnhuái** gùxiāng, yīncǐ **jǐnguǎn** zài **tāxiāng** miànlín kùnnan, yě néng huòdé **ānwèi**.

Rìběn zhèngfǔ zuìjìn **zhìdìng**de "guójiā ānquán bǎozhàng zhànlüè" zhōng **tánjí** "àiguóxīn", xiěrù "**péiyǎng** rè'ài zǔguó yǐjí gùxiāngde **qínggǎn**". Wǒ bùjīn xiǎng shuō: **Shǎoguǎnxiánshì**! Wǒmen yǐjīng yǒu **xiǎngniàn** gùxiāng yǐjí rè'ài guójiāde **xīnlíng**, zěnme háiyào **tèyì** xiěrù zhèzhǒng wénzhāng? Zhèyàngde xīnqíng búshì guójiā yāoqiú rénmen péiyǎngde, érshì zài rénmen xīnli zìrán **méngshēng**de.

08. 搬家和故乡

　　我**背井离乡**去上大学到现在已经过了 32 年。这期间，我搬了 16 次家。上大学时，我住在民营学生宿舍，在仅有 7.5 平米的房间开始独立生活。第 3 次搬家是为了开始工作，第 6 次是我结婚并有大儿子了，第 9 次是因为又得一子，第 11 次是长女的**降生**，第 15 次是养了**小狗**，第 16 次是为了迎接**岳母**同住。随着生活变化，我的房子和责任也越来越大。

　　每次搬家当然都有新**邻居**。第 5 次搬家时，我们的邻居是**黑社会**成员。他拥有**奔驰**品牌的**天价**车，跟家人**打架**时乱**砸**东西。有一天，我发现邻居扔了一台当时**罕见**的 30 英寸电视机，**显像管**已经**碎掉**了。第 6 次搬家时，邻居是一对地方政府官员夫妻。他们和**奶奶**一起住，还带着 3 个女儿。那家之后又生了一个女儿。有 6 个女人的家里太**吵闹**。当时还没有手机，那位丈夫**平时**只能去自家附近的商店里打电话。

　　虽然搬了这么多次家，但我一直以来的**愿望**是最后回到自己出生的故乡。因为**心怀**故乡，因此**尽管**在**他乡**面临困难，也能获得**安慰**。

　　日本政府最近**制定**的"国家安全保障战略"中**谈及**"爱国心"，写入"**培养**热爱祖国以及故乡的**情感**"。我**不禁**想说：**少管闲事**！我们已经有**想念**故乡以及热爱国家的**心灵**，怎么还要**特意**写入这种文章？这样的心情不是国家要求人们培养的，而是在人们心里自然**萌生**的。

---

bānjiā〔搬家〕：引っ越す　bèijǐnglíxiāng〔背井离乡〕：故郷を離れる　jiàngshēng〔降生〕：生まれる　xiǎogǒu〔小狗〕：小犬　yuèmǔ〔岳母〕：妻の母　línjū〔邻居〕：隣近所　hēishèhuì〔黑社会〕：暴力団　Bēnchí〔奔驰〕：ベンツ　tiānjià〔天价〕：非常に高くて手の届かない価格　dǎjià〔打架〕：けんかする　zá〔砸〕：こわす。ぶつける　hǎnjiàn〔罕见〕：まれに見る。珍しい　xiǎnxiàngguǎn〔显像管〕：ブラウン管　suìdiào〔碎掉〕：砕けてしまった　nǎinai〔奶奶〕：おばあさん　chǎonào〔吵闹〕：騒々しい。やかましい　píngshí〔平时〕：ふだん　yuànwàng〔愿望〕：願い。望み　xīnhuái〔心怀〕：心に抱く　jǐnguǎn〔尽管〕：たとえ〜であっても　tāxiāng〔他乡〕：異郷。よその土地　ānwèi〔安慰〕：慰める　zhìdìng〔制定〕：制定する　tánjí〔谈及〕：言及する　péiyǎng〔培养〕：養成する。育成する　qínggǎn〔情感〕：感情。気持ち　bùjīn〔不禁〕：思わず。〜せずにいられない　shǎoguǎnxiánshì〔少管闲事〕：大きなお世話　xiǎngniàn〔想念〕：懐かしむ　xīnlíng〔心灵〕：心　tèyì〔特意〕：わざわざ　méngshēng〔萌生〕：芽生える

引越しとふるさと

　ふるさとを離れ大学に入学してからすでに 32 年がたち、この間に 16 回引っ越した。大学に入ったときには民間の学生下宿で、わずか 7.5 平方メートルの部屋で一人暮らしを始めた。3 回目の引越しは仕事を始めるため、6 回目で結婚し、長男が生まれた。その後、9 回目でもう一人生まれ、11 回目で長女が**生まれた**。15 回目で**犬**を飼い始め、16 回目は**義母**と同居するためだ。生活の変化に伴って、家と責任もどんどん大きくなった。

　毎回の引越しには当然**お隣**がいた。5 回目の引越しでは、我が家の隣は**暴力団**の組員だった。彼は**ベンツ**の**高級**車に乗り、奥さんとけんかするときには物を**壊した**。ある日、当時**珍しかった** 30 インチのテレビが**捨てて**あり、**ブラウン管**が**割れていた**。6 回目の引越しのお隣は自治体職員の夫婦で、**おばあちゃん**が一人と娘が 3 人いた。その後、さらに娘が一人生まれ、6 人の女性がいる家はとても**うるさかった**。携帯電話がなかった当時、旦那さんは**いつも**自宅近くの商店で電話をかけていた。

　これほどたくさん引っ越してきたが、僕はいつも最後は自分の生まれたふるさとに戻りたいと**望んでいる**。心の中にいつもふるさとがあればこそ、**異郷**で困難に直面**しても**自分を**慰める**ことができた。

　日本政府が最近**作った**「国家安全保障戦略」の中で「愛国心」に**触れ**、「祖国と故郷を愛する気持ちを**育てる**」と書いた。僕は思わず「**余計なお世話だ！**」と言いたくなった。僕らにはとっくにふるさとを**懐かしみ**、国を愛する**心**がある。なぜ**わざわざ**こんな文章を書き入れる必要があるのだ？　こうした気持ちは、国が人々に育てるよう求めるものではなく、人々の心の中に自然に**芽生える**ものだ。

気を付けたい発音の復習　【ü】【üe】

(05)

ウムラウト u も日本語にない発音です。唇をすぼめて突き出したまま「イ」と発音します。これも単独だとそれほど難しくないと思います。

迂【yū】　　居【jū】　　区【qū】　　須【xū】

【üe】は【ü】と【ê】がくっついた音です。唇をすぼめて【ü】を発音してから【ê】を強めに発音します。比較的たくさん出てくる発音ですので意識すれば慣れると思います。

约【yuē】　　撅【juē】　　缺【quē】　　削【xuē】

中国語学習のヒント

最大の無駄は20読から30読
～その2～

　当時、留学生向けの授業は午前中で終わったのですが、それから補講をお願いした先生の授業を受けたり、時には若い友人たちとバスケットボールを楽しむなど、久しぶりのキャンパスライフを満喫。それから寮に戻って予習、復習にとりかかるのですが、正直かなり大変でした。計画外の時間に誰か尋ねてきたりすると、集中力は途切れるし、なんといっても睡眠時間が削られる。少しは若い友人と話をしましたが、時には「勉強することは僕にとって仕事なので今日のところは引き上げてくれ」と帰ってもらうことも。それでも6時半起床の生活で時には2時過ぎまで予習に追われていました。

　予習としての暗記が効果的なのは、翌日の授業で実際に予習した内容を掘り下げて理解できるためです。しかし、普通に文章を暗記して、じゃあそれをいつまでも覚えていられるかというとかなり難しいはずです。

　これはもちろん個人差があります。30回読んで暗誦した内容をまったく忘れないのであれば、それはその人にとって暗記としては適切な回数でしょう。実際、読み上げて3分程度の文章であれば20回読めばたいてい暗記できるはずです。そうすると、3分の文章を暗記するのに30回読んで1時間半費やせば、かなり長くひとつの文章に取り組んでいる感覚になります。

　しかし、「ようやく暗記できたレベル」と、文章や単語が頭の引き出しに入っていて「いつでも取り出して会話や作文に使えるレベル」とはまったく違います。これは大きなポイントです。そういう意味から、20回から30回くらいまでの「多読」というのは、経験的に実は最も無駄になる回数なのだと思っています。

⑲ Yùndòng yǔ niánlíng

Jīnnián xiàtiān, wǒ qiánwǎng NiǎoqǔXiàn cānjiāle "Quán Rìběn tiěrénsānxiàngsài". Jīnnián yuē jiǔbǎirén cānjiāle yóuyǒng sāngōnglǐ、qíchē yìbǎisìshigōnglǐ、chángpǎo sìshi'èrgōnglǐde jìngsài. Wǒ zhùzài yìjiā lǚguǎn, yǔ wǔgerén tóngwū, tāmen dōu bǐwǒ niánjì dà, niánjì zuìdàde shì qīshisānsuì. Zhèwèi lǎorén cóng sìshisānsuì kāishǐ cānjiā tiěrénsānxiàng, yǐjīng cānsài èrshicì zuǒyòu. Lìngyíge wǔshiqīsuìde rén céngjīng dàibiǎo Rìběn cānjiāguo zài Xiàwēiyí jǔbànde quánqiú jǐnbiāosài, hòulái yīn gōngzuò máng tíngzhǐ cānsài shíduōnián, xiànzài yòu chóngxīn zǒushàngle sàichǎng.

Tiěrénsānxiàngsài zhōng xuǎnshǒumen shǐyòng jìngsàiyòng gāodàng zìxíngchē, wǒ gūjì zìxíngchē píngjūn jiàgé yuē wǔshiwànrìyuán. Bàomíngfèi yě búsuàn piányi. Yóuyǒng、qíchē hé pǎobù sānxiàng yùndòngde xùnliàn yào huā xiāngdāng chángde shíjiān. Tóngwūmen dōu tóngyì tiěrénsānxiàngsài shì bǐjiào shēchǐde àihào, mángyú gōngzuòde niánqīngrén nányǐ qīngsōng cānjiā.

Yǔcǐtóngshí, bèi rènwéi xūyào lìliangde jiānkǔde tiěrénsānxiàngsài yǐjīng búzàishì zhǐ shǔyú niánqīngrénde yùndòng le. Duì niánjìdàde xuǎnshǒu éryán, niánlíng bùnéng chéngwéi rènhé zǔ'ài yīnsù. Shēngchēng niánlíng shì zhàng'ài zhǐbuguòshì jièkǒu éryǐ, lián bǐwǒ dà yíbèide rén dōu néng jiānchíxialai. Chángjùlíde nàilìxíng yùndòng bùxūyào shùnjiān bàofālì, huòxǔ hěn shìhé zhōnglǎonián.

Sàihòu, qīshisānsuìde tóngwū shuō: "Wǒ zhècì liànxí búgòu. Jīnhòu yīnggāi gèngduō xùnliàn." Zhèzhǒng hái xīwàng jìxù cānsàide xiǎngfǎ lìng wǒ dàchīyìjīng. Qítā tóngwū yě dōu tánjí wèile yíngjiē xiàjiè bǐsài yīnggāi rúhé xùnliàn. Suízhe shèhuìde lǎolínghuà, rénmen duì yùndòngde xiǎngfǎ yǐjīng fāshēng hěndà biànhuà. Jīnhòu zài gèzhǒng yùndòng xiàngmùzhōng, huì lùxù chūxiàn dàpī chāojí lǎonián xuǎnshǒu.

09 运动与年龄

今年夏天，我前往鸟取县参加了"全日本**铁人三项赛**"。今年约 900 人参加了游泳 3 公里、**骑车** 140 公里、**长跑** 42 公里的竞赛。我住在一家旅馆，与 5 个人**同屋**，他们都比我年纪大，年纪最大的是 73 岁。这位老人从 43 岁开始参加铁人三项，已经参赛 20 次左右。另一个 57 岁的人曾经代表日本参加过在**夏威夷**举办的**全球锦标赛**，后来因工作忙停止参赛 10 多年，现在又**重新**走上了**赛场**。

铁人三项赛中选手们使用**竞赛**用**高档**自行车，我**估计**自行车平均价格约 50 万日元。**报名**费也不算便宜。游泳、骑车和跑步三项运动的**训练**要花相当长的时间。同屋们都同意铁人三项赛是比较**奢侈**的**爱好**，**忙于**工作的年轻人难以轻松参加。

与此同时，被认为需要**力量**的**艰苦**的铁人三项赛已经不再是只属于年轻人的运动了。对年纪大的选手而言，年龄不能成为**任何阻碍因素**。**声称**年龄是障碍**只不过**是**借口而已**，**连**比我大**一辈**的人都能**坚持**下来。长距离的耐力型运动不需要瞬间爆发力，**或许**很适合中老年。

赛后，73 岁的同屋说："我这次练习不够。今后应该更多训练。"这种还希望继续参赛的想法令我大吃一惊。其他同屋也都谈及为了**迎接**下届比赛应该如何训练。随着社会的老龄化，人们对运动的想法已经发生很大变化。今后在各种运动项目中，会**陆续**出现大批超级老年选手。

---

tiěrénsānxiàng〔铁人三项〕：トライアスロン　qìchē〔骑车〕：自転車　chángpǎo〔长跑〕：長距離走　tóngwū〔同屋〕：相部屋　Xiàwēiyí〔夏威夷〕：ハワイ　quánqiú〔全球〕：全世界　jīnbiāosài〔锦标赛〕：選手権大会　chóngxīn〔重新〕：再び　sàichǎng〔赛场〕：競技場　jìngsài〔竞赛〕：競争する　gāodàng〔高档〕：高級な。上等な　gūjì〔估计〕：見積もる。推測する　bàomíng〔报名〕：申し込む　xùnliàn〔训练〕：トレーニング　shēchǐ〔奢侈〕：ぜいたくな　àihào〔爱好〕：趣味　mángyú〔忙于〕：〜に忙しい　lìliang〔力量〕：パワー　jiānkǔ〔艰苦〕：苦しい。つらい　rènhé〔任何〕：いかなる　zǔài〔阻碍〕：障害。妨げ　yīnsù〔因素〕：要素。要因　shēngchēng〔声称〕：言い張る。言い立てる　zhǐbuguò〔只不过〕：ただ〜にすぎない　jièkǒu〔借口〕：いいわけ　éryǐ〔而已〕：〜だけである。〜のみ　lián〔连〕：〜さえ。〜すら　yíbèi〔一辈〕：一世代　jiānchí〔坚持〕：がんばり続ける。我慢する　huòxǔ〔或许〕：あるいは　yíngjiē〔迎接〕：迎える　lùxù〔陆续〕：次々に。続々と

35

スポーツと年齢

　今年の夏、鳥取県で開かれた「全日本**トライアスロン**大会」に参加した。今年は約900人が**スイム**3キロ、**自転車**140キロ、**ラン**42キロのレースに参加した。僕はある旅館に泊まって、5人の人と**相部屋**になり、みなさん私よりも年上で、一番年上は73歳だった。この方は43歳からトライアスロンを始め、すでに20回ほどレースに参加している。もう一人の57歳の方はかつて日本代表として**ハワイ**で行われる**世界大会**に出場したことがあり、仕事で10数年やめていたものの、**ふたたび**レースに参加されるという。

　トライアスロンでは選手たちは**競技**用の**高級**自転車を使う。**おそらく**平均価格は50万円ほどではないだろうか。**エントリー**代も安くはない。スイム、バイク、ランの**練習**には長時間かかる。同部屋の人たちはみなトライアスロンが**ぜいたくな趣味**で、仕事が**忙しい**若い人には気軽にできない、ということで意見が一致した。

　それと同時に、**パワー**が必要で**苦しい**トライアスロンはいまや若者だけのスポーツではなくなっている。年齢の高い選手に言わせれば年齢は**なんの阻害要因**にもならないし、年が障害になると**言っているのは言い訳に過ぎない**。僕よりも**一回り年上の人たちががんばれる**のだから。耐久系のスポーツは瞬発力が必要ないので、中高年にあっているの**かもしれない**。

　レース後、73歳の同部屋の人の「今回は練習不足だった。これからもっと練習しないと」という、まだレースに参加しようとする考えに驚いた。ほかの同部屋の人たちも来年のレースに**向けて**どうトレーニングするかを話していた。社会の高齢化に伴い、人々の運動に対する考え方も大きく変化している。今後、いろいろなスポーツでスーパー高齢選手が**続々**現れるかもしれない。

気を付けたい発音の復習　【ün】1

　そして、やや難敵の【ün】です。【yun】【jun】【qun】【xun】の発音で使います。慣れないうちはどの発音もまず口の形を作って発音すると基礎に忠実な発音になります。しかし、この【ün】は文章を早く読まなくてはいけなくなると、唇をすぼめるという動作がついてこなくなります。"运动"【yùndòng】が「ユンドン」のような発音になりがちです。カタカナで書くと「ユィンドン」と、「ィ」の音が入るのが正解です。

晕【yūn】　　均【jūn】　　逡【qūn】　　勋【xūn】

中国語学習のヒント

聞き取りとスピーキングの関係
～その1～

　中国語を勉強する以上、中国人のネイティブスピードを聞き取り、会話を交わすことが最終的な目標の一つですよね。なぜ聞き取れないのか？　この本をお読みのあなたなら、中国語の新聞、読めますよね？　小説だって読めますよね？　中国語のCDだって相当聴きこんできたはず。じゃあ、CCTV（中国中央電視台）の番組見て聞き取れますか？

　ここなんです、問題は。解決の鍵は英会話指導の名著『英語耳』（松澤喜好著）の帯にありました。「発音できない音は聞き取れない」なるほど。中国語ではどうでしょう？　あなたはちゃんとそり舌できますよね。有気音、無気音の区別もできますね。だとすれば、発音はできる、はず。ならば、なぜ聞き取れないのでしょう？

　では「発音できない音は聞き取れない」を「発音できない速度は聞き取れない」と置き換えてみましょう。今度はどうです？　CCTVの放送をそのままシャドウイングできますか？　かなり難しいと思います。

　番組がドラマだったらどうですか？　ネイティブスピードはこれです。瞬間的にはニュースのアナウンサーより速くなります。日常会話で私たちが使っている日本語の速度は、外国人にとっては想像以上に速いと思います。実はこの速度で会話が入っている教材は日本にはほとんどありません。そして、学習者にとっては、これこそ聞き取りたい速度のはず。中上級者向けのテキストを僕がこうして書こうと思いたったのは、そういう環境の中で学習するためにどういう教材を選べばいいのか、という問題に直面したからです。というより、僕自身こういう教材が欲しかった、ならば自分で作ってしまおう、というのが本音です。

⑳ Huàjiāde yìzhìlì

Shàngzhōu, wǒ qùle chéngle **huàjiā**de xiǎoxuétóngxué zài Yínzuò jǔbànde gèrén zuòpǐn **zhǎnlǎnhuì**, xīnshǎng lǎopéngyoude zuòpǐn. Zài wǒde jìyìzhōng, tā zài xiǎoxuéshí yǐjīng tèbié **shàncháng** huàhuà, **lián** lǎoshī yě **wúfǎ** zhǐdǎo tā. Wǒ dào huìchǎnghòu, yí kàndào tāde zuòpǐn jiù bèi **zhènhàn**le. Tā yòng **tànbǐ** huàhuà, **xìzhì miáohuì**chū shùmù **cǎocóng**de yèzi, guāngxiàn míng'àn yǐjí tǔrǎng. Zuòpǐn suīrán méiyǒu **shàngsè**, dàn **jīngcǎi**duómù.

Jù tā jièshào, wánchéng yìfú jiàodàde huà xūyào shùbǎige xiǎoshí, yǒude zuòpǐn zài miáohuì guòchéngzhōng **jīnglì**le jìjié **biànhuàn**, huàzhōngde zhíwù yě suízhī biànhuà. Tā yìzhí zhànzài tóngyī dìdiǎn, **níngshì**zhe tóngyī fēngjǐng, zhùyì bǎochí huìhuà **pínghéng**, tiāntiān **gūdú**de huàhuà. Lián wàihángde wǒ yěnéng lǐjiě tā shì rúhé jízhōngyú miáohuì, zài huàli zhùrùle duōdà rèqíng.

Suīrán wǒ zhīdào yǒuxiē **bù lǐmào**, dàn réng **bùjīn** wèntā: "Zhèxiē zuòpǐn néng màichuqu ma?" Tā **wēixiào**zhe huídá: "Bùróngyì chūshòu, **shí'ér** huì yǒu **hàoqí**de rén gòumǎi." Huàhuà shì tāde gōngzuò, dàn tā míngbái zìjǐde zuòpǐn bùróngyì màichuqu. "Nà nǐ wèishénme huàhuà?" Tā huídá shuō: "Wǒ méiyǒu **shēnrù** kǎolǜguo. Wǒ háiméi **tǐhuì**dào zìjǐ suǒ xīwàngde jìyì, háiméiyǒu huàchuguo wánquán mǎnyìde huà."

Wèile shēnghuó, tā zài jǐsuǒ dàxué yǐjí zhuānyè xuéxiào **jiāokè**. Wǒde péngyou **bùqūfú**yú xiànshí, jiélì xiàng gāochù **pāndēng**. Huòxǔ tā zìjǐ yě bùzhīdào mùbiāo yǒu duōgāo, huòxǔ tā yǐjīng míngbái **yíbèizi** yě dábudào nèige mùbiāo, dàn néng kěndìngdeshì, tā huì jìxù nǔlìxiaqu.

10. 画家的意志力

上周，我去了成了**画家**的小学同学在银座举办的个人作品**展览会**，**欣赏**老朋友的作品。在我的**记忆**中，他在小学时已经特别**擅长**画画，**连**老师也**无法**指导他。我到会场后，一看到他的作品就被**震撼**了。他用**炭笔**画画，**细致**描绘出树木草**丛**的叶子、光线明暗以及土壤。作品虽然没有**上色**，但**精彩**夺目。

据他介绍，完成一幅较大的画需要数百个小时，有的作品在描绘过程中**经历**了季节**变换**，画中的植物也随之变化。他一直站在同一地点，**凝视**着同一风景，注意保持绘画**平衡**，天天**孤独**地画画。连外行的我也能理解他是如何集中于描绘，在画里注入了多大热情。

虽然我知道有些**不礼貌**，但仍**不禁**问他："这些作品能卖出去吗？"他**微笑**着回答："不容易出售，**时而**会有**好奇**的人购买。"画画是他的工作，但他明白自己的作品不容易卖出去。"那你为什么画画？"他回答说："我没有**深入**考虑过。我还没**体会**到自己所希望的技艺，还没有画出过完全满意的画。"

为了生活，他在几所大学以及专业学校**教课**。我的朋友不**屈服**于现实，竭力向高处**攀登**。**或许**他自己也不知道目标有多高，或许他已经明白**一辈子**也达不到那个目标，但能肯定的是，他会继续努力下去。

---

huàjiā〔画家〕：画家　zhǎnlǎnhuì〔展览会〕：展覧会　xīnshǎng〔欣赏〕：鑑賞する　jìyì〔记忆〕：記憶　shàncháng〔擅长〕：〜を得意とする。〜に長じる　lián〔连〕：すら。さえ　wúfǎ〔无法〕：〜できない。〜しようがない　zhènhàn〔震撼〕：震撼する　tànbǐ〔炭笔〕：デッサン用の木炭筆　xìzhì〔细致〕：精密な　miáohuì〔描绘〕：描く。描写する　cǎocóng〔草丛〕：草むら　shàngsè〔上色〕：色づけする　jīngcǎi〔精彩〕：生き生きしている。精彩を放つ　jīnglì〔经历〕：経過する　biànhuàn〔变换〕：変わる　níngshì〔凝视〕：見つめる。凝視する　pínghéng〔平衡〕：バランス　gūdú〔孤独〕：孤独な　bùlǐmào〔不礼貌〕：失礼　bùjīn〔不禁〕：思わず。〜しないではいられない　wēixiào〔微笑〕：微笑む　shí'ér〔时而〕：時折。時には　hàoqí〔好奇〕：物好き　shēnrù〔深入〕：深刻な。真剣に　tǐhuì〔体会〕：体得する。会得する　jiāokè〔教课〕：授業をする　qūfú〔屈服〕：屈する　pāndēng〔攀登〕：よじ登る　huòxǔ〔或许〕：あるいは　yíbèizi〔一辈子〕：一生。生涯

画家の精神力

　先週、小学校の同級生の**画家**が銀座で開いた**個展**を見に行き、古い友人の作品を**鑑賞**した。僕の**記憶**では彼は小学校のころからすでにずば抜けて絵が**うまく**、先生**でさえ**彼を指導**できなかった**。会場に着いて彼の作品を一目見て**しびれた**。彼は**木炭**を使って**精密**に樹木や**草むら**の葉っぱ、明暗や土を描いていた。作品は**彩色**されていなかったが、**生き生き**として ひきつけられるものだった。

　友人によると大きな作品を完成させるには数百時間が必要で、作品によっては書いている**途中**に季節が**変わって**しまい、それによって絵の中の植生も変わってしまうそうだ。彼は一つところに立ち続け、一つの風景を**凝視**し、絵の**バランス**に注意しながら毎日**孤独**に絵を描く。素人の僕にも、友人がいかに絵を描くことに集中し、絵の中にどれほどのエネルギーを注ぎこんでいるかは理解できた。

　失礼だとは知りながら、僕は「こういう作品って売れるの？」と聞かずには**いられなかった**。友人は**微笑んで**「なかなか売れないよ、**時々**、**物好き**な人が買ってくれるけど」と答えた。絵を描くことは彼の仕事だが、彼は自分の作品が簡単に売れないことも分かっている。「じゃあ、なんで絵を描くの？」彼は答えた「**深刻に**考えたことはなかったなあ。まだ自分が望むだけの技術を**身につけて**ないし、完全に満足できる絵を描けてないしね」。

　生活のために彼はいくつかの大学や専門学校で**教えている**。友人は現実に**屈する**ことなく高みを目指して上っている。**もしかしたら**、自分の目標がどれほど高いのかは彼自身にも分かっていないかもしれないし、あるいは**一生**かかってもその目標にたどり着けないことを分かっているのかもしれない。ただ分かっているのは、彼は努力し続けるということだ。

気を付けたい発音の復習　【ün】2

⑦　これにも実は速度の問題以外に、発音表記に隠された理由があります。【ün】は発音表記をするときは、ウムラウトの点々を取って【un】と書きます。ところが【uen】という発音も子音の後につくときは【un】と書きます。例えば【dun】【tun】とか【zhun】【shun】などです。【uen】の発音は「ウン」でいいし、なおかつこの表記で表す文字の方が多いです。発音を混同している人は多いと思います。詳しい音節表で確認してみてください。

| 蹲【dūn】 | 吞【tūn】 | 抡【lūn】 | 滚【gǔn】 | 昆【kūn】 | 婚【hūn】 |
| 肫【zhūn】 | 顺【shùn】 | 润【rùn】 | 尊【zūn】 | 村【cūn】 | 孙【sūn】 |

中国語学習のヒント

聞き取りとスピーキングの関係
～その2～

　新聞を読むのに必要な語彙量は通常3000～4000語といわれています。しかし、日常生活で使われる語彙量は少なくともその倍以上はあるはずです。どうやったらこれだけの語彙を聞き取れるようになるのか。なおかつ、ネイティブが話している速度をどうやって聞き取るのか。真の上級者になるために超えなければならない大きな課題です。

　なぜ僕がこの課題に直面したかというと、僕の職場ではニュースを扱っていますので、政治や経済、外交といったジャンルのニュースは日常的に読んでいて、多少なりとも単語も頭にはいっています。しかし、いざ中国人スタッフやバイトの学生さんと世間話をしようとすると、語彙のジャンルが全く違っていて、とたんに聞き取れなくなるのです。ニュース編集の仕事にはある程度支障のないレベルでも、日常会話ができない。言葉の取得の順番から言えば、通常は「日常会話」の基礎があって「ニュースの語彙」があるわけですが、僕には仕事上必要な言葉しか聞き取れないし話せない。仕事に必要な語彙を身につけても、日常会話ができるわけではないというのは、いろいろなジャンルの仕事で中国語を使っている皆さんも感じていらっしゃるのではないかと思います。

　仕事の中国語はなんとか聞き取れても、日常会話で話ができない。語彙が聞き取れないと同時に会話の速度についていけない。この状況を打破するためにも、僕自身もう一度、基礎からやってみる必要がありました。

㉑ Shénme shì "zhēnzhèngde shànyì"?

Kāizhǎn guójì císhàn huódòngde yuē sānbǎige fēiyínglìzǔzhī děng měinián shíyuè zài Dōngjīng Rìbǐgǔ Gōngyuán jǔxíng "guójì huódòng jié". Gège zǔzhī zài jièshào gèzì huódòng nèiróngde tóngshí, chūshòu Yàzhōu、Fēizhōu děng guójiāde tèchǎn hé měiwèi càiyáo.

Wǒ qùle yíge wèi Yúnnán shǎoshùmínzú háizimen tígōng jiùxuéjīhuìde tuántǐ bāngmáng. Wǒ názhe gāizǔzhīde huódòng xuānchuáncè, zài gōngyuán ménkǒu fùjìn yìbiān dǎzhāohu, yìbiān fēnfā cèzi chēng "Huānyíng nǐmen lái wǒmen zhǎnwèi, qǐng liǎojiě yíxià huódòng nèiróng. Nǐmen háikěyǐ shìchuān shǎoshùmínzúde xīnniáng fúzhuāng!"

Yíwèi zhōngnián nánzǐ wèn wǒ: "Wǒ yǐqián cóngshìguo zhīyuán Měnggǔde huódòng, dàn yǒuxiērén jiēshòu jiànshè xuéxiào fèiyòng hòu, hái yāoqiú gòumǎi zhuōzi yǐzide fèiyòng, ránhòu yāoqiú gòumǎi bǐjìběn, qiānbǐde fèiyòng. Wǒmen zhīyuánde jiéguǒ fǎn'ér duóqǔle tāmen běnshēn móuqiú zìlìde dònglì. Nǐmen huódòng méiyǒu tóngyàng qíngkuàng ma?"

Lìngwài yíge nánzǐ wèn wǒ: "Nǐmen zhīyuán pínqióng guójiā huò dìqū, shìfǒu fǎn'ér huì ràng dāngdì yǔ xiānjìnguójiā, tèbié shì Ōu-Měiguójiāde jīngjì chājù gùhuà? Nǐmen néngfǒu zhēnzhèng bāngzhù tāmen? Nǐmen bù kǎolǜ zhèyì yíwèn, gāogāoxìngxìngde huódòngde yàngzi fǎn'ér yǒudiǎn lìng rén dānxīn."

Tāmende zhǔzhāng yě yǒu dàolǐ, rúguǒ wǒmen bùnéng zhǔnquè yùxiǎng zìjǐ huódòng zàochéngde jiéguǒ, jiù zhǐnéng shuō shì yìchǎng zìyǐwéishì de huódòng. Wǒ xiāngxìn, wǒmende huódòng juébúshì wèile zìwǒ mǎnzú, búguò kěnéng wèibǎwò duìfāng zhēnzhèng xūyàode zhīyuán. Jíshǐ shì Rìběnzhèngfǔde zhèngfǔ kāifā yuánzhù, dānfāngmiànde shànyì kǒngpà yě huì jìnrù zhèyìtiáo mílù.

11. 什么是"真正的善意"？

　　开展国际慈善活动的约 300 个非营利组织等每年 10 月在东京日比谷公园举行"国际活动节"。各个组织在介绍各自活动内容的同时，**出售**亚洲、非洲等国家的**特产**和美味**菜肴**。

　　我去了一个为云南少数民族孩子们提供**就学**机会的团体帮忙。我拿着该组织的活动**宣传册**，在公园门口附近一边打**招呼**，一边**分发**册子称"欢迎你们来我们**展位**，请了解一下活动内容。你们还可以**试穿**少数民族的**新娘**服装！"

　　一位中年男子问我："我以前**从事**过支援蒙古的活动，但有些人接受建设学校费用后，还要求购买桌子椅子的费用，然后要求购买笔记本、铅笔的费用。我们支援的结果**反而夺取**了他们本身**谋求**自立的动力。你们活动没有同样情况吗？"

　　另外一个男子问我："你们支援**贫穷**国家或地区，是否反而会让当地与先进国家，特别是欧美国家的经济**差距**固化？你们能否真正帮助他们？你们不考虑这一疑问，高高兴兴地活动的样子反而有点令人担心。"

　　他们的主张也有道理，如果我们不能准确预想自己活动造成的结果，就只能说是一场**自以为是**的活动。我相信，我们的活动绝不是为了自我满足，不过可能未**把握**对方真正需要的支援。**即使**是日本政府的政府开发援助（ODA），**单方面**的善意**恐怕**也会进入这一条**迷路**。

---

shànyì〔善意〕：好意。善意　kāizhǎn〔开展〕：推し進める。繰り広げる　císhàn〔慈善〕：慈悲深い。同情心に富んでいる　chūshòu〔出售〕：売り出す。販売する　tèchǎn〔特产〕：特产物　càiyáo〔菜肴〕：調理されている料理　jiùxué〔就学〕：就学する　xuānchuáncè〔宣传册〕：パンフレット　zhāohu〔招呼〕：呼ぶ。呼びかける　fēnfā〔分发〕：一つ一つ配る。分配する　zhǎnwèi〔展位〕：展示ブース　shìchuān〔试穿〕：試着　xīnniáng〔新娘〕：花嫁　cóngshì〔从事〕：携わる。従事する　fǎn'ér〔反而〕：かえって。逆に。反対に　duóqǔ〔夺取〕：奪い取る　móuqiú〔谋求〕：はかる。追求する　pínqióng〔贫穷〕：貧しい。貧乏である　chājù〔差距〕：格差。隔たり　zìyǐwéishì〔自以为是〕：独りよがりである。自分で自分が正しいと思う　bǎwò〔把握〕：把握する　jíshǐ〔即使〕：たとえ～としても。よしんば～であろうと　dānfāngmiàn〔单方面〕：一方的　kǒngpà〔恐怕〕：～ではないかと心配である。おそらく～かも知れない　mílù〔迷路〕：迷路

43

何が「本当の善意」か？

　国際的な**慈善**活動を**している**約 300 の NPO などが毎年 10 月、東京の日比谷公園で「グローバルフェスタ」を開く。各組織は自分たちの活動を紹介すると同時に、アジア、アフリカなどの特産品や**料理**を**販売する**。

　私は雲南省の少数民族の子どもに**就学**の機会を提供している団体の手伝いに行った。組織の**パンフレット**を持ち、公園の入り口付近で、パンフレットを**配り**「我々の**ブース**に来て活動内容を知ってください。少数民族の**花嫁**衣裳の**試着**もできますよ！」と**呼びかけた**。

　ある中年の男性が私に「以前、モンゴルを支援する活動を**した**ことがありますが、学校を建てる費用を受け取ったら、今度は机といすを買う金をくれと言うし、さらにノートと鉛筆を買う金もくれと言う。私たちの支援は**結果的に**彼ら自身で自立**しよう**という力を**奪う**ことになってしまった。あなた方の活動にもそんなことはありませんか？」と聞いた。

　また別の男性は「あなたたちが貧しい国や地域を支援することは、先進国、特に欧米との経済**格差**を固定することにはなりませんか？　あなた方は本当に彼らを助けているんでしょうか？　こうした疑問も持たずに、ただただ喜んで活動しているように見えるのがかえって心配です」と言った。

　彼らの言うこともももっともで、もし私たちが自分たちの活動の結果を正確に想像できないのであれば、それは**独りよがり**な活動でしかないだろう。私たちは決して自己満足のために活動しているのではないと信じているが、それでも本当に必要な支援を**分かって**いない可能性はある。たとえ日本政府の政府開発援助にしたところで、**一方的な**善意であれば、この**迷路**に入り込む**恐れ**はある。

気を付けたい発音の復習　　　そり舌音

⑧　日本人にとってもうひとつの難関のそり舌音です。この発音は中国人の先生に習うのは非常に難しいと思います。なぜなら中国人は生まれた時からこの音を聞き、知らず知らずのうちに身に着けて発音しているため、後から習得しようとする日本人にどうすればいいのかうまく教えられないからです。そり舌音一つで、ネイティブスピーカーか日本人かわかるくらいの重要な発音ですので、再確認しましょう。

　「ひらがなの"リ"を発音するときに舌が触る場所に舌をつけたまま、ジ【zhi】と発音」してください。【ch】【sh】【r】は舌先の位置は同じですが、「硬口蓋にはつけず、すきまから息を出してチ【chi】シ【shi】リ【ri】」と発音します。発話の速度が上がるにつれて難しくなると思います。ここはしっかり意識したい発音です。特に【r】音はのどの奥で発音することに注意してください。口先だけの発音だとうまくいきません。

　　知【zhī】　　吃【chī】　　師【shī】　　日【rì】

中国語学習のヒント

発想の逆転
～その1～

　ここでもうひとつ、語学勉強に関して基本的な考え方を述べたいと思います。それは、中級以降の学習者は最初から日常会話レベル、通訳現場の実用レベルでの語彙や会話速度を念頭に学習すべきだということです。つまり、作文であれば業務の翻訳レベルで練習し、会話も日常会話の速度をめざしてブラッシュアップしていきます。

　余談ですが僕はトライアスロンをやっています。鳥取県米子市を中心に行われている「全日本トライアスロン皆生大会」では3キロ泳ぎ、140キロ自転車に乗り、42キロ走る。自転車のパートだけでも5時間以上かかります。大会に出るたびに「なんでこんな苦しいことやってるんだろう」と思っています（笑）。

　その練習方法ですが、たとえば50キロくらいなら自転車に乗った経験があったとします。50キロまでならレースのペースで乗れる。じゃあこれを今日は80キロに延ばそう、来週はさらに100キロまで乗ってみよう、というのが普通の練習方法ですね。徐々にレベルを上げていく。しかし、トライアスロンなどの耐久系のレースでは、いきなり150キロ、いや200キロ乗ってみる、という練習の方法も取り入れなければレース本番は迎えられません。

　え？と思うじゃないですか。50キロしか乗ったことないんだから。だけどいきなり実際のレースか、それ以上の距離を、まずペースを落として試してみることで、何をやらなきゃいけないかという課題を見つける練習も必要なのです。150キロのレースを実際に乗り切るために、徐々にそこにたどりつこうとする方法のほか、実戦レベルをまず体験して足りない部分を見極め、埋めていく練習もやらなければなりません。

㉒ Fànshì zhuǎnhuàn

Wèile cānjiā **huánqiú kèlún** lǚyóu, wǒde érzi cóng dàxué xiūxué huíjiāle. Tā měitiān qù dǎgōng. Tīngshuō gōngzuò nèiróng shì qiánwǎng gèlèi cāntīng jiǔbā, **qǐngqiú diànjiā** yǔnxǔ zài xǐshǒujiānděngchù **zhāngtiē** kèlúnlǚyóude guǎnggào **hǎibào**. Tā měitiān tiē wǔshí zhì liùshízhāng zuǒyòude hǎibào, tiē sānzhāng néng nádào yìqiānrìyuán **bàochou**. Dànshì **jíbiàn** tā tiāntiān qù dǎgōng, yě zhǐnéng zhuàngòu suǒxūde lǚfèi, yìdiǎn **yúqián** yě shèngbuxià. Xiànzài tā zài jiālǐ chī zǎowǎn liǎngdùnfàn, zìjǐ zuò **fàntuán** dàizǒu, hái yāoqiú jiālǐ jìxù **jiējì fángzū** hé shēnghuófèi.

Zài wǒ kànlái, zhè **zhǐbuguòshì jiāoshēngguànyǎng**de xiǎngfǎ. Rúguǒ xiǎngqù hǎiwài lǚyóu, jiù yīnggāi zài **píngshí chōu shíjiān** qù dǎgōng **jīzǎn** fèiyòng, bùyīnggāi xiūxué bìng yāoqiú jiālǐ jìxù **huìkuǎn** zhīyuán. Wǒ rènwéi tā **quēfá** rènzhī xiànshíde nénglì, tā kěnéng méixiǎngdào zìjǐde zuòfǎ bútài héshì, huì gěi biérén tiān máfan.

Zuìjìn wǒ gēn yíwèi péngyou chīfàn. Tā shì érzide dàxué **shīxiōng**, yě dǎguo tiēhǎibàode gōng. Tā gàosu wǒ shuō: "Nǐde érzi tài lìhaile. Zhèige gōngzuò yǔ **shàngmén tuīxiāo** shāngpǐn yíyàng, jiànmiàn shùnjiān yào cāichū duìfāngde fǎnyìng, pànduàn néngfǒu tiēhǎibào. Hé zài xuéxiào dúshū xiāngbǐ, tā huì xuédào hěnduō yǒuyòngde **běnshi**."

Zhèwèi péngyou hái zhǐchū: "Rúguǒ nǐ érzi zhuǎndào suǒyǒu fèiyòngde huà, zhǎo gōngzuòshí néng dédào hěngāo píngjià. Yìbān gōngsī zài **yíngxiāo** fāngmiàn xūyào nǐ érzi zhèyàngde réncái." Tāde huà ràng wǒ chījīng. Gǎibiàn **shìjiǎo**, kàn tóngyī shìqíngde **gǎnshòu** huì dà bù xiāngtóng. Méixiǎngdào ràng wǒ bùyúkuàide érzi dǎgōng **jìng** huòdé rúcǐ hǎopíng. Zhè shì hěndàde fànshì zhuǎnhuàn.

12. 范式转换

为了参加**环球客轮**旅游，我的儿子从大学休学回家了。他每天去打工。听说工作内容是前往各类餐厅酒吧，**请求店家允许**在洗手间等处**张贴**客轮旅游的广告**海报**。他每天贴 50 至 60 张左右的海报，贴 3 张能拿到 1000 日元**报酬**。但是**即便**他天天去打工，也只能赚够所需的旅费，一点**余钱**也剩不下。现在他在家里吃早晚两顿饭，自己做**饭团**带走，还要求家里继续**接济**房租和生活费。

在我看来，**这只不过**是**娇生惯养**的想法。如果想去海外旅游，就应该在**平时抽时间**去打工**积攒**费用，不应该休学并要求家里继续**汇款**支援。我认为他**缺乏**认知现实的能力，他可能没想到自己的做法不太合适，会给别人添麻烦。

最近我跟一位朋友吃饭。他是儿子的大学**师兄**，也打过贴海报的工。他告诉我说："你的儿子太厉害了。这个工作与**上门推销**商品一样，见面瞬间要猜出对方的反应，判断能否贴海报。和在学校读书相比，他会学到很多有用的**本事**。"

这位朋友还指出："如果你儿子赚到所有费用的话，找工作时能得到很高评价。一般公司在**营销**方面需要你儿子这样的人才。"他的话让我吃惊。改变**视角**，看同一事情的**感受**会大不相同。没想到让我不愉快的儿子打工**竟**获得如此好评。这是很大的范式转换。

---

fànshì〔范式〕:パラダイム　zhuǎnhuàn〔转换〕:転換する。変える　huánqiú〔环球〕:世界を回る。地球を巡る　kèlún〔客轮〕:客船　qǐngqiú〔请求〕:請求する。お願いする　diànjiā〔店家〕:お店。店の主人　yǔnxǔ〔允许〕:許す　zhāngtiē〔张贴〕:張り付ける　hǎibào〔海报〕:ポスター　bàochou〔报酬〕:報酬　jíbiàn〔即便〕:たとえ〜でも。仮に〜だとしても　yúqián〔余钱〕:残ったお金　fàntuán〔饭团〕:おにぎり　jiējì〔接济〕:仕送りする。(財政的に) 援助する　fángzū〔房租〕:家賃。部屋代　zhǐbuguò〔只不过〕:ただ〜にすぎない　jiāoshēngguànyǎng〔娇生惯养〕:甘やかす。溺愛する　píngshí〔平时〕:普段。日ごろ　chōushíjiān〔抽时间〕:時間を作る　jīzǎn〔积攒〕:少しずつ蓄える　huìkuǎn〔汇款〕:送金する　quēfá〔缺乏〕:不足する。欠乏する　shīxiōng〔师兄〕:先輩　shàngmén〔上门〕:訪問する　tuīxiāo〔推销〕:セールスする　běnshi〔本事〕:能力　yíngxiāo〔营销〕:マーケティング　shìjiǎo〔视角〕:視点。アングル　gǎnshòu〔感受〕:感じること。感想　jìng〔竟〕:意外にも。あろうことか

47

パラダイム転換

　客船による**世界一周**旅行に参加するため、息子が大学を休学して家に戻ってきた。彼は毎日アルバイトに出かけている。聞くと、仕事はいろいろなレストランや飲み屋に行って、トイレなどに客船旅行の広告**ポスター**を**貼らせてもらう**ことだという。毎日 50 枚から 60 枚のポスターを貼り、3 枚につき 1000 円の**報酬**をもらえる。しかし、たとえ彼が毎日バイトに行った**ところで**、必要な旅費しか稼げず、少しも**余るお金**はない。彼は家で朝と晩の食事を取り、自分で**おにぎり**を作って持っていっている。さらに家には継続して**家賃**と生活費を**仕送りしてくれ**と要求している。

　僕に言わせれば、これは**甘やかされた考え方**に**すぎない**。もし海外旅行に行きたいのであれば、**日ごろから時間を作って**アルバイトに行って**費用をためる**べきで、休学して家に**仕送り**を継続してもらうよう頼むべきではない。彼は現実を認識する能力に**欠けている**のではないだろうか。自分のやり方が適切ではなく、人に迷惑をかけると思わなかったのだろう。

　最近ある友人と食事をした。彼は息子の大学の**先輩**で、ポスター貼りもやったことがあるという。彼は言った「息子さん、すごいですよ。これって**訪問販売**と一緒で、会った瞬間に相手方の反応を探って、ポスターを貼らせてもらえるかどうか判断しなきゃいけません。学校で勉強しているのに比べれば、本当に役に立つ**能力**を身に着けられると思いますよ」。

　この友人はさらに言った。「もし息子さんがすべての費用を稼いだとしたら、仕事を探すときにも高い評価をもらえます。普通の会社の**営業**は息子さんのような人材をほしがっています」。彼の話に僕は驚いた。見方を**変える**と、同じことを見るにしても**受け取り方**がこうも違うものか。僕を不愉快な気分にさせている息子のバイトが、**あろうことか**これほどの評価を得るとは。これは大きなパラダイム転換だった。

気を付けたい発音の復習　　日本語にない母音 i【ɿ】

⑨

　初級者にとって、中国語の発音で最初のハードルはそり舌音と有気音、無気音です。しかし、ここを突破した中上級者にとって、難しいのは実は母音だと思います。

　まず、学習者泣かせなのは、最初の難関のそり舌音【zhi】【chi】【shi】【ri】の母音として表記されているこの【i】という音は、【yi】の発音ではないことです。詳しい教科書には書いてありますが、多くの中国語入門書には書いてありません。【zhi】【chi】【shi】【ri】で使われている【i】は、国際音声記号で示すと【ɿ】で、ややくぐもった音です。こもった「イ」の感じでしょうか。【yi】の発音のように口を横にひっぱったりしてはいけません。というか、まったく違う音です。【yi】の発音は日本語で書くと同じように「ジ」「チ」「シ」と書きます【ji】【qi】【xi】です。比べて聞いてみてください。

| 制度【zhìdù】 | 季度【jìdù】 | 池子【chízi】 | 旗子【qízi】 |
| 失敗【shībài】 | 惜敗【xībài】 | 日来【rìlái】 | 历来【lìlái】 |

中国語学習のヒント

発想の逆転
～その2～

　私たち日本人が外国語を学習する際、ややもすると「着実」や「万全」の部分に力を注ぎがちです。しかし、中国語通訳のようなハイレベルの目標に挑むならば、語彙や文法やリスニング力、スピーキング力を徐々に着実に積み上げていくという方法だけでは、きりがないわけです、正直なところ。ところが、大多数の学習者は積み上げていく学習方法しかやっていないと思います。確かにある程度の語彙や速度までは着実に積み上げていくしか方法がありません。しかし、いわゆる中級レベルに達した段階からは、着眼点を変えた学習方法が必要になります。そこに気が付かないまま、積み上げていく方法だけを繰り返し続けていることは、上達の速度を止めてしまい、時間を浪費することになります。これが、多くの学習者が中級のレベルを突破できない理由です。

　赤ん坊が言葉を習得する過程を考えてみてください。どんな赤ん坊も、生活の中で最初から母国語のネイティブスピーカーの会話速度に接します。大人が赤ん坊に向かうときは多少ゆっくり話かけるでしょうが、それにしても赤ん坊にとっては相当な早さであることはまちがいありません。赤ん坊は、成長過程でその速度を聞き取り、その音の意味を理解して自分の意思を伝えることを学ばざるを得ません。自らの意思を伝えるために、ネイティブスピードを聞き分け、同じ速度で発話する必要に迫られるわけです。つまり最初からいわゆる実戦レベルの速度にさらされることで否応なしにその速度に順応していくのです。

　こうした聞き取りと発話の関係を踏まえれば、私たちがどういう学習方法をとればいいのか、わかってくるのではないでしょうか？　特に基礎を積み上げるだけの初級を終えた段階から、従来と違う学習方法を取り入れることが重要になるのです。

　世の中には語学の達者な人がたくさんいて、何ヶ国語もこなすケースはまれではありません。僕は、こういう人たちははじめから実用のレベルを念頭において、勉強されているんだろうと思います。ですから、まず実用レベルの会話速度ありき、で勉強するべきだと思います。

㉓ Shìdàng de jīngjì zhuàngtài

Qiánjǐtiān, wǒ gēn dàxué tóngxuémen yìqǐ qùle yìjiā **jiǔbā**. Zhèjiā jiǔbā kě yóu gùkè diǎngē, zài dà**píngmù**shang **bōfàng** shàngge shìjì qīshí zhì bāshí niándài liúxíng **gēqǔ**de **shìpín**. Wǒmen zài nàli **xīnshǎng**dàole zìjǐ zài chūzhōng huòzhě gāozhōng shí **rèzhōng**de gēshǒude biǎoyǎn, **bùzhībùjué**de kāishǐ yìqǐ chànggē.

Jiǔbālide gùkè yě gēn wǒmen chàbuduō shì tóngyì niándàide rén. Tāmen wèile **huǎnjiě** gōngzuò yālì, suízhe shìpín yìqǐ chànggē tiàowǔ, bìng zài gēchàng guòchéngzhōng **bùshí**de dàshēng **hǎnjiào** hé **gǔzhǎng**. Dāngshí gēshǒumende fúzhuāng hěn **huálì**, hěn yǒu míngxīng **fànr**. Kànqǐlái sìshiduōsuìde jiǔbā gùkèmen yě dōu jīnglì**chōngpèi**, lìng rén huíxiǎngqǐ Rìběn shèhuì "**pàomòjīngjì**" shíqīde rèliè qìfēn.

Dāngshí yǒu yífèn fēnxī xiǎnshì, Dōngjīngde **huánchéng** tiělù "Shānshǒu xiàn" quānnèi suǒyǒu tǔdì jiàgé jiāqǐlái xiāngdāngyú zhěnggè Měiguó guótǔde jiàgé. Dāngshí, wǒ jìde yítào **xīfú** dàgài wǔwàn dào qīwànrìyuán, ér xiànzài zuìpiányide xīfú **jìngrán** búdào yíwànrìyuán. Nàshí lǐyícìfā yào sānqiānrìyuán, xiànzài zuìpiányide zhǐyào yìqiānrìyuán. Wǒ wúfǎ pànduàn shì xiànzài yǒuxiē shāngpǐnde jiàgé tàipiányile, háishi dāngshíde jiàgé tàiguì, dàn **zhìshǎo** wǒmen míngbáile méiyǒu shítǐde jīngjì fánróng **zǎowǎn** huì **bēngkuì**.

Zhè èrshiniánlái, wǒmen **jiànzhèng**le Rìběn cóng **jíwéi** fùyùde shèhuì yìzhídào **xiànrù tōngsuō**, tǐyànle jùdàde pínfù chājù, dàn què bùzhīdào zěnyàng cáishì shìdàngde zhuàngtài. Zài pàomòjīngjì zhīqiánde Rìběn, guómín zhījiānde pínfù chājù hěnxiǎo, bèi chēngwéi "yīyìzǒngzhōngliú". Wǒ rènwéi zhòngyàodeshì yào xiāochú pínkùn jiēcéng, xíngchéng jūnfù wěndìng de shèhuì.

13. 适当的经济状态

前几天，我跟大学同学们一起去了一家**酒吧**。这家酒吧可由顾客**点歌**，在大**屏幕**上**播放**上个世纪70至80年代流行**歌曲**的视频。我们在那里欣赏到了自己在初中或者高中时**热衷**的歌手的表演，**不知不觉**地开始一起唱歌。

酒吧里的顾客也跟我们差不多是同一年代的人。他们为了**缓解**工作压力，随着视频一起唱歌跳舞，并在歌唱过程中**不时**地大声**喊叫**和**鼓掌**。当时歌手们的服装很**华丽**，很有明星范儿。看起来40多岁的酒吧顾客们也都精力**充沛**，令人回想起日本社会"泡沫经济"时期的热烈气氛。

当时有一份分析显示，东京的**环城**铁路"山手线"圈内所有土地价格加起来相当于整个美国国土的价格。当时，我记得一套**西服**大概5万到7万日元，而现在最便宜的西服**竟然**不到1万日元。那时**理**一次**发**要3000日元，现在最便宜的只要1000日元。我无法判断是现在有些商品的价格太便宜了，还是当时的价格太贵，但**至少**我们明白了没有实体的经济繁荣**早晚会崩溃**。

这20年来，我们**见证**了日本从**极为**富裕的社会一直到**陷入通缩**，体验了巨大的贫富差距，但却不知道怎样才是适当的状态。在泡沫经济之前的日本，国民之间的贫富差距很小，被称为"一亿总中流"。我认为重要的是要消除贫困阶层，形成均富稳定的社会。

---

shìdàng〔适当〕：適当である。妥当である　jiǔbā〔酒吧〕：バー。酒場　diǎn〔点〕：リクエストする　píngmù〔屏幕〕：映像スクリーン　bōfàng〔播放〕：放送する。放映する　gēqǔ〔歌曲〕：歌。歌曲　shìpín〔视频〕：動画。ビデオ　xīnshǎng〔欣赏〕：鑑賞する。楽しむ　rèzhōng〔热衷〕：熱を上げる。夢中になる　bùzhībùjué〔不知不觉〕：知らず知らず。いつのまにか　huǎnjiě〔缓解〕：和らげる。緩和する　bùshí〔不时〕：度々。何度も　hǎnjiào〔喊叫〕：叫ぶ。わめく　gǔzhǎng〔鼓掌〕：拍手する。手をたたく　huálì〔华丽〕：華麗である。華やかで美しい　fànr〔范儿〕：模範。手本　chōngpèi〔充沛〕：満ちあふれている。みなぎっている　huánchéng〔环城〕：都市のまわり　xīfú〔西服〕：洋服。スーツ　jìngrán〔竟然〕：意外にも。なんと　lǐfà〔理发〕：理髪する。散髪する　zhìshǎo〔至少〕：少なくとも　zǎowǎn〔早晚〕：遅かれ早かれ。いずれは　bēngkuì〔崩溃〕：崩壊する。破綻する　jiànzhèng〔见证〕：目撃し証明できる　jíwéi〔极为〕：きわめて　xiànrù〔陷入〕：陥る。落ち込む　tōngsuō〔通缩〕：デフレーション。"通货紧缩"の略

適切な経済状態

　数日前、大学の同級生たちと一緒に**バー**へ行った。このバーでは客の**リクエスト**に応えて、1970 年代から 80 年代にかけての流行**歌**の**動画**を**スクリーン**で**放映**している。我々は、自分たちがちょうど中学生か高校生のころに**熱中**していた歌手のステージを**見て**、**いつの間にか**一緒に歌っていた。

　バーのお客も我々と同じ世代の人たちだ。仕事のストレスを**やわらげる**ため、画像と一緒に歌い、踊り、歌の途中に**何度も叫び**、**拍手**していた。当時、歌手たちの服装も大変**派手**で、**スター然**としていた。40 歳代に見えるバーのお客も精力が**みなぎり**、日本社会が「バブル経済」の熱気に包まれていたころを思い出させた。

　当時、ある分析によると、東京の**環状**線「山手線」の線路の中の土地の価格を足すと、全米の国土の価格と同じだった。当時、**スーツ**の値段がだいたい 5 万円から 7 万円だったと記憶しているが、現在、もっとも安いスーツは**なんと** 1 万円しない。理容一回は 3000 円だったが、今、一番安い理容はわずか 1000 円だ。現在、一部の商品の値段が安くなりすぎたのか、あるいは当時が高すぎたのかは判断できないが、**少なくとも**実体のない経済の繁栄は**遅かれ早かれ破綻する**ことを我々は知った。

　この 20 年で、**極端に**豊かな社会が**デフレに陥った**ことで我々は巨大な貧富の格差を体験したが、どういう状態が適当であるのかは分からない。バブル経済以前の日本は、国民の間の貧富の差が非常に小さく、「一億総中流」と呼ばれた。大切なのは貧困階層をなくし、平均して豊かで安定した社会を創ることだろう。

---

⑩　🎧 気を付けたい発音の復習　　日本語にない母音 i【ɿ】

　さらに【zi】【ci】【si】の【i】も【yi】の発音ではありません。この音は国際音声記号で示すと【ɿ】で、口をやや横に開いて、舌先を下の歯茎につけて「ウ」と発音します。これは認識している人も多いと思います。【yi】の音とはあまりに違いますからね。僕もなぜこれが【i】という発音記号で書いてあるのか不思議です。これほど違う音を教科書や辞書の中で一つの表記にまとめてしまうのは、かなり乱暴ですよね。(笑)

自力【zìlì】　　智力【zhìlì】　　　　致詞【zhìcí】　至遲【zhìchí】

私話【sīhuà】　詩話【shīhuà】

中国語学習のヒント

語学学校ではなぜ限界があるのか？
～その1～

　この本を手にしていただいた方の中には、ネイティブスピーカーの先生のいる語学学校に通われた経験のある方も少なくないと思います。ただ、そこでは思うように上達しなかった。だからこの本を手にしている。あなたがネイティブスピーカーの先生のいる語学学校に行っても「ネイティブの速度」に到達することができなかったのはなぜでしょう？　ネイティブスピーカーの先生は実際には、我々が語学学校で学ぶ会話の速度よりずっと速く話せるし、聞き取れます。しかし、我々はいわゆる「通常の速度」を目標に学習するわけです。そうすると、たぶん本当に身に着けたい、早口を聞き取れる発話の速度は身に付きません。ターゲットにしている速度がすでに遅いからです。

　これにはわけがあります。一つは、生徒さんはネイティブスピーカーの先生の通常の会話速度を聞き取れないため、先生はゆっくり話さざるを得ません。先生がゆっくり話すことで、生徒は聞き取れるようになります。ゆっくりの発音でも聞き取れるようになることで、生徒は上達を実感しますよね。それが会話学校に通うモチベーションですから。そして、通常の会話速度に達した段階で次の単元に進むのが普通です。先生は決して早口のレベルまでは教えません。通常の会話速度が学習の目安で、生徒のわからない部分はゆっくりわかりやすく教え、そのカリキュラムを終了します。これが多人数のクラスであればもっと悲惨です。クラスの大半が通常速度に達した段階で、まだそこに達していない生徒さんがいても先生は次に進まざるを得ません。

　そうすると、生徒は永遠に本当にネイティブスピーカーの会話を聞き取れる発話速度、あるいは聴力を身に着けることはできません。これが、日本の英会話学校がずーっと繁盛している理由だと思います。（笑）もし、学習目標を通常の会話速度の2割ほど早い速度に設定したらどうでしょう？　きっと、もっと多くの人が楽に英語を話せるようになるはずですが、英会話学校の数も減るのではないかと思います。

53

㉔ Zǔ'ài fāzhǎnde yīnsù

Wǒ chūxíle mǒuge císhàn tuántǐde huìyì, tǎolùn rúhé xiàng Dōngrìběn Dàdìzhèn zāiqūde háizimen tígōng jiàoyù fúwù. Wǒmen rènwéi, Rìběn shèhuì yǐjīng jìnrù bùdǒng diànnǎo jìshù, búhuì jiǎng Yīngyǔ jiù zhǎobudào gōngzuòde shídài. Suīrán zāiqūde línshí ānzhìfáng wánshànle shàngwǎng huánjìng, zāimín yě shífēn lǐjiě xuéxí Yīngyǔde zhòngyàoxìng, dàn zài zhè liǎngge lǐngyùde jiàoyù fúwù méiyǒu tàidà jìnzhǎn.

Shòuzāi yánzhòngde zāiqū dàbùfen shì yán'àn dìqū, yǐwǎng cóngshì yúyè xiāngguān gōngzuòde jiāzhǎng jiàoduō, tāmen cónglái méiyǒu shǐyòngguo diànnǎo, yě méiyǒu bìyào jiǎng Yīngyǔ, yīncǐ bùnéng lǐjiě diànnǎo jìshù yǐjí Yīngyǔde zhòngyàoxìng. Wǒ tīngshuō yíwèi zāiqū jiāzhǎng jiù Yīngyǔ xuéxí chēng: "Suīrán zài xuéxiào shàngkè, dàn bìyèhòu yíbèizi dōu búhuì yòngdào. Gēnběn méi bìyào."

Rán'ér, wǒmen jiànjiàn fāxiànle qítā yuányīn. Bǐrúshuō, xiànzài sìshisuì yǐshàng rénshì zài értóng shíqī shēnbiān méiyǒu diànnǎo, hěnduō dádào chūrèn lǐngdǎo niánlíngde lǎoshīmen hái bùnéng mángdǎ jiànpán, zìrán bùnéng shòukè. Tánjí Yīngyǔ jiàoyù, qíngkuàng jiù gèng zāogāo. Rìběnrén shì chūlemíngde bùshàncháng Yīngyǔ. Dào gāozhōng, Yīngyǔde zhǔyào shòukè nèiróng réngránshì rúhé yìngfu shūmiàn kǎoshì, érfēi tígāo huìhuà nénglì.

Rìběnde jiàoyù kèchéng yǐjīng bùnéng shìyìng xiànzàide guóqíng. Gǎigé bùfá huǎnmàn huòxǔ shì yīnwèi bùnéng mángdǎ jiànpán、búhuì jiǎng Yīngyǔ de shēnjū gāowèide lǎoshīmen tàidù xiāojí. Bùjǐn shì lǎoshīmen, bāokuò wǒmen zìjǐ zàinèi, zhěnggè shèhuì dōu yīnggāi yōngyǒu xīn lǐniàn. Zhòngyàode shì bìngqì duì lǎojiù fāngshìde yīlài, línghuó yìngduì mùqiánde júmiàn.

14. 阻碍发展的因素

我出席了某个**慈善**团体的会议，讨论**如何**向东日本大地震**灾区**的孩子们提供教育服务。我们认为，日本社会已经进入不懂电脑技术、不会讲英语就找不到工作的时代。**虽然**灾区的临时**安置房完善**了**上网**环境，灾民也十分理解学习英语的重要性，但在这两个领域的教育服务没有太大进展。

受灾**严重**的灾区大部分是**沿岸**地区，**以往从事渔业相关工作的家长**较多，他们**从来**没有使用过电脑，也没有必要讲英语，因此不能理解电脑技术以及英语的重要性。我听说一位灾区家长就英语学习称："虽然在学校上课，但毕业后**一辈子**都不会用到。根本没必要。"

然而，我们**渐渐**发现了其他原因。比如说，现在 40 岁以上人士在儿童时期**身边**没有电脑，很多达到出任领导年龄的老师们还不能**盲打**键盘，自然不能授课。谈及英语教育，情况就更**糟糕**。日本人是**出**了**名**的不**擅长**英语。到高中，英语的主要授课内容仍然是如何**应付书面考试**，而非提高会话能力。

日本的教育**课程**已经不能适应现在的国情。改革**步伐缓慢**或许是因为不能盲打键盘、不会讲英语的身居高位的老师们态度消极。不仅是老师们，包括我们自己在内，整个社会都应该拥有新理念。重要的是**摒弃**对老旧方式的依赖，**灵活**应对目前的局面。

---

zǔ'ài〔阻碍〕：妨げる。じゃまする　yīnsù〔因素〕：要素　císhàn〔慈善〕：慈悲深い。同情心に富んでいる　rúhé〔如何〕：いかに　zāiqū〔灾区〕：被災地　suīrán〔虽然〕：～とはいえ。～ではあるけれども　ānzhì〔安置〕：すえつける。置く　wánshàn〔完善〕：整備する　shàngwǎng〔上网〕：インターネットに接続する　yánzhòng〔严重〕：重大である。著しい　yán'àn〔沿岸〕：沿岸　yǐwǎng〔以往〕：かつて。以前　xiāngguān〔相关〕：関係する　jiāzhǎng〔家长〕：世帯主　cónglái〔从来〕：これまで。昔からずっと　yíbèizi〔一辈子〕：一生。生涯　rán'ér〔然而〕：しかしながら　jiànjiàn〔渐渐〕：次第に。だんだんと　shēnbiān〔身边〕：身の回り　mángdǎ〔盲打〕：タッチタイピング。ブラインドタッチ　zāogāo〔糟糕〕：悲惨。酷い　chūmíng〔出名〕：有名　shàncháng〔擅长〕：～が得意だ。～に長ける　yìngfu〔应付〕：対処する。あしらう　shūmiàn kǎoshì〔书面考试〕：筆記試験　kèchéng〔课程〕：カリキュラム　bùfá〔步伐〕：足取り。テンポ　huǎnmàn〔缓慢〕：緩慢。ゆっくり　bìngqì〔摒弃〕：排除する。除去する　línghuó〔灵活〕：柔軟に

発展の阻害要因

　ある**慈善**団体の会議に出席し、東日本大震災の**被災地**の子供を**どうやって**教育していくか話し合った。日本の社会はすでにパソコンと英語ができなければ仕事が見つからない時代になった、と我々は思っている。被災地の**仮設**住宅にも**ネット**環境は整備されていて、被災者も十分に英語の有用性を理解している**のに**、この二つの領域での教育は進んでいない。

　ひどい被害にあった被災地の大部分は**沿岸**部だ。**以前**、漁業**関係**の仕事をしていた**親御さん**が比較的多く、彼らはパソコンを使ったこともなければ、英語を話す必要もなかった。このため、パソコンスキルや英語の重要性は理解できない。被災地のある親御さんは英語学習についてこういったそうだ「学校で習いはするけれども、卒業したら**一生**使わない。全く必要ない」。

　しかし、**しばらくして**我々はほかの原因にも気づいた。たとえば、現在40歳以上の人たちは子供のころ**身の回り**にパソコンはなかった。指導者の年齢に達した教師たちは**タッチタイピング**ができないので、当然教えられない。英語にいたってはさらに**悲惨**だ。日本人の英語**下手**は**有名**だ。高校にいたるまで、英語の主要な授業内容はいまだにどうやって**筆記試験**に答えるかであり、会話能力を高めるものではない。

　日本の教育**カリキュラム**はすでに今の国情に合わなくなっている。改革が**進まない**のは、あるいはタッチタイピングができず、英語が話せない指導的立場の先生たちの態度が消極的なためかもしれない。先生たちだけでなく、私たちも含め、すべての社会が新しい概念を持つべきだ。重要なのは古いやり方に頼るのを**やめ**、新しい局面に**柔軟**に対応することだ。

気を付けたい発音の復習　　　さいごに１

　注意したいのは、発音の口の形は何となくわかっているけれど、実際の発音が今一つわからない場合です。こういう単語は、朗読やシャドウイングの過程で、基礎に忠実な口の形をつくって発音するよう心掛けてください。本当に正しい発音かどうか分からなくても、正しい口の形をしていれば、ある時正しい発音が何か、突然ひらめくときが来ます。僕にとって【e】や【eng】と【ong】の発音の区別はまさにそうでした。わからないなりに口の形を続けていれば、口の形が正しい発音を導いてくれます。決して、聞こえている音に従おうとしないでください。あなたの耳は、今聞いた中国語の発音をあなたが聞いたことがある音、自分の中に概念がある音に置き換えているにすぎません。中国人のネイティブスピーカーにとって全く違う音を、例えば日本語の「ア」であるとか「エ」「リ」など自分に発音できる音にすりかえてしまうのです。

中国語学習のヒント

語学学校ではなぜ限界があるのか？
～その2～

　また、ネイティブスピーカーの先生が教えてくれる語学学校の弱点があります。それはネイティブの人たちが「先天的」に身に着けている子音や母音の発音を、日本人学習者に教えるのが難しいことです。子音、母音ともに少ない日本語を使う我々は、外国語を学ぶ上でどうしても新しい子音や母音を習得しなくてはなりません。後天的に学習して身に着ける必要があるわけです。

　しかし、ネイティブの人たちは知らず知らずのうちにそういった発音を覚えているので、「日本人に理論的に発音を教える」ことが難しいのです。英語でたとえれば、ネイティブの人にとって日本人がなぜ「R」と「L」の発音を区別できないのか、不思議なことなんだろうと思います。ですから、他国の言語の特に基礎の発音を学ぶときは、僕はそれを後から学習して身に着けた日本人から学ぶ方が正解だと思います。

　さらに、自分で通訳の学校に通ってみてわかったことがありました。それは学校側の用意しているカリキュラムが多すぎるため、十分に復習する時間が取れないということです。「高いお金をいただいていますから、しっかり勉強してもらいたいんです」と通訳学校の先生はおっしゃっていました。生徒の側からしてももっともだと思います。ただ、本書で紹介する学習方法は、ひとつの文章を100回も読みます。100回繰り返すことで身に着けるわけですが、仕事をしながら学校に通うとなると、どうしてもひとつのレッスンを繰り返して読む時間が限られてきます。できてもせいぜい20回くらいでしょうか。それでも習ったことを復習した気にはなれますが、われわれの目指すネイティブなみの発話速度には到達できません。

㉕ Lìzhēng chéngwéi chāojí "èrliú"

Chūzhōng yīniánjíde nǚ'ér cānjiāle xuéxiào héchàngduì. Tāmen **zhēngqǔ** cānjiā quánguó bǐsài, yīncǐ tiāntiān liànxí. Dànshì yìxiē bǐsài yǒu **míng'é** xiànzhì, wǒ nǚ'ér méiyǒu bèixuǎnwéi cānsài chéngyuán. Wǒ gàosu tā: "Búyào **qìněi**, zhè búshì nénglìde wèntí, zhǐbuguò shì yùnqì bùhǎo." Yàoshi tā zhēn xǐhuan chànggē, shēngjí hòu háiyǒu hǎoduō jīhuì.

Zài yìshù hé yùndòng lǐngyù, quèshí cúnzài yìxiē yōngyǒu **dǐngjí** cáinéngde rén. Tāmen búbì jīngguò shénme tèbiéde xùnliàn **biànnéng zhǎngwò** yìbānrén nányǐ xuéhǎode jìshù. Duì yōngyǒu zhèxiē **xiāntiān** cáinéngde rén éryán, hěnnán lǐjiě wǒmen pǔtōngrén xuéxí jìshù shí **pèng**dàode gèzhǒng kùnnan.

Yǒu cáinéngde rén zìrán xīwàng bǎ nénglì shēngzhì gènggāo jiēduàn, búhuì mǎnzúyú xiànyǒu shuǐpíng. Yǔcǐtóngshí, zhēnxīn xǐhuan mǒuzhǒng yìshù huòzhě yùndòngde "èrliú" rénwù **zé** nénggòu **tíngliú** zài yídìngde shuǐpíngshang. Tāmen zhīdào zìjǐ méiyǒu tèbiéde cáinéng, **yīn'ér** huì **qiānxū**、 **dànbó**de fǎnfù xùnliàn, yǒushí bùzhībùjuéde chéngwéi suǒ **zuānyán** lǐngyù **shǒuqūyīzhǐ** de réncái. Zhèyàngde rén kě chēngwéi "chāojí èrliú rén".

Wǒ xǐhuan gèzhǒng yùndòng, dàn **shēnzhī** zìjǐ méiyǒu tèbié cáinéng. Wǒ zài yánjiū xùnliàn fāngfǎ yǐjí **tǐhuì** yǔ yīliú xuǎnshǒu tóngyàng jìshùde guòchéngzhōng néng dédào **lèqù**. Kěyǐ shuō, **xìngkuī** wǒ méiyǒu cáinéng, cái déyǐ chángqī **xiǎngshòu** gèzhǒng yùndòngde lèqù.

Wǒ xiǎng gàosu nǚ'ér, **jíshǐ** méiyǒu cáinéng, dàn ruò qiānxūde jiēshòu zhèyī shìshí, jiù yídìng huì gěi nǐde rénshēng dàilái **hǎochù**. Zhòngyàodeshì **zhèngshì** xiànshí, **jiānchí** nǔlì. Chāoyuè yígègè zhàng'àide guòchéng jiùshì rénde chéngzhǎng. Rúcǐ xiǎnglái, méiyǒu dǐngjí cáinéng gēnběn búshì wèntí.

15. 力争成为超级"二流"

　　初中一年级的女儿参加了学校合唱队。她们**争取**参加全国比赛，因此天天练习。但是一些比赛有**名额**限制，我女儿没有被选为参赛成员。我告诉她："不要**气馁**，这不是能力的问题，只不过是运气不好。"要是她真喜欢唱歌，升级后还有好多机会。

　　在艺术和运动领域，确实存在一些拥有**顶级**才能的人。他们不必经过什么特别的训练**便**能**掌握**一般人难以学好的技术。对拥有这些**先天**才能的人而言，很难理解我们普通人学习技术时**碰**到的各种困难。

　　有才能的人自然希望把能力升至更高阶段，不会满足于现有水平。与此同时，真心喜欢某种艺术或者运动的"二流"人物**则**能够**停留**在一定的水平上。他们知道自己没有特别的才能，**因而**会**谦虚**、**淡泊**地反复训练，有时不知不觉地成为所**钻研**领域**首屈一指**的人才。这样的人可称为"超级二流人"。

　　我喜欢各种运动，但**深知**自己没有特别才能。我在研究训练方法以及**体会**与一流选手同样技术的过程中能得到**乐趣**。可以说，**幸亏**我没有才能，才得以长期**享受**各种运动的乐趣。

　　我想告诉女儿，**即使**没有才能，但若谦虚地接受这一事实，就一定会给你的人生带来**好处**。重要的是**正视**现实，**坚持**努力。超越一个个障碍的过程就是人的成长。如此想来，没有顶级才能根本不是问题。

---

lìzhēng〔力争〕：努力する。がんばる　chūzhōng〔初中〕：中学校　zhēngqǔ〔争取〕：実現をめざして努力する。努力して獲得する　míng'é〔名额〕：定員。人数　qìněi〔气馁〕：がっかりする。しょげる　dǐngjí〔顶级〕：トップレベル。トップクラス　biàn〔便〕：すぐに。もう　zhǎngwò〔掌握〕：マスターする。身につける　xiāntiān〔先天〕：先天的。生まれつき　pèng〔碰〕：出くわす。ぶつかる　zé〔则〕：しかし。かえって　tíngliú〔停留〕：とどまる　yīn'ér〔因而〕：従って。ゆえに　qiānxū〔谦虚〕：謙虚である　dànbó〔淡泊〕：さっぱりしている。あっさりしている　zuānyán〔钻研〕：研究する。探究する　shǒuqūyìzhǐ〔首屈一指〕：ナンバーワン　shēnzhī〔深知〕：よく知っている。十分に知っている　tǐhuì〔体会〕：体得する。理解する　lèqù〔乐趣〕：おもしろみ。喜び。楽しみ　xìngkuī〔幸亏〕：幸いに。～のおかげで　xiǎngshòu〔享受〕：享受する。味わい楽しむ　jíshǐ〔即使〕：たとえ～としても　hǎochù〔好处〕：有利な点。利益　zhèngshì〔正视〕：正视する。まともに見る　jiānchí〔坚持〕：頑張って続ける

超二流をめざせ

　中学一年の娘は合唱部に入っている。彼女たちは全国大会を**目指して**毎日練習している。しかし、一部の大会には**人数**の制限があり、娘は参加メンバーに選ばれなかった。私は言った。「**がっかりする**ことないよ。これは能力の問題じゃなくて運が悪かっただけだ」。もし彼女が本当に歌が好きなら、進級すればもっとたくさんのチャンスがあるはずだ。

　芸術や運動の分野には、確かに**トップレベル**の才能を持つ人たちがいる。彼らは特別な練習をしなくても、普通の人には難しい技術を**すぐにマスター**できる。こういう**先天的な**才能のある人に言わせると、普通の人が技術を学ぶ際にいろいろな困難に**ぶつかる**ことが理解できない。

　才能のある人は自然と能力をさらに上のレベルに高めたがり、今いる位置に満足することができない。これと同時に、ある芸術や運動が本当に好きな二流の人は一定の位置に**とどまる**ことができる。彼らは自分に特別の才能がないことを知っているので、**謙虚に**、**淡々と**練習を繰り返し、あるとき知らないうちにその分野での**第一人者**になっていたりする。こういう人は「超二流」と言えるだろう。

　私もいろいろな運動が好きだが、自分に才能がないことを**よく知っている**。私はトレーニング方法を研究したり、一流の選手と同じ技術を**身につける**プロセスに**楽しみ**を感じる。才能がなかった**おかげで**、長い間各種の運動の面白さを味わえていると言える。

　私は娘に言いたい。**たとえ**才能がなくても、謙虚にこの事実を受け止めれば、きっと人生にいいことをもたらす。大切なのは現実を**直視し**、努力**し続ける**ことだ。一つ一つの障害を越えていく過程こそ人の成長なんだと。こう考えれば、トップレベルの才能がないことなんて全く問題ではない。

気を付けたい発音の復習　　さいごに2

　ですから、カタカナでピンインの読み方が書いてある本は、絶対に使うべきではありません。特に初級の人ほど、カタカナで勉強するのは危険です。逆に自分で聞いて聞き分けられなくても、口の形を違えて発音していれば、ある日、正しい発音が口をついて出てくるようになります。日本語に引きずられて、日本語の発音と口の形に置き換えてしまうと、未来永劫その発音しかできなくなってしまいます。上級者を自認していてもそり舌音がしっかりできないとか、【eng】と【ong】の発音の区別がつかないままになるのです。中国語を朗読する時には意識して基礎に忠実に発音しましょう。

中国語学習のヒント

なぜ朗読を繰り返すのか

　ここでなぜしつこく朗読を繰り返すのかについても再度説明しておきますね。また話がジョギングに戻って恐縮ですが、フルマラソンを目指す場合、LSD（ロング・スロー・ディスタンス）といって、ゆっくり長い距離を走り続ける基礎的な練習と、ゆるく長い下り坂を全力で駆け下りるようなスピードアップの練習があります。LSD は 2 時間から 3、4 時間走り続けます。この基礎練習を長く続けるだけでもフルマラソンを完走できるようにはなります。まず徹底して基礎固めの LSD をやる。そしてこの練習をベースにスピードアップを図るのがマラソンの練習方法です。

　ところが、ある程度距離を走れるようになると、人はどうしても速度を追求したくなる。これまで基礎の LSD を繰り返して、ある程度の距離は走れるようになった。1 時間から 2 時間は走れる。そして十分な基礎が固まってない段階で LSD を減らしてスピード練習を多く取り入れたとします。何が起こるでしょうか？　基礎練習をおろそかにしたためにスピードはさして上がらないのにひざなどを故障することになります。この失敗をしている人は非常に多いのです。

　では、正確な発音を目指す朗読の練習をないがしろにして、発話速度を上げようとすると何が起こるでしょうか？　そう、口が故障します（笑）。口が故障するというのは、何も口が引きつったりするわけじゃなくて、不正確な発音のまま速く発話するようになるのです。たとえば皆さんの周囲にも中国に長く駐在した、いわゆる「ぺらぺら」に見える方がいるかもしれません。そういう方の発話は速いですよね。ただ、人によっては駐在するまでに身につけた発音を速くできるようになっているだけなので、正確ではない発音をしている方がいます。こういう人は、聞いている量が多いですから相手のいうことはすごくよく聞き取れます。だけど、発音した瞬間にネイティブでないことが分かります。

　僕があくまで正確な発音の朗読にこだわるのはこのためです。ネイティブでない日本人の我々は、とにかく徹底的に基礎に忠実な発音を意識しながら発話の速度を上げていく。基礎を繰り返しながらトップスピードはネイティブ超えをターゲットにする。そうすることによって無意識に正確な発音が速くできるようになります。無自覚に「ネイティブ」の発音に近づくことができるのです。

㉖ Shēngyide běnzhì

Wǒ zài Fúgāng gōngzuòshí cānjiāguo "lùbiāntān guójì yántǎohuì". Yàzhōu gèguó xuézhě fāyán jièshàole gèzhǒng lùbiāntān wénhuà, shuōmíng tāmen róngrù shèhuìde fāngshì lüèyǒu chāyì. Wǒ zài huìshang liǎojiědào, zài Tàiguó, tóngyì dìdiǎn yìtiānnèi huì chūxiàn sānzhǒng lùbiāntān. Zǎoshang shì chūshòu jiǎndān zǎocānde suǒwèi kuàicān, ránhòu shì xiāoshòu tèchǎn、shēnghuó yòngpǐn zhīlèide tānfàn, wǎnshang zàichūxiàn tígōng wǎncān hé jiǔlèide dàpáidàng. Tāmen chōngfèn lìyòng róngyì yídòngde tèdiǎn, gēnjù shíduàn tígōng bùtóngde fúwù.

Yùhuìzhěmen hái jièshàole Zhōngguó、Hánguó、Táiwān、Fēilùbīn děngdìde lùbiāntān. Tāmen chéngběn dī, érqiě zài yídòng fāngmiàn jùyǒu línghuóxìng, shìhé zījīn jiàoshǎode shāngrén zuò tóuzī, shì shìchǎng fǎnyìng duì shāngpǐn huò fúwù jiāyǐ gǎishàn, kěwèishì yìzhǒng fēngxiǎn tóuzī shíyànshì.

Dànshì, Rìběnrén yǒushí kàncuòle zhèzhǒng běnzhì. Fúgāng yě yǒu tígōng gāodàng kǎoròu huò gāojí jìnkǒu pútáojiǔde lùbiāntān, dàn dàduōshù kèrén bútài xūyào zhèzhǒng dōngxi. Jiùxiàng Rìběn céngjīng yǒuguo xiàngsù dá yìqiān'èrbǎiwàn, hái néng pāishè sānD shìpǐnde shǒujī yíyàng, kěwèi jiāshàngle zhūduō bújù shíyòng jiàzhíde gōngnéng. Wǒ huáiyí yǒu duōshao shǒujī yònghù xūyào zhèyàngde gōngnéng?

Rìběnde qìchē chǎngshāng kāishǐ zài Yàzhōu shēngchǎn miáozhǔn dāngdì shìchǎngde liánjià qìchē, jiādiànshāng yě kāishǐ shēngchǎn jiǎnyì cāozuòde diànshì、bīngxiāng、kōngtiáoděng. Rìběn zhìzào qǐyè wǎngwǎng huì zhìzàochū zìjǐ rènwéi "kù" dàn hūshì xiāofèizhě xūqiúde chǎnpǐn. Zhídào miànlín yánzhòng kuīsǔnde jīntiān, tāmen cái kāishǐ tànjiū shēngyide běnzhì zhī suǒzài.

16. ビジネスの本質

　福岡で仕事をしていた時に「屋台」の国際**シンポジウム**に参加したことがある。**アジア**各国の学者が各種の「屋台」文化について発表した。おのおの社会への**溶け込み方**に多少の差がある。当時**知った**のはタイでは一日のうちに同じ場所で3種類の屋台が現れるということだ。朝は簡単な朝食を売る**いわゆる**ファストフードの店が、その後は**お土産**や生活用品などを売る**商店**が、そして夜には再び食事とアルコールを出す**レストラン**が現れるという。彼らは移動しやすい特徴を十分に利用し、**時間によって違う**サービスを提供している。

　参加者はほかにも中国、韓国、台湾、フィリピンなどの屋台を紹介した。屋台は**コスト**が安く、移動させるのにも**柔軟性**がある。資金の少ない商人が投資し、商品やサービスに対する市場の反応を見て改善**したり**するのに**適しており**、一種の**リスク**投資の実験室と**言える**だろう。

　しかし、日本人は時々こうした本質を取り違える。福岡にも**上質な**焼肉や高級な輸入ワインを出す屋台があるが、多くの客にとってはこんなものは必要ない。かつて日本にはカメラの**画素数**が1200万、さらには3D動画が**撮影**できる携帯があったが、**多くの**使う価値のない機能を付け加えていると言える。**いったい**どれだけの携帯ユーザーがこんな機能を必要としたのだろう。

　日本の自動車メーカーがアジアで現地の市場を**ターゲット**にした**廉価な**自動車の生産を始めた。家電メーカーも、**単純**で**使いやすい**テレビ、冷蔵庫、エアコンなどの生産を始めた。日本の製造業は往々にして自分が**いい**と思うもので、しかし消費者のニーズを**軽視した**製品を作ってきた。深刻な**赤字**に**直面した**現在、彼らはようやくビジネスの本質のありかを**探し**始めたようだ。

---

shēngyi〔生意〕：商売。ビジネス　lùbiāntān〔路边摊〕：屋台。露店　yántǎohuì〔研讨会〕：シンポジウム　Yàzhōu〔亚洲〕：アジア　róngrù〔融入〕：とけ込む　lüèyǒu〔略有〕：多少。幾分　liǎojiědào〔了解到〕：情報を得る。知る　suǒwèi〔所谓〕：いわゆる　tèchǎn〔特产〕：特産物。名物　tānfàn〔摊贩〕：露天商　dàpáidàng〔大排档〕：露店。屋台　shíduàn〔时段〕：時間帯　chéngběn〔成本〕：コスト　línghuóxìng〔灵活性〕：柔軟性　shìhé〔适合〕：適している　jiāyǐ〔加以〕：～する。～を加える　kěwèi〔可谓〕：～というべきである。～と言える　fēngxiǎn〔风险〕：リスク　gāodàng〔高档〕：上等な。高級な　xiàngsù〔像素〕：画素　pāishè〔拍摄〕：撮影する　shìpín〔视频〕：動画　zhūduō〔诸多〕：数多い。多くの　gōngnéng〔功能〕：機能　huáiyí〔怀疑〕：疑う。疑念を抱く　miáozhǔn〔瞄准〕：狙いを定める　liánjià〔廉价〕：廉価な。安い　jiǎnyì〔简易〕：手軽で簡単な　kù〔酷〕：クールな。かっこいい　hūshì〔忽视〕：軽視する。いい加減にする　zhídào〔直到〕：～になる。～になってから（やっと）　kuīsǔn〔亏损〕：損失を出す　tànjiū〔探究〕：探究する。究める

生意的本质

我在福冈工作时参加过"**路边摊**国际**研讨会**"。亚洲各国学者发言介绍了各种路边摊文化,说明它们融入社会的方式**略有**差异。我在会上**了解到**,在泰国,同一地点一天内会出现 3 种路边摊。早上是出售简单早餐的**所谓**快餐,然后是销售**特产**、生活用品之类的**摊贩**,晚上再出现提供晚餐和酒类的**大排档**。它们充分利用容易移动的特点,根据**时段**提供不同的服务。

与会者们还介绍了中国、韩国、台湾、菲律宾等地的路边摊。它们**成本低**,而且在移动方面具有**灵活性**,**适合**资金较少的商人做投资,视市场反应对商品或服务**加以改善**,**可谓**是一种风险投资实验室。

但是,日本人有时看错了这种本质。福冈也有提供**高档**烤肉或高级进口葡萄酒的路边摊,但大多数客人不太需要这种东西。就像日本曾经有过**像素**达 1200 万、还能**拍摄** 3D 视频的手机一样,可谓加上了**诸多**不具使用价值的**功能**。我怀疑有多少手机用户需要这样的功能?

日本的汽车厂商开始在亚洲生产**瞄准**当地市场的**廉价**汽车,家电商也开始生产**简易**操作的电视、冰箱、空调等。日本制造企业往往会制造出自己认为"**酷**"但**忽视**消费者需求的产品。**直到**面临严重**亏损**的今天,他们才开始**探究**生意的本质之所在。

多音字 —複数の音を持つ漢字 ❶

　漢字を見ればある程度意味が理解できる日本人にとって、複数の音を持つ「多音字」はやっかいな存在です。多音字をまとめましたので参考にしてください。

挨：主な「〜を受ける」「〜を迫られる」などは ái、「近づく」「順番に」のときは āi
　　āi：挨近 āijìn、挨个儿 āigèr、挨着他坐 āizhe tā zuò、挨门挨户 āimén'āihù、
　　　　一个挨着一个 yíge āizhe yíge
　　ái：挨打 áidǎ、挨说 áishuō、挨骂 áimà、挨饿 ái'è、挨训 áixùn

艾：主な「ヨモギ」「老人」などは ài、「懲らしめる」は yì
　　ài：艾蒿 àihāo、耆艾 qí'ài、少艾 shào ài、期期艾艾 qīqī àiài
　　yì：怨艾 yuànyì、自怨自艾 zìyuànzìyì、惩艾 chéngyì

熬：主な「煮つめる」「忍耐する」「辛抱する」は áo、「煮る」は āo
　　āo：熬白菜 āobáicài、熬茄子 āoqiézi、熬鱼 āoyú
　　áo：熬粥 áozhōu、熬药 áoyào、熬头儿 áotour、熬苦日子 áokǔrìzi

拗：「ひねくれている」「強情」は niù、「折る」「曲げる」は ǎo、「ぎこちない」は ào
　　ǎo：拗花 ǎohuā、竹竿拗断了 zhúgān ǎoduànle
　　ào：拗口 àokǒu、拗口令 àokǒulìng
　　niù：执拗 zhíniù、脾气很拗 píqi hěnniù

扒：「しっかりしたものをつかむ」ときは bā、「かき集める」「引っかく」などは pá
　　bā：扒土 bātǔ、扒皮 bāpí、扒拉 bālā、扒车 bāchē
　　pá：扒鸡 pájī、扒糕 págāo、扒窃 páqiè、扒草 pácǎo、扒手 páshǒu

把：「握る」「つかむ」などは bǎ、「取っ手」「柄」のときは bà
　　bǎ：把柄 bǎbǐng、把势 bǎshi、把手 bǎshǒu、把守 bǎshǒu、把门 bǎmén
　　bà：话把儿 huàbàr、花把儿 huābàr、刀把儿 dāobàr、苹果把儿 píngguǒbàr

柏：主な「コノテガシワ」は bǎi、「ベルリン」は bó、「キハダ」「オウバク」のときだけ bò
　　bǎi：柏树 bǎishù、柏木 bǎimù、柏油 bǎiyóu、松柏 sōngbǎi
　　bó：柏林 Bólín
　　bò：黄柏 huángbò

般：「種類」などは bān、「般若」のときだけ bō、「喜び」は pán
　　bān：一般 yìbān、这般 zhèbān、百般 bǎibān、万般无奈 wànbān wúnài
　　bō：般若 bōrě
　　pán：般乐 pánlè、般游 pányóu

65

㉗ Néngfǒu xiāngxìn tārén?

Zhōumò wǒ qù yìjiā **chāoshì gòuwù**, huídào tíngchēchǎngshí fāxiàn qìchē yòuqiánlún shàngbùde chēshēn yǒu **āoxiàn**. Zhè **míngxiǎn**shì yǒu qítā qìchē **zhuàng**le zhīhòu **táoyì**le. Wǒ gēn chāoshì fāngmiàn **liánxì** quèrèn shìfǒu yǒurén bàogào fāshēngle zhuàngchē, dàn bèigàozhī méiyǒu xiāoxi. Wèile **lǐngqǔ** qìchē bǎoxiǎn, wǒ **bùdébù** qiánwǎng fùjìn **jǐngshǔ**, bànle shìgù zhèngmíng shǒuxù.

Pèngdào zhèzhǒng qíngkuàng, **chúfēi zhàoshì**zhě zìjǐ bào'àn, jǐngchá hěnnán jìnxíng diàochá, wǒmen zhǐnéng jiēshòu zhǎobudào zhàoshìzhěde xiànshí. Zhèzhǒng shì kěnéng zài shìjièshang **rènhé** dàchéngshì dōu chàbuduō. Dàole wàibiān, bùnéng xiāngxìn tārén, zhǐnéng zìwǒ bǎohù.

Yǐqián, Rìběnrén yǔ fùjìn jūmínde jiāoliú hěn mìqiè, hěn huì **guānxīn** línjū. **Xiāngxià** yǒu hěnduō dìfang **yěbúbìhù**. Nàshí, línjūmen dōu hùxiāng rènshi, méiyǒu bìyào **suǒ**shàng **mén**. Zhèyàngde xíguàn **gòuzhù** zài xiāngxìn tārénde jīchǔ shàng. Zhèzhǒng tèdiǎn shǐ Rìběnrén zài zǔchéng jítǐshí néng fāhuīchū qiángdàde lìliang. Rúguǒ Rìběnrén **zhúbù** shīqù cǐzhǒng xīnjìng, nà jiāng lìngrén hěnyíhàn.

Jùshuō xìngfúde **dìngyì** zhīyī jiùshì "zhōuwéi suǒyǒurén dōu xǐhuan nǐde zhuàngtài". Nǐ bùnéng xiāngxìn tārén, tārén dāngrán yě búhuì xiāngxìn nǐ, búhuì xǐhuan nǐ. Rúguǒ méiyǒu zuò shénme **kuīxīn**shìde huà, ràng wǒmen dàizhe xiàoróng **wènhòu** tārén, **qīngtīng** tārén de yìjiàn ba. Bùnéng cǎiqǔ rúcǐ tàidùde rén yídìng hěngūdú. Bùnéng xiāngxìn tārén, qí lìngyīmiàn jiùshì bùnéng xiāngxìn zìjǐ.

17 ■ 他人を信じられますか？

　週末、**スーパー**で**買い物**をした後、駐車場に戻ってみると車の右前タイヤの上の部分が**凹ん**でいた。**明らかに**ほかの車に**当て逃げ**されていた。私はスーパーと**連絡をとり**、だれか車をぶつけたと報告した人がいないか確認してみたがいなかった。保険を**受け取る**ために、私は**やむを得ず**近くの**警察**に行き、事故証明の手続きをした。

　こういう状況では、**事故を起こした者**が自己申告する**以外**、警察が捜査するのはとても難しく、事故を起こした者を探し出せないという現実を受け入れるしかない。この種のことはおそらく世界中の**どんな**大都市でも大差ないだろう。外へ出れば他人は信用できず、自分で自分を守るしかない。

　以前、日本人はご近所との交流がとても密接で、お隣のことを**思いやって**いた。**田舎**の多くの地方では**夜になっても戸を閉めなかった**。当時は住民がお互いを知っていたので、**鍵をかける**必要がなかった。このような習慣は他人を信用する基礎の上に**築かれ**ていた。こうした特徴は日本人が集団を作ったときに非常に大きな力を発揮させる。もし日本人がこうした気持ちを**少しずつ**失っているのであれば、とても残念なことだ。

　幸福の**定義**のひとつに「周囲のすべての人があなたを好きな状態」というのがあるそうだ。もしあなたが他人を信用できなければ、他人も当然あなたを信用できないし、あなたを好きにはならない。もし何の**やましい**こともないなら、笑顔で人と**挨拶し**、人の意見に**耳を傾け**よう。こうしたことができない人はきっと孤独だ。人を信じることができないというのはつまり、自分のことも信じることができないということだ。

---

néngfǒu〔能否〕：～できるかどうか　xiāngxìn〔相信〕：信じる　chāoshì〔超市〕：スーパー　gòuwù〔购物〕：買い物　āoxiàn〔凹陷〕：くぼむ。へこむ　míngxiǎn〔明显〕：明らかに　zhuàng〔撞〕：ぶつける。衝突する　táoyì〔逃逸〕：逃走する。逃れ去る　liánxì〔联系〕：連絡をとる　lǐngqǔ〔领取〕：受け取る　bùdébù〔不得不〕：やむを得ず　jǐngshǔ〔警署〕：警察署　chúfēi〔除非〕：～を除いては。～以外には　zhàoshì〔肇事〕：事件を起こす。騒動を起こす　rènhé〔任何〕：いかなる。どのような　guānxīn〔关心〕：思いやる。心にかける　xiāngxià〔乡下〕：いなか。地方　yèbùbìhù〔夜不闭户〕：夜にも戸締りしない　suǒmén〔锁门〕：鍵をかける　gòuzhù〔构筑〕：構築する。組み立てる　zhúbù〔逐步〕：次第に。一歩一歩　dìngyì〔定义〕：定義　kuīxīn〔亏心〕：後ろめたい　wènhòu〔问候〕：挨拶する。ご機嫌を伺う　qīngtīng〔倾听〕：耳を傾ける。傾聴する

能否相信他人？

周末我去一家**超市**购物，回到停车场时发现汽车右前轮上部的车身有**凹陷**。这**明显**是有其他汽车**撞**了之后**逃逸**了。我跟超市方面**联系**确认是否有人报告发生了撞车，但被告知没有消息。为了**领取**汽车保险，我**不得不**前往附近**警署**，办了事故证明手续。

碰到这种情况，**除非肇事者**自己报案，警察很难进行调查，我们只能接受找不到肇事者的现实。这种事可能在世界上**任何**大城市都差不多。到了外边，不能相信他人，只能自我保护。

以前，日本人与附近居民的交流很密切，很会关心邻居。乡下有很多地方**夜不闭户**。那时，邻居们都互相认识，没有必要**锁**上门。这样的习惯**构筑**在相信他人的基础上。这种特点使日本人在组成集体时能发挥出强大的力量。如果日本人**逐步**失去此种心境，那将令人很遗憾。

据说幸福的**定义**之一就是"周围所有人都喜欢你的状态"。你不能相信他人，他人当然也不会相信你，不会喜欢你。如果没有做什么**亏心**事的话，让我们带着笑容**问候**他人，**倾听**他人的意见吧。不能采取如此态度的人一定很孤独。不能相信他人，其另一面就是不能相信自己。

多音字 —複数の音を持つ漢字 ❷

- **膀**：主な「肩」「二の腕」は bǎng、「はれる」「むくむ」は pāng、「膀胱」のときだけ páng
  - bǎng：肩膀 jiānbǎng、翅膀 chìbǎng、膀子 bǎngzi、膀大腰圆 bǎngdàyāoyuán
  - pāng：膀肿 pāngzhǒng、脸膀了 liǎn pāngle
  - páng：膀胱 pángguāng

- **剥**：単独で用いるときか口語では bāo、複合語は bō
  - bāo：剥皮 bāo pí、剥花生 bāo huāshēng
  - bō：剥夺 bōduó、剥削 bōxuē、剥离 bōlí、剥蚀 bōshí、剥落 bōluò

- **炮**：「(火の上で)あぶる」「いためる」ときは bāo、「大砲」「爆竹」に関係するときは pào、「(漢方薬などを)調製する」のときは páo
  - bāo：炮羊肉 bāoyángròu、把衣服炮干 bǎ yīfu bāogān
  - páo：炮练 páoliàn、炮烙 páoluò、如法炮制 rúfǎpáozhì
  - pào：炮兵 pàobīng、炮弹 pàodàn、炮台 pàotái、炮火 pàohuǒ、炮筒子 pàotǒngzi

- **薄**：「厚い」「濃い」に対し単独の形容詞で使うときは báo、語句の一部のときは bó、「薄荷」のときだけ bò
  - báo：薄板 báobǎn、薄饼 báobǐng、薄厚 báohòu、很薄 hěnbáo
  - bó：薄利 bólì、薄暮 bómù、薄情 bóqíng、薄弱 bóruò、浅薄 qiǎnbó
  - bò：薄荷 bòhe

- **堡**：「砦、要塞」に関するときは bǎo、地名のときは bǔ や pù
  - bǎo：堡垒 bǎolěi、碉堡 diāobǎo、城堡 chéngbǎo、桥头堡 qiáotóubǎo
  - bǔ：刘家堡子 Liújiābǔzi（地名）
  - pù：十里堡 Shílǐpù（安徽省の地名）

- **刨**：「削る」のときは bào、「掘る」「取り除く」ときは páo
  - bào：刨冰 bàobīng、刨床 bàochuáng、刨花 bàohuā、刨工 bàogōng、刨子 bàozi
  - páo：刨土 páotǔ、刨坑 páokēng、刨除 páochú、刨根问底 páogēnwèndǐ

- **暴**：「荒々しい」「膨らむ」などは bào、「日に当てる」「干す」「さらす」に関するときは pù
  - bào：暴动 bàodòng、暴跌 bàodiē、暴发 bàofā、暴力 bàolì、暴行 bàoxíng
  - pù：暴书 pùshū、暴衣 pùyī、一暴十寒 yípùshíhán

- **曝**：主な「露出する」などは bào、「日にあてる」ときは pù
  - bào：曝光 bàoguāng、曝不足 bào bùzú、曝光表 bàoguāngbiǎo
  - pù：一曝十寒 yīpùshíhán、曝晒 pùshài、曝露 pùlù

㉘ Guójiā shílì bìngfēi wǔlì

Hòushēngláodòngshěng rìqián fābùde bàogào xiǎnshì, dānqīn jiātíngde pínkùnlǜ wéi bǎifēnzhī wǔshísìdiǎnliù, wèimǎn shíbāsuì értóngde pínkùnlǜ dá bǎifēnzhī shíliùdiǎnsān. Mǔzǐ jiātíngde huà, mǔqīnde zhèngshì jiùyè bǐlǜ jǐnwéi bǎifēnzhī sānshíjiǔdiǎnsì. Bǎifēnzhī bāshísìdiǎnbāde mǔzǐ jiātíng rènwéi shēnghuó "jiānnán".

Zài Rìběn, zhèngzhìjiā hé zhōngyāng zhèngfǔde guānyuán bèirènwéi shì zuì yōuxiù réncáide jítuán. Zhèyī qúntǐ zuìzǎo cóng xiǎoxuéqī jiù kāishǐ zài sīlì xuéxiào jiēshòu jīngyīng jiàoyù, tāmen bìngbù zhīdào shēnbiān cúnzài pínkùn jiātíngde péngyou. Yīncǐ, tāmen miànduì pínkùn wèntíshí nányǐ yǒu gǎntóngshēnshòude tǐhuì.

Rìqián, Rìběn zhèngfǔ zài nèigè huìyì shàng juédìng xiūgǎi xiànfǎ jiěshì yǐ jiějìn jítǐ zìwèiquán. Nèigè juéyì zǒngjié chēng, jíshǐ shì zài zhēnduì tāguóde gōngjī zhōng, dāng cúnzài cóng gēnběnshang bóduó Rìběn guómín quánlìde míngquè wēixiǎnshí, cǎiqǔ zìwèi cuòshī "wéi xiànfǎ suǒ yǔnxǔ". Tuīdòng zhè yīzhèngcède zhèngshì nàxiē zìjǐ búhuì qù qiánxiàn dǎzhàngde zhèngzhìjiā hé guānyuán.

《xiànfǎ》èrshíliùtiáo guīdìng suǒyǒu guómín yǒu quánlì chōngfèn jiēshòu jiàoyù. Rìběn zhèngfǔ hǎobùgùjí guómínde qiángliè fǎnduì, qiángxíng tōngguòle shāndòng yǔ línguó dǎzhàngde xiūgǎi xiànfǎ jiěshì àn. Dànshì, zǎozài jiějìn jítǐ zìwèiquán zhīqián, pínkùn jiātíng háizimende quánlì jiù yǐjīng bèi bóduóle, érqiě pínkùn zàochéngde èxìng xúnhuán zhèngzài mànmàn kuòdà. Rìběn rúguǒ xīwàng jiànlì zhēnzhèng yǒu shílìde guójiā, yīkàode bù yīng shì wǔlì, érshì xuélì.

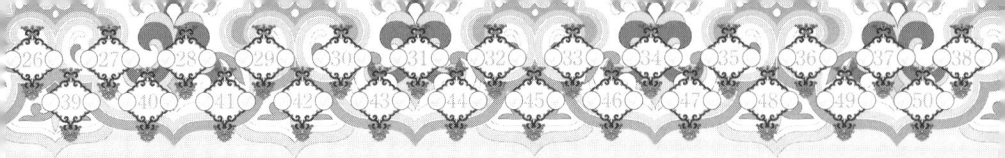

18. 国家の実力は武力に非ず

厚生労働省が先日発表した報告によると、**一人親**家庭の**貧困**率は 54.6%に上り、18 歳未満の子供の貧困率は 16.3%だという。**母子**家庭の場合、母親の正規**雇用**の比率はわずか 39.4%に過ぎず、84.8%の母子家庭は生活が「苦しい」と訴えている。

日本では、政治家と政府の**役人**は最も優秀な集団とされている。この**人たち**は早くは小学校のころから私立学校に通って**英才**教育を受け、身近に貧困家庭の友達がいることも知らない。このため、彼らは貧困問題に直面したときに**身をもって感じる**ことが難しい。

先日、日本政府は**憲法**の**解釈**変更による**集団的自衛権**の行使容認を**閣議**決定した。閣議決定は、**たとえ**他国に対する攻撃でも、日本国民の権利を根本から**奪い取る**明確な危険が存在する**ときには**、自衛の措置をとることは憲法の**許す**ところだと**結論付けた**。この政策を推し進めているのは、自分たちは**前線**で**戦わない**政治家と役人だ。

憲法 26 条は全ての国民が十分な教育を受ける権利を有すると規定している。日本政府は国民の強烈な反対を**一顧だにせず**、隣国との戦争をあおる憲法解釈の修正案を強行決議した。しかし、集団的自衛権を容認するずっと前に、貧困家庭の子どもたちの権利は奪われ、貧困が作り出す「**負の連鎖**」は今も次第に広がっている。もし本当に実力のある国家を作りたいというのであれば、頼るべきは武力ではない、学力なのだ。

---

shílì〔实力〕：実力 wǔlì〔武力〕：武力 hòushēngláodòngshěng〔厚生劳动省〕：厚生労働省 dānqīn〔单亲〕：一人親 pínkùn〔贫困〕：貧困 mǔzǐ〔母子〕：母子 jiùyè〔就业〕：就職 jiānnán〔艰难〕：苦しくつらい guānyuán〔官员〕：役人 qúntǐ〔群体〕：集まり。グループ jīngyīng〔精英〕：エリート gǎntóngshēnshòu〔感同身受〕：自分自身が受けたと同様に感じる tǐhuì〔体会〕：理解する nèigé huìyì〔内阁会议〕：閣議 xiànfǎ〔宪法〕：憲法 jiěshì〔解释〕：解釈 jítǐ zìwèiquán〔集体自卫权〕：集団的自衛権 zǒngjié〔总结〕：総括する。締めくくる jíshǐ〔即使〕：たとえ～でも dāng〔当〕：～にあたって。～の時に bōduó〔剥夺〕：剥奪する。奪い取る yǔnxǔ〔允许〕：許す qiánxiàn〔前线〕：前線 dǎzhàng〔打仗〕：戦争する。戦闘する háobù〔毫不〕：少しも～しない shāndòng〔煽动〕：扇動する èxìng xúnhuán〔恶性循环〕：マイナスの連鎖

国家实力并非武力

厚生劳动省日前发布的报告显示，单亲家庭的贫困率为54.6%，未满18岁儿童的贫困率达16.3%。母子家庭的话，母亲的正式就业比率仅为39.4%。84.8%的母子家庭认为生活"艰难"。

在日本，政治家和中央政府的官员被认为是最优秀人才的集团。这一群体最早从小学起就开始在私立学校接受精英教育，他们并不知道身边存在贫困家庭的朋友。因此，他们面对贫困问题时难以有感同身受的体会。

日前，日本政府在内阁会议上决定修改宪法解释以解禁集体自卫权。内阁决议总结称，即使是在针对他国的攻击中，当存在从根本上剥夺日本国民权利的明确危险时，采取自卫措施"为宪法所允许"。推动这一政策的正是那些自己不会去前线打仗的政治家和官员。

《宪法》26条规定所有国民有权利充分接受教育。日本政府毫不顾及国民的强烈反对，强行通过了煽动与邻国打仗的修改宪法解释案。但是，早在解禁集体自卫权之前，贫困家庭孩子们的权利就已经被剥夺了，而且贫困造成的恶性循环正在慢慢扩大。日本如果希望建立真正有实力的国家，依靠的不应是武力，而是学力。

多音字 ——複数の音を持つ漢字 ❸

背：「背負う」「担ぐ」のときは bēi、「背中」「背面」などは bèi
　　bēi：背榜 bēibǎng、背包 bēibāo、背带 bēidài、背负 bēifù、背债 bēizhài
　　bèi：背光 bèiguāng、背后 bèihòu、背景 bèijǐng、背叛 bèipàn、背诵 bèisòng

臂："胳臂"のときだけ gēbei、「肩から手首までの部分」は bì
　　bei：胳臂 gēbei
　　bì：臂膀 bìbǎng、臂力 bìlì、臂膊 bìbó、前臂 qiánbì、手臂 shǒubì

奔：「走る、駆け回る」「急いで走る」のときは bēn、
　　「まっすぐ目的地に向かう」意味のときは bèn
　　bēn：奔跑 bēnpǎo、奔丧 bēnsāng、出奔 chūbēn、奔忙 bēnmáng、私奔 sībēn
　　bèn：逃奔 táobèn、投奔 tóubèn、奔西走 bèn xī zǒu、奔小康 bèn xiǎokāng、
　　　　 直奔目标 zhíbèn mùbiāo

绷：主な「ピンと張る」「はじける」などは bēng、「こわばらせる」「こらえる」のとき
　　は běng、「裂ける」「ひびが入る」と「とても」のときは bèng
　　bēng：绷簧 bēnghuáng、绷架 bēngjià、绷带 bēngdài、绷紧 bēngjǐn
　　běng：绷脸 běngliǎn、绷劲儿 běngjìnr
　　bèng：绷瓷 bèngcí、绷硬 bèngyìng、绷脆 bèngcuì、绷亮 bèngliàng

秘：「秘密」「珍しい」などは mì、"秘鲁（ペルー）"のときだけ bì
　　bì：秘鲁 Bìlǔ
　　mì：秘密 mìmì、秘方 mìfāng、秘宝 mìbǎo、秘籍 mìjí

辟：「切り開く」「法律」は pì、「最初に」「出会い頭」は pī、
　　「元の君主が復位する」「"避"と同義」は bì
　　bì：辟邪 bìxié、辟易 bìyì、辟谷 bìgǔ、复辟 fùbì
　　pī：辟头 pītóu
　　pì：开辟 kāipì、大辟 dàpì

便：主な「便利」「都合がよい」などは biàn、「安い」「利益が少ない」のときは pián
　　biàn：便利 biànlì、便条 biàntiáo、便饭 biànfàn、便中 biànzhōng、粪便 fènbiàn
　　pián：便宜 piányi、大腹便便 dàfù piánpián

屏：主な「(息を)殺す。止める」「捨てる」などは bǐng、「屏風」に関するときは píng
　　bǐng：屏除 bǐngchú、屏气 bǐngqì、屏弃 bǐngqì、屏退 bǐngtuì、屏息 bǐngxī
　　píng：屏门 píngmén、屏幕 píngmù、屏条 píngtiáo、屏障 píngzhàng、屏蔽 píngbì

㉙ Zǒu zhèngquède lù xūyào shénme?

Zuìjìn, wǒ cānjiāle mǒuge dàxuéshēng tuántǐ huódòng bàogàohuì. Gāi tuántǐ yǐ **dānqīn** jiātíng、**lǐngqǔ dībǎo** jiātíng yǐjí zài **hùlǐshèshīzhě** wéi duìxiàng, wèi wúfǎ qù **bǔxíxiào** shàngkède háizimen tígōng **miǎnfèi** bǔxíde yuánzhù. Gēn dàxuéshēngmen **liáotiān**shí, hěnduō shìqíng lìng wǒ gǎndòng. Wèile yíwèi gāozhōngshēng kǎo dàxué, yǒuxiē dàxuéshēng **zhuānmén** zǔzhīle **duìwu**, měige xuésheng fùzé yíge kēmù gěi gāozhōngshēng bǔxí, zuìhòu chénggōng ràngtā kǎoshàngle yìsuǒ **míngxiào**. Yǒude xuésheng yìniánnèi cānjiā huódòng yìbǎiduō tiān, zhè jiù yìwèizhe tā jīhū méiyǒu jīhuì wèi zìjǐ dǎgōng **zhuànqián**.

Wǒ **huígù** zìjǐde dàxuéshídài, juéde hěn**cánkuì**. Dāngshí, Rìběn shèhuì zhèng chǔyú "**pàomòjīngjì**" zhīzhōng, wǒ chángcháng hējiǔ, qù **wǔtīng**, méiyǒu rènhé yào zuò shèhuì **gòngxiàn**de xiǎngfǎ.

Xuéshengmen yěyǒu tāmende **kǔnǎo**. Yǒu yíwèi dà'èr nánshēng gàosu wǒ: "Wǒmende zǔzhī hěn hùnluàn. Wǒ bùnéng **xiétiáo** xuésheng zhījiānde guānxi." Wǒ shuō: "Nǐ bié wàngjì dàmùbiāo. Tōngguò tígōng miǎnfèi xuéxíjī huì, **xiāochú** pínfù chājù **jiàncì** kuòdà de èxìng **xúnhuán**. Suīrán nǐ juéde mùqiánde wèntí hěn yánzhòng, dàn **lìzhēng** shíxiàn dà mùbiāo, nǐ jiāng huì yǒu gèzhǒng xuǎnzé."

Guòdù jízhōngyú yíjiàn shìqíng, rénmen chángcháng huì wàngjì **gāowūjiànlíng**de **tōngguān** quánjú, huì kàncuò lùxiàn. Tèbié shì xiàng tāmen nàyàng hěn rènzhēnde niánqīng xuésheng, huì yīn **quēfá** jīngyàn ér róngyì zǒucuòlù. Wǒmen zǒulùshí, yǒushí xūyào néng tíchū fǎnduì yìjiàn huòzhě **xiūzhèng** lùxiànde rén. Ruòshì wánquán **búgù** biérén yìjiàn, zǔzhī huì shīqù duōyàngxìng hé línghuó yùnyíng de **jīzhì**, zuìhòu dǎozhì **jiānghuà**.

19 ■ 正しく歩くには何が必要か

　最近、ある大学生団体の活動報告会に参加した。この団体は**一人親**家庭や**生活保護をもらっている**家庭、**養護**施設で暮らしている人を対象に、**塾**に通えない子どもたちに**無料**の補習授業をしている。大学生たちと**おしゃべり**していて、いろいろなことに感動させられた。何人かの大学生は、一人の高校生を大学に合格させるため、**チーム**を作って一人ずつ科目を担当して勉強を教え、最後は**名門**大学に合格させていた。またある学生は一年に100日以上活動に参加していた。これは彼が自分で**お金を稼ぐ**ためにアルバイトするチャンスがほとんどなかったことを意味している。

　自分の大学時代を**振り返る**と、**恥ずかしい**ばかりである。当時、日本社会はまさに**バブル**景気の真っ只中で、僕はしょっちゅう酒を飲み、**ディスコ**に通って、何か社会**貢献**をしなければという考えは毛頭なかった。

　学生たちには彼らなりの**悩み**があった。一人の大学2年生は「我々の組織は非常に混乱しています。学生たちの関係をうまく**調整**できません」と言っていた。僕は言った。「大きな目標を忘れるなよ。ただで勉強する機会を与えることで、貧富の格差が**徐々に**広がっていく悪**循環**を**なくす**ことだ。目の前の問題はとても深刻に思えるかもしれないけど、大目標を実現**するためには**、いろいろな選択肢があるはずだよ」。

　ひとつのことに集中**しすぎる**と、人はしばしば**大所高所から物を見る**ことを忘れてしまい、道を誤ってしまう。特に彼らのように真剣で若い学生は経験**不足**のために、容易に道を誤る。我々が歩くとき、時には反対の意見を言ってくれる人や道を**修正する**人も必要だ。もし全く人の意見を**聞かなければ**、組織は多様性と柔軟な運用**メカニズム**を失ってしまい、最後には**硬直化**してしまう。

---

zhèngquè〔正确〕：正確である。適切である　dānqīn〔单亲〕：一人親　lǐngqǔ〔领取〕：受け取る　dībǎo〔低保〕：生活保護。"最低生活保障制度"の略　hùlǐ〔护理〕：看護する。養護する　bǔxíxiào〔补习校〕：塾。予備校　miǎnfèi〔免费〕：無料の　liáotiān〔聊天〕：おしゃべりする。雑談する　zhuānmén〔专门〕：わざわざ。特に　duìwǔ〔队伍〕：チーム　míngxiào〔名校〕：名門校　zhuànqián〔赚钱〕：お金を稼ぐ。もうける　huígù〔回顾〕：思い返す。顧みる　cánkuì〔惭愧〕：恥ずかしい　pàomò〔泡沫〕：バブル　wǔtīng〔舞厅〕：ダンスホール。ディスコ　gòngxiàn〔贡献〕：貢献　kǔnǎo〔苦恼〕：悩み　xiétiáo〔协调〕：調整する。釣り合いをとる　xiāochú〔消除〕：取り除く。解消する　jiàncì〔渐次〕：だんだんと　xúnhuán〔循环〕：循環　lìzhēng〔力争〕：〜を目指す。〜するように努力する　guòdù〔过度〕：度が過ぎた。過度の　gāowūjiànlíng〔高屋建瓴〕：大所高所から物を見る　tōngguān〔通观〕：見渡す　quēfá〔缺乏〕：不足する。欠乏する　xiūzhèng〔修正〕：修正する。訂正する　búgù〔不顾〕：顧みない。考慮しない　jīzhì〔机制〕：メカニズム。仕組み　jiānghuà〔僵化〕：硬直化する

走正确的路需要什么?

最近,我参加了某个大学生团体活动报告会。该团体以**单亲**家庭、**领取低保**家庭以及在**护理**设施者为对象,为无法去**补习**校上课的孩子们提供**免费**补习的援助。跟大学生们**聊天**时,很多事情令我感动。为了一位高中生考大学,有些大学生**专门**组织了**队伍**,每个学生负责一个科目给高中生补习,最后成功让他考上了一所**名校**。有的学生一年内参加活动100多天,这就意味着他几乎没有机会为自己打工**赚钱**。

我回顾自己的大学时代,觉得很**惭愧**。当时,日本社会正处于"**泡沫经济**"之中,我常常喝酒,去**舞厅**,没有任何要做社会**贡献**的想法。

学生们也有他们的**苦恼**。有一位大二男生告诉我:"我们的组织很混乱。我不能**协调**学生之间的关系。"我说:"你别忘记大目标。通过提供免费学习机会,**消除贫富差距渐次**扩大的恶性**循环**。虽然你觉得目前的问题很严重,但**力争**实现大目标,你将会有各种选择。"

过度集中于一件事情,人们常常会忘记**高屋建瓴**地**通观**全局,会看错路线。特别是像他们那样很认真的年轻学生,会因**缺乏**经验而容易走错路。我们走路时,有时需要能提出反对意见或者**修正**路线的人。若是完全**不顾**别人意见,组织会失去多样性和灵活运营的**机制**,最后导致**僵化**。

多音字 ——複数の音を持つ漢字 ❹

泊：「停泊する」「止まる」などは bó、「湖」「湖水」のときは pō
　　bó：泊车 bóchē、泊位 bówèi、泊地 bódì、漂泊 piāobó、淡泊 dànbó
　　pō：湖泊 húpō、血泊 xuèpō、水泊 shuǐpō、梁山泊 Liángshānpō

参：主な「加わる」「参考にする」などは cān、「長さがふぞろい」のときは cēn、
　　「漢方薬」に関するときは shēn
　　cān：参拜 cānbài、参观 cānguān、参加 cānjiā、参见 cānjiàn、参考 cānkǎo
　　cēn：参差不齐 cēncībùqí、参错 cēncuò
　　shēn：人参 rénshēn、丹参 dānshēn、参茸 shēnróng、参商 shēnshāng

藏：「隠す」「しまう」のときは cáng、「チベット」「倉」などは zàng
　　cáng：藏匿 cángnì、藏身 cángshēn、收藏 shōucáng、储藏 chǔcáng
　　zàng：藏蓝 zànglán、藏历 Zànglì、藏族 Zàngzú、西藏 Xīzàng、宝藏 bǎozàng

曾：「かつて」「以前」のときは céng、「苗字」「二世代離れた血縁」は zēng
　　céng：曾经 céngjīng、不曾听见 bùcéng tīngjiàn
　　zēng：曾祖 zēngzǔ、曾孙 zēngsūn

叉：「フォーク状のもの」は chā、「ふさがる」「詰まる」は chá、
　　「二股に開く」ときは chǎ
　　chā：钢叉 gāngchā、鱼叉 yúchā、交叉 jiāochā、叉子 chāzi、刀叉 dāochā
　　chá：车叉住了路口 chē cházhùle lùkǒu
　　chǎ：叉着腿 chǎzhe tuǐ

差：「差」「違い」は chā、「異なる」「誤り」「不足」のときは chà、
　　「派遣」に関するときは chāi、「等級」「でこぼこ」は cī
　　chā：差别 chābié、差异 chāyì、差错 chācuò、差额 chā'é、差失 chāshī
　　chà：差劲 chàjìn、差不多 chàbuduō、差不离 chàbulí、差点 chàdiǎn
　　chāi：差遣 chāiqiǎn、差使 chāishǐ、差事 chāishi、差役 chāiyì、出差 chūchāi
　　cī：参差 cēncī

刹：「止める」などは shā、「仏教」に関するときは chà
　　chà：古刹 gǔchà、刹那 chànà、首刹 shǒuchà、宝刹 bǎochà、名刹 míngchà
　　shā：刹车 shāchē、刹住歪风 shāzhù wāifēng

禅：「仏教」に関するときは chán、「皇帝が位を譲る」「泰山に登り天を祭る」ときは shàn
　　chán：禅房 chánfáng、禅堂 chántáng、禅师 chánshī、坐禅 zuòchán
　　shàn：禅让 shànràng、禅位 shànwèi、受禅 shòushàn、封禅 fēngshàn

㉚ **Bùxiǎng shīqù biànlì ma?**

Shàng zhōuliù, Rìběn **shǒudūquān** xiàle èrshiniányíyùde dàxuě. Xiàbānshí wǒyào chéngzuòde diànchē **tíngyùn**le, bùdébù bùxíng liǎngge xiǎoshí huíjiā. Wǒ xiān chéng háizài **yùnyíng**de dìtiě dàole **jìnliàng** líjiā jìnde chēzhàn, fāxiàn hěnduō chéngkè **zǎojiù** juédìng děngdài dìtiě chóngxīn yùnxíng bìng zài **zhàntái** dìshang zuòzhe kànshǒujī. Dāngshí xuě xiàde hěn **lìhai**, rénmen qíshí bìngbù zhīdào dìtiě héshí néng **chóngkāi**.

Èrlíngyīyīnián sānyuè, Dōngrìběn Dàdìzhèn fāshēngshí shǒudūquānde suǒyǒu diànchē dōu tíngyùn, hěnduō chéngkè xūyào zǒulù huíjiā. Dāngshí, dìtiě yě **wúfǎ** zài duǎnshíjiānnèi chóngkāi, hěnduōrén **pòbùdéyǐ** juédìng liúzài dānwèi huò zǒulù huíjiā. Dàn cǐcì dàxuěshí, dìtiě háiyǒu chóngkāide kěnéngxìng, hěnduōrén **fàngqì** bùxíng huíjiāde zìwǒ nǔlì, juédìng děngdài dìtiě chóngkāi.

Dàxuě zài QiānyèXiàn bùfen dìqū yǐnqǐle tíngdiàn. Wǒ huíjiāhòu kàn diànshì xīnwén cái zhīdào, **jùbèi** zìdòng **suǒmén** gōngnéngde **gōngyù** shòu tíngdiàn yǐngxiǎng dǎozhì jiāmén wúfǎ dǎkāi, bùshǎo jūmín méinéng jìnrù zìjǐde fángzi. Wǒ juéde zhè hěn**dǎoméi**, dàn tóngshí yě juéde nèixiē jūmín zhīhòu yě búhuì zuò rènhé cuòshī lái **fángfàn** xiàyícì tíngdiàn.

Wǒ **huáiyí** yìzhí zhùzài chéngshì **xiǎngshòu** biànlì shēnghuó shìfǒu huì **duóqù** rénmen kèfú kùnnande nénglì? Rénmen shìbushì zhúbù shīqù miànduì kùnnanshíde shēngcún nénglì? Huòxǔ dàjiā dōu míngbái zhèshì xiànshí, dàn chéngshì jūmín búyuànyì shīqù gèzhǒng biànlì, jǐnliàng **huíbì** xiǎngxiàng **zāoyù** kùnnande qíngkuàng. Jīngguò Fúdǎo hédiànzhàn shìgù hòu, jūmín yě dǒngdéle hédiànzhànde wēixiǎn. Wǒxiǎng, rúguǒ xīwàng wánquán **xiāochú** hédiàn wēixiǎnde huà, wǒmen jiùyào **tǎnrán** jiēshòu shēnghuóshàngde yìxiē búbiàn.

20. 便利さを失いたくありませんか？

　先週の土曜日、**首都圏**で 20 年に一度の大雪が降った。仕事の帰り、私が乗る電車は**運休**しており、やむなく 2 時間歩いて家に帰った。まず、まだ**動いている**地下鉄でなるべく家の近くの駅まで行ったら、そこでは多くの客が**早々と**地下鉄の再開を待つことに決め、**プラットフォーム**に座り込んで携帯を見ていた。当時まだ**ふぶいて**いて、いつ地下鉄が**再開**するかは不明だった。

　2011 年 3 月、東日本大地震が発生したとき、首都圏のあらゆる電車が止まり、多くの客は歩いて帰宅しなければならなかった。当時、地下鉄もすぐには復旧**できず**、多くの人が職場にとどまるか歩いて帰宅する決断を**迫られた**。しかし今回の大雪では、地下鉄はまだ復旧の可能性があり、多くの人は歩いて帰宅する努力を**放棄**し、地下鉄の復旧を待つことを決めた。

　大雪は千葉県の一部の地区で停電を起こしていた。家に帰り着いてテレビのニュースを見ると、オート**ロック**機能**つき**の**マンション**のドアが停電の影響で開かなくなり、多くの住民は自分の家に入れなくなったという。私は非常に**気の毒**に思ったものの、その住民たちはきっと次の停電に**備えて**何か対策をすることはないだろうと思った。

　ずっと都会に住んで便利な生活を**している**ことは、困難を克服する能力を人々から**奪っていないだろうか**？ 人々は困難に出会ったときの生存能力を次第に失ってはいないか？ あるいはみんな、この現実に気づきながら、都市住民は各種の便利さをなくしたくないために、困難に出くわす状況をなるべく想像しないようにしているのか。福島の原発事故の後、住民も原発の危険を知った。もし完全に原発の危険を**なくしたい**のであれば、我々も生活上の多少の不便を受け止めなくてはならない。

---

shǒudūquān〔首都圏〕：首都圏　tíngyùn〔停运〕：運行停止　yùnyíng〔运营〕：運行し営業する　jǐnliàng〔尽量〕：できるだけ。なるべく。副詞の場合、本来は jǐnliàng　zǎojiù〔早就〕：とっくに。早くに　zhàntái〔站台〕：プラットフォーム　lìhai〔厉害〕：激しい。ひどい　chóngkāi〔重开〕：再開　wúfǎ〔无法〕：方法がない。〜するすべがない　pòbùdéyǐ〔迫不得已〕：やむを得ず　fàngqì〔放弃〕：放棄する　jùbèi〔具备〕：備える。備わる　suǒmén〔锁门〕：ドアに鍵をかける　gōngyù〔公寓〕：マンション　dǎoméi〔倒霉〕：ついてない。不運だ　fángfàn〔防范〕：防止する。防備する　huáiyí〔怀疑〕：疑う。疑念を抱く　xiǎngshòu〔享受〕：恵みを受ける。享受する　duóqù〔夺去〕：奪い去る　huíbì〔回避〕：避ける。逃げる　zāoyù〔遭遇〕：遭遇する。不幸なことに遭う　xiāochú〔消除〕：取り除く。除去する　tǎnrán〔坦然〕：平然と

不想失去便利吗？

　　上周六，日本**首都圈**下了 20 年一遇的大雪。下班时我要乘坐的电车**停运**了，不得不步行两个小时回家。我先乘还在**运营**的地铁到了尽量离家近的车站，发现很多乘客**早就**决定等待地铁重新运行并在**站台**地上坐着看手机。当时雪下得很**厉害**，人们其实并不知道地铁何时能**重开**。

　　2011 年 3 月，东日本大地震发生时首都圈的所有电车都停运，很多乘客需要走路回家。当时，地铁也**无法**在短时间内重开，很多人**迫不得已**决定留在单位或走路回家。但此次大雪时，地铁还有重开的可能性，很多人**放弃**步行回家的自我努力，决定等待地铁重开。

　　大雪在千叶县部分地区引起了停电。我回家后看电视新闻才知道，**具备**自动**锁门**功能的**公寓**受停电影响导致家门无法打开，不少居民没能进入自己的房子。我觉得这很**倒霉**，但同时也觉得那些居民之后也不会做任何措施来**防范**下一次停电。

　　我**怀疑**一直住在城市**享受**便利生活是否会**夺去**人们克服困难的能力？人们是不是逐步失去面对困难时的生存能力？或许大家都明白这是现实，但城市居民不愿意失去各种便利，尽量**回避**想象**遭遇**困难的情况。经过福岛核电站事故后，居民也懂得了核电站的危险。我想，如果希望完全**消除**核电危险的话，我们就要**坦然**接受生活上的一些不便。

多音字 ——複数の音を持つ漢字 ❺

长：「長い」ときは cháng、「年上」「成長」などは zhǎng
  cháng：长短 chángduǎn、长处 chángchù、长久 chángjiǔ、长期 chángqī
  zhǎng：长老 zhǎnglǎo、年长 niánzhǎng、市长 shìzhǎng、生长 shēngzhǎng

场：「ある目的の広い場所」は chǎng、
  「平坦な空き地」「市」「事の経過の量詞」のときは cháng
  cháng：场屋 chángwū、场院 chángyuàn、打场 dǎcháng、赶场 gǎncháng、
     一场暴雨 yìcháng bàoyǔ
  chǎng：广场 guǎngchǎng、剧场 jùchǎng、市场 shìchǎng、登场 dēngchǎng

吵：主な「騒がしい」「言い争う」は chǎo、「大勢ががやがや騒ぐ」は chāo
  chāo：瞎吵吵 xiā chāochao
  chǎo：吵架 chǎojià、吵闹 chǎonào、吵嚷 chǎorǎng、吵扰 chǎorǎo、吵人 chǎorén

绰：主な「緩やか」「あだ名」などは chuò、「掴み取る」は chāo
  chāo：绰起一根棍子 chāoqǐ yìgēn gùnzi
  chuò：绰号 chuòhào、绰约 chuòyuē、绰有余裕 chuòyǒuyúyù、绰丽 chuòlì

朝：「朝廷」「王朝」「～に向かう」などは cháo、「朝」に関連するときは zhāo
  cháo：朝阳 cháoyáng、朝廷 cháotíng、王朝 wángcháo、朝东 cháodōng
  zhāo：今朝 jīnzhāo、朝令夕改 zhāolìngxīgǎi、朝气蓬勃 zhāoqìpéngbó、
     朝不保夕 zhāobùbǎoxī

车：「車」「回転軸のある道具」などは chē、中国将棋の駒は jū
  chē：汽车 qìchē、开车 kāichē、纺车 fǎngchē、车间 chējiān
  jū：丢卒保车 diūzúbǎojū

称：主な「呼ぶ」「称する」「量る」などは chēng、「適当」「ぴったり合う」は chèn、
  「はかり（秤）」の意味のときは chèng
  chèn：称心 chènxīn、称身 chènshēn、对称 duìchèn、相称 xiāngchèn
  chēng：自称 zìchēng、简称 jiǎnchēng、称号 chēnghào、称赞 chēngzàn
  chèng：杆称 gǎnchèng

澄：「澄んでいる」のときは chéng、「沈殿させる」ときは dèng
  chéng：澄澈 chéngchè、澄碧 chéngbì、澄清问题 chéngqīng wèntí
  dèng：澄沙 dèngshā、澄泥浆 dèngníjiāng、澄清河水 dèngqīng héshuǐ

㉛ Shēnbiānde gāokējì

Wǒ gēn yíge gāozhōngtóngxué yìqǐ chīfàn. Tā shì yī wēnshuǐ **chōngxǐshì** zuòbiànqì wénmíngde mǒujiā **táocí** gōngsī zǐgōngsī shèzhǎng, érqiě chángjiǔ yǐlái zhíjiē cānyù zhèzhǒng zuòbiànqìde yánfā gōngzuò. Wǒjiāli yìzhí yòng tāgōngsīde chǎnpǐn.

Wǒ tóngxué shuō: "Wǒmen gōngsī zuìzǎo kāishǐ yánfā chōngxǐshì zuòbiànqì, **jīlěi**xialaide **shùjù pángdà**. Qítā gōngsī **gēnbushàng** wǒmende bùfá." Zuòbiànqì yào yòngdiàn gěi **zìláishuǐ** jiāwēn bìng tiáojié wēndù, ránhòu yòng **mǎdá pēnchū** wēnshuǐ. Zhè sānzhǒng gōngnéng fàngzài yíge jīqìnèi běnlái jiù hěnbùróngyì. Tóngshí, rénmen zài shǐyòng zuòbiànqì shí wúfǎ **duǒkāi**, suǒyǐ juébùnéng **yǔnxǔ** wēndù guògāo, shuǐyā tàigāo děng shībài. Zàijiāshang wēnshuǐ yào **jiēchù** shēntǐ mǐngǎn bùwèi, yǒu bìyào zài **pífū** gǎnjuéshang jìnxíng wēimiàode tiáojié.

Tā gěiwǒ jièshàole zuìxīn jìshù -- wèile quèbǎo **shuǐdī** chōngdào pífū shí gǎnjué **shūshì**, zuòbiànqì xiān pēnchū sùdù jiàomànde shuǐdī zhīhòu, mǎshàng zài pēnchū jiàokuàide shuǐdī, liǎngzhǒng shuǐdī zài kōngzhōng hétǐ bìng xíngchéng qiúzhuàng chōngxǐ shēntǐ. Jiēzhe, háiyào jiāng liánxù pēnchū shuǐdīde **jiàngé** hé dàxiǎo jìnxíng tiáozhěng. Wǒ hěn chījīng: Pēnchū wēnshuǐ yìngyòngle zhème fùzáde jìshù ya!

Wǒ méixiǎngdào zuòbiànqì shì rúcǐ **jiānduān**de kējì chǎnpǐn. **Jǐnguǎn** duì gāokējì bútài liǎojiě, dàn wǒ yě yìtīng jiù míngbái tāmen fǎnfù jīnglìle wúshùcìde shíyàn hé shībài. Tāmen duì zìjǐ chǎnpǐnde **zìháo**gǎn lìngrén **xìnfú**. Wèile fāxiàn **xīwēi**de chāyì, yánjiū bùmén rényuán **jiānchí** chóngfù tóngyàngde shíyàn, jiù xūyào **wúqióng**de **nàixīn**.

21. 身近なハイテク

　高校の同級生と食事をした。彼は**洗浄**便座で有名な**陶器**会社の子会社の社長で、長い間便座の研究開発に直接携わってきた。我が家もずっと彼の会社の製品を使用している。

　同級生は指摘した「うちの会社は最も早くから洗浄便座の研究開発をしているので、**積み重ねたデータ**が**膨大**だ。ほかの会社は**追いつけない**よ」。便座は電気で**水道水**を加熱し、温度調節してから**モーター**で温水を**噴出**する。この3種類の機能をひとつの機器にもたせること自体が本来は大変難しい。さらに人々が便座を使っているときには**逃げられない**ので、温度が高すぎたり、水圧が強すぎたりする失敗は決して**許されない**。さらに温水は身体の敏感な部位に当たるため、**皮膚**への感触についても微妙な調整が必要だ。

　彼は最新の技術を紹介してくれた。**水滴**が皮膚に当たる感触を**よくする**ため、便座はまずゆっくり水滴を噴出した後、すぐに速度の速い水滴をあとから噴出する。二つの水滴は空中で合体し、球形になって身体を洗うのだそうだ。さらに水滴を噴出する**間隔**と大小を調整するという。僕はとても驚いた「温水を噴出するだけでも、そんなに複雑な技術を使っているのか」。

　僕は便座がこれほど**先端**の科学技術製品だとは思わなかった。**たとえ**科学技術のことは良くわからなくても、彼らが無数の実験と失敗を繰り返したであろうことはすぐに分かった。彼らが自社製品に対して**誇り**を持っているのも**うなずける**。**ごくわずかな差を見つけ**るため、研究開発に当たる人たちは同じような実験を繰り返す、これは**とてつもない忍耐**が必要だ。

---

gāokējì〔高科技〕：ハイテクノロジー　chōngxǐ〔冲洗〕：水を注いで洗う　táocí〔陶瓷〕：陶器　yánfā〔研发〕：研究開発　jīlěi〔积累〕：積み重ねる。蓄積する　shùjù〔数据〕：データ　pángdà〔庞大〕：膨大である。巨大である　gēnshàng〔跟上〕：追いつく　zìláishuǐ〔自来水〕：水道。水道の水　mǎdá〔马达〕：モーター　pēnchū〔喷出〕：噴出する　duǒkāi〔躲开〕：よける。避ける　yǔnxǔ〔允许〕：許す。許可する　jiēchù〔接触〕：接触する　pífū〔皮肤〕：皮膚　shuǐdī〔水滴〕：水滴　shūshi〔舒适〕：気持ちがよい。快適である　jiàngé〔间隔〕：間隔　jiānduān〔尖端〕：先端。先進　jǐnguǎn〔尽管〕：～だけれども。～に関わらず　zìháo〔自豪〕：誇りに思う　xìnfú〔信服〕：信服する　xìwēi〔细微〕：きわめて細かい。わずかな　jiānchí〔坚持〕：がんばり続ける。やりぬく　wúqióng〔无穷〕：限りのない。尽きることのない　nàixīn〔耐心〕：根気。忍耐

身边的高科技

我跟一个高中同学一起吃饭。他是以温水**冲洗**式坐便器闻名的某家**陶瓷**公司子公司社长,而且长久以来直接参与这种坐便器的研发工作。我家里一直用他公司的产品。

我同学说:"我们公司最早开始研发冲洗式坐便器,**积累**下来的**数据庞大**。其他公司**跟不上**我们的步伐。"坐便器要用电给**自来水**加温并调节温度,然后用**马达喷出**温水。这3种功能放在一个机器内本来就很不容易。同时,人们在使用坐便器时无法**躲开**,所以决不能**允许**温度过高、水压太高等失败。再加上温水要**接触**身体敏感部位,有必要在**皮肤**感觉上进行微妙的调节。

他给我介绍了最新技术——为了确保**水滴**冲到皮肤时感觉**舒适**,坐便器先喷出速度较慢的水滴之后,马上再喷出较快的水滴,两种水滴在空中合体并形成球状冲洗身体。接着,还要将连续喷出水滴的**间隔**和大小进行调整。我很吃惊:喷出温水应用了这么复杂的技术呀!

我没想到坐便器是如此**尖端**的科技产品。**尽管**对高科技不太了解,但我也一听就明白他们反复经历了无数次的实验和失败。他们对自己产品的**自豪**感令人信**服**。为了发现**细微**的差异,研究部门人员**坚持**重复同样的实验,就需要**无穷**的**耐心**。

多音字 ——複数の音を持つ漢字 ❻

盛：主な「盛ん」「豊か」などは shèng、「器に何かを入れる」は chéng
  chéng：盛飯 chéngfàn、盛水 chéngshuǐ、盛器 chéngqì、盛上 chéngshang
  shèng：盛大 shèngdà、盛典 shèngdiǎn、盛宴 shèngyàn、旺盛 wàngshèng

冲：「ぶつかる」「重要なところ」などは chōng、
    「〜に向かう」「盛ん」「激しい」などは chòng
  chōng：冲撞 chōngzhuàng、冲洗 chōngxǐ、冲突 chōngtū、要冲 yàochōng
  chòng：坐北冲南 zuòběichòngnán、冲压 chòngyā、冲劲 chòngjìn、
       酒味很冲 jiǔwèi hěnchòng

重：「重い」「重要」などは zhòng、「重複する」に関するときは chóng
  chóng：重复 chóngfù、重建 chóngjiàn、重新 chóngxīn、重版 chóngbǎn
  zhòng：重量 zhòngliàng、重力 zhònglì、慎重 shènzhòng、轻重 qīngzhòng

臭：「くさい」ときは chòu、「におい」「臭気」は xiù
  chòu：臭气 chòuqì、臭味 chòuwèi、臭骂 chòumà、臭氧层 chòuyǎngcéng
  xiù：乳臭 rǔxiù、铜臭 tóngxiù、无声无臭 wúshēngwúxiù

处：「置く」「処理する」などは chǔ、「場所」「機関の一部門」のときは chù
  chǔ：处世 chǔshì、相处 xiāngchǔ、处理 chǔlǐ、处分 chǔfèn、处罚 chǔfá
  chù：售票处 shòupiàochù、无处可去 wúchùkěqù、人事处 rénshìchù、
     处长 chùzhǎng、办事处 bànshìchù

畜：「飼う」「養う」のときは xù、「家畜」「禽獣」のときは chù
  chù：家畜 jiāchù、畜类 chùlèi、畜肥 chùféi、畜牲 chùshēng、牲畜 shēngchù
  xù：畜养 xùyǎng、畜牧 xùmù、畜产 xùchǎn

揣：（懐に）「しまう」「隠す」のときは chuāi、「推測する」ときは chuǎi
  chuāi：揣手 chuāishǒu、怀揣 huáichuāi、揣在兜儿里 chuāi zài dōurlǐ
  chuǎi：揣测 chuǎicè、揣度 chuǎiduó、揣摩 chuǎimó、揣想 chuǎixiǎng

传：主な「伝わる」「伝える」などは chuán、「伝記」「歴史小説」などは zhuàn
  chuán：流传 liúchuán、传说 chuánshuō、传授 chuánshòu、传染 chuánrǎn
  zhuàn：自传 zìzhuàn、列传 lièzhuàn、鲁迅传 LǔXùnzhuàn、水浒传 Shuǐhǔzhuàn

创：「創造する」「始める」は chuàng、「傷」のときは chuāng
  chuāng：重创 zhòngchuāng、创伤 chuāngshāng、创口 chuāngkǒu、
       创痕 chuānghén
  chuàng：草创 cǎochuàng、首创 shǒuchuàng、创造 chuàngzào、创作 chuàngzuò

㉜ Shéi zhēnzhèng yǒu nénglì?

Qiánbujiǔde yìtiān zǎoshang, wǒ wǔdiǎn qǐchuáng, cānjiāle yìchǎng gèzhǒng **hángyè** rénshì jíjùde jiāoliúhuì. Yuē wǔshímíng **chéngyuán** dōushì zhōngxiǎoqǐyède shèzhǎng huòzhě **gètǐhù**. Wèile bìmiǎn chéngyuán zhījiānde jìngzhēng, gège hángyè zhǐyǒu yìmíng chéngyuán néng cānjiā. Qízhōng **bùjǐn** yǒu lǜshī, jīngyíng **zīxúnshī**, háiyǒu **shūfǎjiā**, jiǔbā lǎobǎn děng láizì gèhánggèyède rén.

Yǒuqùdeshì, tāmen zài měizhōu yícìde **jùhuì** zhōng dōu bìxū **huìbào** wèi biéde chéngyuán zuòle shénme gòngxiàn. Bǐrú jièshàole gùkè, huòzhě zìjǐ zuòwéi gùkè gòumǎi shāngpǐnděng. Wǒ juéde duì gètǐhù lǎobǎn éryán, zhè shì hěn **kàodezhù**de jīzhì.

Wǒ yìzhí shì gōngsī zhíyuán, yīncǐ jīhū méiyǒu gǎnshòuguo rúcǐ jījí **tuīxiāo** zìjǐ gōngzuòde qìfēn. Wǒ gāng kāishǐ gōngzuò shí kànle wǒmen **tóngháng qiánbèi** xiěde yìběnshū, shūmíng wéi 《Dàjiā, búyào yǐ míngpiàn gōngzuò》. Zhèběnshū **tíxǐng** wǒmen, náchū míngpiànshí duìfāng biǎoshìde shì duì gōngsīde **jìngyì**, bìngbúshì duì nǐ gèrénde **píngjià**. Wǒmen yīnggāi **láojì** zìjǐ jǐn dàibiǎo gōngsī miànduì duìfāng.

Wǒ yǒushí huáiyí, rúguǒ méiyǒu yìnyǒu gōngsī míngzide míngpiàn, wǒ gèrén dàodǐ yǒu duōshao jiàzhí? Néng xiàng zài jiāoliúhuìshang jiāohuàn míngpiànde rénmen nàyàng, **yīkào** zìjǐde lìliang **fǔyǎng** jiārén ma?

Zài dàqǐyè gōngzuò, wǒmen yìzhí xiǎngshòude wěndìng shēnghuó huòxǔ ràng wǒmen **sàngshī** jìngzhēng nénglì. Jìnrù dàqǐyè **quēshī** hěn xìngyùn, dànshì méiyǒu wēijīgǎnde shēnghuó yěxǔ huì **yāsuō shàngjìn**de kōngjiān. Cānjiā jiāoliúhuìde rénmen dōu hěn yǒu huólì, chōngmǎn **gànjìnr**. Wǒ bùdébù chéngrèn zài rénshēng bǐsàizhōng, zuìzhōng **shèngchū**de shì tāmen.

22. 誰が本当は有能なのか

　さきごろ、朝5時に起きていろいろな**業種**の人が**集まる**交流会に参加した。約50人の**メンバー**はすべて中小企業の社長か**個人経営主**だ。メンバー間の競争を避けるために各業種から1名だけメンバーとして参加できる。その中には弁護士や経営**コンサルタント**のほか、**書道家**や飲み屋のマスターなど各業種の人がいた。

　面白かったのは、彼らは毎週一回**集まる**ときに、必ずほかのメンバーのためにどんな貢献をしたか**報告**しなければならないことだ。たとえばお客を紹介したとか、あるいは自分がお客として商品を購入したなどである。これは個人経営者からするととても**頼りになる**システムだと思った。

　僕自身は会社員なので、自分の仕事をこんな風に積極的に**セールスする**雰囲気を味わったことはない。僕が仕事を始めたばかりのころ、**同業者**の**先輩**が書いた一冊の本を読んだ。書名は「諸君、名刺で仕事をするな」。この本は、我々が名刺を出したときに先方が表しているのは会社への**敬意**であって、あなた個人への**評価**ではないと**忠告**してくれた。我々は自分が会社を代表して先方と会っているだけだと**しっかり覚えておく**べきなのだ。

　もし会社の名前が印刷してある名刺がなかったら、僕個人はいったいどれだけの価値があるのだろうと疑ってみることがある。交流会で名刺を交換した人たちみたいに、自分の力で家族を**養って**いけるのだろうか？

　大企業で仕事をし、安定した生活をずっと享受していることで、あるいは我々は競争力を**失って**いるのかもしれない。大企業に入ることは**確かに**幸運ではあるが、危機感のない生活はもしかすると**進歩する**余地を**縮めて**しまっているのかもしれない。交流会に参加している人はとてもエネルギッシュで**やる気**に満ちていた。人生というレースで、最後に**勝つ**のは彼らだと認めざるを得ない。

---

qiánbujiǔ〔前不久〕：先ごろ。ひところ前　hángyè〔行业〕：業種。職業　jíjù〔集聚〕：集まる。集合する　chéngyuán〔成员〕：メンバー　gètǐhù〔个体户〕：個人経営者。自営業者　bùjǐn〔不仅〕：単に～だけでなく。～にとどまらず　zīxúnshī〔咨询师〕：コンサルタント　shūfǎjiā〔书法家〕：書家　yǒuqù〔有趣〕：面白い。興味深い　jùhuì〔聚会〕：会合。集まり　huìbào〔汇报〕：取りまとめて報告する　kàodezhù〔靠得住〕：信頼できる。頼りになる　tuīxiāo〔推销〕：売り込む　tóngháng〔同行〕：同業者　qiánbèi〔前辈〕：先輩。年配の経歴を積んだ人　tíxǐng〔提醒〕：注意を与える。忠告する　jìngyì〔敬意〕：尊敬の気持ち。敬意　píngjià〔评价〕：評価　láojì〔牢记〕：しっかり記憶する　yīkào〔依靠〕：頼る。依拠する　fǔyǎng〔抚养〕：扶養する。育てる　sàngshī〔丧失〕：失う。なくす　quèshí〔确实〕：確かに。間違いなく　yāsuō〔压缩〕：縮小する。減らす　shàngjìn〔上进〕：向上する。進歩する　gànjìnr〔干劲儿〕：仕事への意気込み。意欲　shèngchū〔胜出〕：勝利する。勝つ

谁真正有能力？

前不久的一天早上，我 5 点起床，参加了一场各种**行业**人士**集聚**的交流会。约 50 名**成员**都是中小企业的社长或者**个体户**。为了避免成员之间的竞争，各个行业只有一名成员能参加。其中**不仅**有律师、经营**咨询师**，还有**书法家**、酒吧老板等来自各行各业的人。

有趣的是，他们在每周一次的**聚会**中都必须**汇报**为别的成员作了什么贡献。比如介绍了顾客，或者自己作为顾客购买商品等。我觉得对个体户老板而言，这是很**靠得住**的机制。

我一直是公司职员，因此几乎没有感受过如此积极**推销**自己工作的气氛。我刚开始工作时看了我们**同行前辈**写的一本书，书名为《大家，不要以名片工作》。这本书**提醒**我们，拿出名片时对方表示的是对公司的**敬意**，并不是对你个人的**评价**。我们应该**牢记**自己仅代表公司面对对方。

我有时怀疑，如果没有印有公司名字的名片，我个人到底有多少价值？能像在交流会上交换名片的人们那样，**依靠**自己的力量**抚养**家人吗？

在大企业工作，我们一直享受的稳定生活或许让我们**丧失**竞争能力。进入大企业**确实**很幸运，但是没有危机感的生活也许会**压缩上进**的空间。参加交流会的人们都很有活力，充满**干劲儿**。我不得不承认在人生比赛中，最终**胜出**的是他们。

多音字 ——複数の音を持つ漢字 ❼

幢：「古代ののぼり旗」「石柱」は chuáng、建物の量詞は zhuàng
  chuáng：经幢 jīngchuáng、石幢 shíchuáng、人影幢幢 rényǐng chuángchuáng
  zhuàng：一幢楼房 yízhuàng lóufáng

刺：「刺す」「刺激」などは cì、擬声語のときは cī
  cī：刺啦 cīlā、刺棱 cīlēng、刺溜 cīliū、刺的一声 cīde yìshēng
  cì：刺客 cìkè、刺激 cìjī、刺眼 cìyǎn、刺杀 cìshā、遇刺 yùcì

伺：「うかがう」は sì、「仕える」は cì
  cì：伺候 cìhòu
  sì：窥伺 kuīsì、伺机 sìjī、伺隙 sìxì、伺敌 sìdí、伺察 sìchá

答：意味はいずれも「答える」だが、一部の言葉で dā
  dā：答理 dālǐ、答腔 dāqiāng、答应 dāying、答允 dāyǔn、滴答 dīdā
  dá：答案 dá'àn、答谢 dáxiè、答辩 dábiàn、答对 dáduì、答复 dáfù

打：「打つ」「たたく」「攻める」などは dǎ、「ソーダ」「ダース」は dá
  dá：一打啤酒 yìdá píjiǔ、苏打 sūdá
  dǎ：打鼓 dǎgǔ、打门 dǎmén、攻打 gōngdǎ、打仗 dǎzhàng、打造 dǎzào

大：「大きい」は dà、"大夫"などいくつか例外的に dài
  dà：大小 dàxiǎo、大陆 dàlù、大方 dàfāng、大意 dàyì、大自然 dàzìrán
  dài：大夫 dàifu、山大王 shāndàiwáng

待：「留まる」のときは dāi、「もてなす」「待つ」などは dài
  dāi：多待几天 duō dāi jǐtiān、待了三年 dāile sānnián、待一会儿 dāi yíhuìr
  dài：待客 dàikè、待命 dàimìng、待业 dàiyè、对待 duìdài、招待 zhāodài

逮：「捕らえる」などは dǎi、「逮捕」のときだけ dài
  dǎi：逮火虫儿 dǎi huǒchóngr、逮特务 dǎi tèwu、猫逮老鼠 māo dǎi lǎoshǔ
  dài：逮捕 dàibǔ

担：「担う」「受け持つ」などは dān、「担ぎ荷」のときは dàn
  dān：担待 dāndài、担当 dāndāng、负担 fùdān、担架 dānjià、担名 dānmíng
  dàn：担子 dànzi、一担青菜 yídàn qīngcài、扁担 biǎndàn

单：主な「単独」「奇数」「表」などは dān、「苗字」「地名」のときは shàn
  dān：单身 dānshēn、单数 dānshù、单纯 dānchún、床单 chuángdān、
    订单 dìngdān
  shàn：单县 ShànXiàn（山东省の地名）、单 Shàn（姓）

㉝ Zhíchǎng jìnshēngde zhōngdiǎn

Wèile yíngjiē xīnniándù, Rìběn gèjiā qǐyè kāishǐle rénshì **diàodòng**. Wǒ suǒzàide dānwèi yǔ yìbān gōngsī bùtóng, yīncǐ wǒ bùzhīdào dàqǐyède yuángōng měigé jǐnián jiēshòu yícì **rènmiǎn** mìnglìng yǐjí zérèn jiànzēngde gǎnjué. Dāng bèi gàozhī jiāng diàodào xīnde **gǎngwèi**, **xiàshǔ** rényuán huì zēngjiā shí huì yǒu shénme gǎnjué? Huìbuhuì xiàng jiùyèhòu shǒucì fēnpèidào jùtǐ gōngzuò shí yíyàng jǐnzhāng ne?

Xiànzài, dàxuéshēngde qiúzhí huódòng yǐjīng kāishǐ. Tāmen jiāng **tiánxiě** wúshùzhāng qiúzhí shēnqǐngbiǎo, kěnéng zāoyù duōcì jùjué. **Miànshì** shí tāmen yào xuéhuì rúhé **bāozhuāng** hé **tuīxiāo** zìjǐ, qiángdiào zìshēn duì gōngsī éryánde jiàzhí. Jiùshìshuō zhǎo gōngzuòde shíhou, tāmen bùdébù zuòchū mǒuzhǒng xīnlǐ **wěizhuāng**. Rúguǒ bùnéng wěizhuāngde hěnhǎo, jiù wúfǎ **shèngchū**.

Zài gōngsīli jìnshēng yěshì yíyàng, xūyào mǒuzhǒng xīnlǐ wěizhuāng. **Jíshǐ** shì méi shénme yìside gōngzuò, zhíyuán yěyào biǎoxiànchū wèile gōngsī **jiéjìnquánlì**de **zītài**. Rìběnde gōngsīli yě cúnzàizhe "**guānxi**" hé **suǒwèi**de "rénmài". Yǒuxiē xīwàng **gāoshēng**de rén, hěnzǎo jiùhuì **suǒdìng** yìxiē kěnéng chéngwéi **gāoguǎn**de shàngsī bìng **dǎtōng** guānxi, tuīxiāo zìjǐ.

Rán'ér, gōngzuò qījiān **chǔxīnjīlǜ** de nǔlì bìng huòdé jìnshēngde rén yě bìrán **děi tuìxiū**. Dàole wǔshísuì zuǒyòu, dàduōshù rén dōunéng **yùliào**dào zìjǐ kě jìnshēngdào hézhǒng shuǐpíng, yǐjīng néng **yǐnyuē** kàndào zhíyè shēngyáde zhōngdiǎn. **Jíbiàn** zài dàqǐyè gōngzuò bìng dédào jìnshēng, tuìxiūhòu yě jiù méishénme dà**chābié** le. Wǒ xiǎng jiànyì zhèngzài zhǎo gōngzuòde dàxuéshēng, **wúlùn** gōngsī dàxiǎo, zuìhǎo néng zài bùxūyào wěizhuāng qiě kě fāhuī zìshēn nénglìde zhíchǎng gōngzuò.

23. 出世のゴール

　新年度を迎えるために、各企業が人事**異動**を始めている。私がいる職場は普通の会社と違うので、大企業の社員が何年かごとに**辞令**を受け取って少しずつ責任が増していく感じを知らない。新しい**職場**への赴任を命じられ、**部下**が増えるというのはどんな気分なのだろう？　仕事を始めて、初めて具体的な仕事を与えられたときのように緊張するのだろうか？

　現在、大学生の就職活動もすでに始まっている。彼らは無数のエントリーシートに**記入**し、おそらくたくさん断られる。**面接**の時にはいかに自分を**飾り**、**売り込む**かを学ばなければならないし、自分が会社にとっていかに価値があるかを強調しなくてはならない。仕事を探すときには、彼らはやむを得ずある種の心理的な**偽装**をしなくてはならない。うまく装うことができなければ、就職活動に**勝ち残れ**ない。

　会社の出世も同じで、ある種の心理的な偽装が必要だ。**たとえ**どんなに面白くない仕事でも、職員は会社のために全力を**尽くす姿勢**を見せなくてはならない。日本の会社にも「**コネ**」と、**いわゆる**「人脈」がある。出世を望む人は、早くから**重役**になりそうな上司を**見定めて**人間関係を**つくり**、自分を売り込む。

　しかし、仕事をしている間、どれほど**苦心惨憺**して出世したところで、必ず**退職しなくてはならない**。50歳前後になれば、ほとんどの人は自分がどのレベルまで出世できるのか**予想**できる。つまり職場人生のゴールが**ぼんやりと**見えるのだ。**たとえ**大企業で仕事をし、出世したところで、退職後にはそんなに**差**はない。仕事を探している大学生にアドバイスしたいのは、会社の大小に**かかわらず**、一番いいのは偽装せずに自分の能力を発揮できる職場で仕事をすることだ。

---

zhíchǎng〔职场〕：勤務場所。職場　jìnshēng〔晋升〕：昇進する　zhōngdiǎn〔终点〕：ゴール　diàodòng〔调动〕：移動。配置転換　rènmiǎn〔任免〕：任免する　gǎngwèi〔岗位〕：職場。部署　xiàshǔ〔下属〕：部下　tiánxiě〔填写〕：書き込む。記入する　miànshì〔面试〕：面接試験　bāozhuāng〔包装〕：人や物をイメージアップする。包装する　tuīxiāo〔推销〕：セールスする。売りこむ　wěizhuāng〔伪装〕：装う。見せかける　shèngchū〔胜出〕：勝ち残る。勝つ　jíshǐ〔即使〕：たとえ～でも　jiéjìn〔竭尽〕：出し尽くす　zītài〔姿态〕：姿勢。態度　guānxi〔关系〕：特殊な利害関係。コネ　suǒwèi〔所谓〕：いわゆる　gāoshēng〔高升〕：昇進する。地位が上がる　suǒdìng〔锁定〕：確定する。固定する　gāoguǎn〔高管〕：重役。幹部役員　dǎtōng〔打通〕：通じさせる。疎通を図る　chǔxīnjīlǜ〔处心积虑〕：苦心惨憺策謀する　děi〔得〕：しなければならない　tuìxiū〔退休〕：定年になる。退職する　yùliào〔预料〕：予想する。予測する　yǐnyuē〔隐约〕：かすかである。はっきりしない　jíbiàn〔即便〕：たとえ～でも　chābié〔差别〕：隔たり。開き　wúlùn〔无论〕：～を問わず。～にかかわりなく

职场晋升的终点

为了迎接新年度，日本各家企业开始了人事**调动**。我所在的单位与一般公司不同，因此我不知道大企业的员工每隔几年接受一次**任免**命令以及责任渐增的感觉。当被告知将调到新的**岗位**，**下属**人员会增加时会有什么感觉？会不会像就业后首次分配到具体工作时一样紧张呢？

现在，大学生的求职活动已经开始。他们将**填写**无数张求职申请表，可能遭遇多次拒绝。**面试**时他们要学会如何**包装**和**推销**自己，强调自身对公司而言的价值。就是说找工作的时候，他们不得不做出某种心理**伪装**。如果不能伪装得很好，就无法**胜出**。

在公司里晋升也是一样，需要某种心理伪装。**即使**是没什么意思的工作，职员也要表现出为了公司**竭尽**全力的**姿态**。日本的公司里也存在着"**关系**"和所谓的"**人脉**"。有些希望**高升**的人，很早就会**锁定**一些可能成为**高管**的上司并**打通**关系、推销自己。

然而，工作期间**处心积虑**地努力并获得晋升的人也必然**得退休**。到了50岁左右，大多数人都能**预料**到自己可晋升到何种水平，已经能**隐约**看到职业生涯的终点。**即便**在大企业工作并得到晋升，退休后也就没什么大**差别**了。我想建议正在找工作的大学生，**无论**公司大小，最好能在不需要伪装且可发挥自身能力的职场工作。

多音字 —複数の音を持つ漢字 ❽

弾 : 「弾」「弾丸」は dàn、「はじき出す」に関係するときは tán
　　dàn：弹弓 dàngōng、弹丸 dànwán、弹药 dànyào、弹道 dàndào、炮弹 pàodàn
　　tán：弹词 táncí、弹劾 tánhé、弹跳 tántiào、弹指 tánzhǐ、动弹 dòngtan

石 : 「石」などは shí、「(容量の単位)石」のときだけ dàn
　　dàn：二十石 èrshídàn、一千石 yìqiāndàn
　　shí：石头 shítou、石雕 shídiāo、石膏 shígāo、石灰 shíhuī、玉石 yùshí

当 : 「〜すべき」「担う」「対処する」「ふさわしい」「その(時、場所)」などは dāng、
　　「〜とみなす」「妥当である」「質に入れる」は dàng
　　dāng：相当 xiāngdāng、当归 dāngguī、应当 yīngdāng、当初 dāngchū、
　　　　　承当 chéngdāng
　　dàng：恰当 qiàdàng、妥当 tuǒdàng、适当 shìdàng、当真 dàngzhēn、当做 dàngzuò

倒 : 「倒れる」「換える」などは dǎo、「さかさま」「逆」のときは dào
　　dǎo：倒班 dǎobān、倒仓 dǎocāng、倒车 dǎochē、倒运 dǎoyùn、跌倒 diēdǎo
　　dào：倒立 dàolì、倒退 dàotuì、倒水 dàoshuǐ、倒计时 dàojìshí

得 : 「得る」「できあがる」などのときは dé、
　　「結果」「程度」を表す補語のときは de (軽声)、
　　「必要とする」のとき、「しなければならない」という助動詞のときは děi
　　dé：得便 débiàn、得当 dédàng、得闲 déxián、得志 dézhì、得到 dédào
　　de：看得起 kàndeqǐ、说得好 shuōdehǎo、听得懂 tīngdedǒng
　　děi：得一小时 děi yìxiǎoshí、我得去 wǒ děi qù、总得 zǒngděi

的 : 「確かに」などは dí、「まと」「目標」は dì、所有などを表す助詞のときは de (軽声)
　　de：吃的 chīde、红的 hóngde、甜的 tiánde、我的 wǒde、大家的 dàjiāde
　　dí：的当 dídàng、的确 díquè、的证 dízhèng
　　dì：目的 mùdì、有的放矢 yǒudìfàngshǐ、众矢之的 zhòngshǐzhīdì

提 : 主な「手に提げる」「引き上げる」などは tí、"提防""提溜"の2語だけ dī
　　dī：提防 dīfáng、提溜 dīliu
　　tí：提高 tígāo、提神 tíshén、提前 tíqián、提案 tí'àn、提醒 tíxǐng

调 : 「移動する」「派遣する」「調べる」「調子」のときは diào、
　　「調和する」「調停する」「からかう」のときは tiáo
　　diào：调遣 diàoqiǎn、调拨 diàobō、调换 diàohuàn、调查 diàochá、曲调 qǔdiào
　　tiáo：调和 tiáohé、调节 tiáojié、调配 tiáopèi、调解 tiáojiě、调笑 tiáoxiào

㉞ Méiyǒu bù shǐyòngde zìyóu?

Yìng péngyou yāoqiú, wǒ zuìjìn **xiàzǎi**le **yìngyòng** ruǎnjiàn "**liánwǒ**", yòu duōle yìzhǒng gēn péngyou **liánxì**de fāngshì. Wǒmende gōngzuò shì **biānjí** wǎngyè, shàngbān jiù yìwèizhe dǎkāi diànnǎo shàngwǎng. Wǒ zài gōngzuò kāishǐ zhīqián zhǔyào huì kàn sānge **yóuxiāng** hé yíge **shèjiāo wǎngzhàn**.

Zài jiāzhōng, qīzi hé nǚ'érde shǒujī tōngzhī yǒu **duǎnxìn** shí, tāmen yào mǎshàng **chákàn**. Wǒ juéde yīnwèi shì bútài zhòngyàode nèiróng, suǒyǐ duìfāng cáihuì yòng fā **yóujiàn**de fāngshì. Tāmen zé děngbuliǎo, **fēiyào** fàngxià **shǒutóu**de shì qùkàn duǎnxìn bùkě. Wǒ shǒujī shōudàode dàduōshù duǎnxìn shì jiādiànshāngde **shuǎimài** guǎnggào, **cānyǐndiàn**de **tuīxiāo** huòshì shǒujīgōngsīde **xīnkuǎn** xuānchuán děngděng. Búguò, wǒ yěyào quèrèn shì wúyòngde nèiróng hòu cáihuì fàngxīn.

Zài shèjiāo wǎngzhànshang, fā**tiězi**de dōushì rènshide rén. **Bùguǎn** shìfǒu zài shàngbān shíjiān, wǒde nàxiē zuò gǔpiào fēnxīshī、hángkōng gōngsī zhíyuán、chūzhōng lǎoshī děngde tóngxuémen **jiē'èrliánsān**de fātiě, bìng gěi qítā péngyoude tiězi **diǎn "zàn"**. Zhèzhǒng shēnghuó xíguàn **cuīshēng**le gēn biérén tánhuà huòzhě kāihuì shí **mùguāng** líbukāi shǒujīde rénqún.

Zǒngshì shōufā duǎnxìn huò zài shèjiāo wǎngzhàn fātiěde xíngwéi shìfǒu **cánshí**le wǒmende shēnghuó? Wàngdài shǒujī quēshí huì hěn bù fāngbiàn, dàn **wúxiūzhǐ**de gēn biérén liánxìde xíguàn zhēn néng tígāo shēnghuó zhìliàng ma?

Wǒde yíwèi dàxué tóngxué yìzhí méiyòngguo shǒujī, tā shuō méiyǒu gǎnjuéguo bùfāngbiàn. Shéi xiǎng gēntā liánxì jiù xūyào xiěxìn huò dǎ diànhuà. Wǒ měinián tōngguò diànhuà gēntā **jiāotán** jǐcì, huì juéde xīnxiān yòu **qīnqiè**. Wǒmenjiāde shēnghuó zé líbukāi shǒujī, qīzi yàoyòng duǎnxìn tōngzhī pàozài èrlóu fángjiānde háizimen "**kāifàn**le"、"**kěyǐ xǐzǎo**le". Yǔ nà wèi tóngxué xiāngbǐ, zhèzhǒng shēnghuó **kěndìng** shì búzìyóude.

24. 不使用の自由はないのか？

　友達の求めに応じて、最近「**LINE**」の**アプリ**を**ダウンロード**し、友達との**連絡**手段がまた増えた。仕事がネットサイトの**編集**なので、仕事と言えばパソコンを開いてネットにつなげることを意味している。仕事を始める前に3つの**メールボックス**とひとつの**SNS**を見る。

　家では、妻と娘は**メール**受信の通知があった時にはすぐに**調べ**たがる。発信者はそれほど重要ではないからメールにしたのだと思うのだが、彼女たちは**しかし**待ちきれず、**今**やっていることをやめメールを見ずには**いられない**。私が受け取っているメールの大多数は、家電の**安売り**広告だったり、飲食店の**セールス**、携帯会社の**新製品**の宣伝などだ。しかし、それでも不要な内容であることを確認してやっと安心するのである。

　SNSに**書き込ん**でいるのはみな知っている人だ。仕事時間で**あろうとなかろうと**、株式市場のアナリスト、航空会社の職員、中学の先生などの同級生が**次から次へと**書き込みをし、ほかの友達の書き込みに「**いいね**」を**クリック**している。こういう生活習慣は、ほかの人と話していたり、会議を開いていても携帯から目を離さない種類の人間を**作り出している**。

　いつもメールをやり取りしたり、SNSに書き込んだりすることは、我々の生活を**蝕んで**はいないだろうか？ 携帯を忘れれば確かに不便だが、**休み**なく他人と連絡を取る習慣は本当に生活の質を向上させているのだろうか？

　私の大学の同級生の一人は携帯を使ったことがなく、不便を感じたこともないと言っている。彼と連絡を取ろうと思えば手紙を書くか、電話するしかない。毎年、何回か電話で**話す**と、とても新鮮で**親しく**感じられる。我が家の生活は携帯と切り離せず、妻は二階の部屋にこもっている子どもたちにも「**ご飯ができたよ**」「お風呂に入れます」とメールで連絡している。さっきの同級生に比べれば、こういう生活の方が**きっと**不自由なのだ。

---

xiàzǎi〔下载〕：ダウンロードする　liánwǒ〔连我〕：LINE　yìngyòng〔应用〕：アプリケーション　liánxì〔联系〕：連絡を取る　biānjí〔编辑〕：編集する　yóuxiāng〔邮箱〕：メールボックス　shèjiāo wǎngzhàn〔社交网站〕：ソーシャルネットワーキングサービス（SNS）　duǎnxìn〔短信〕：メール。ショートメッセージ　chákàn〔查看〕：調べる　yóujiàn〔邮件〕：メール　zé〔则〕：しかし、かえって　fēiyào〔非要〕：どうしても～しなくてはならない。ぜひとも～しなくてはならない　shǒutóu〔手头〕：手元の　shuǎimài〔甩卖〕：大安売り　cānyǐndiàn〔餐饮店〕：飲食店。レストラン　tuīxiāo〔推销〕：セールス　xīnkuǎn〔新款〕：新しいデザイン。ニューモデル　tiězi〔帖子〕：書き込み。スレッド　bùguǎn〔不管〕：～であろうと。～にかかわらず　jiē'èrliánsān〔接二连三〕：次から次へと。立て続けに　diǎn〔点〕：クリック　zàn〔赞〕：いいね　cuīshēng〔催生〕：生まれるよう促す　mùguāng〔目光〕：視線　cánshí〔蚕食〕：じわじわと蝕む　jiāotán〔交谈〕：言葉を交わす　xiūzhǐ〔休止〕：休止する。やめる　qīnqiè〔亲切〕：親しみを感じる　kāifàn〔开饭〕：食事にする　kěndìng〔肯定〕：きっと。間違いなく

没有不使用的自由？

应朋友要求，我最近**下载**了应用软件"**连我**"，又多了一种跟朋友**联系**的方式。我们的工作是**编辑**网页，上班就意味着打开电脑上网。我在工作开始之前主要会看3个**邮箱**和1个**社交网站**。

在家中，妻子和女儿的手机通知有**短信**时，她们要马上**查看**。我觉得因为是不太重要的内容，所以对方才会用发**邮件**的方式。她们则等不了，**非要**放下**手头**的事去看短信不可。我手机收到的大多数短信是家电商的**甩卖**广告、**餐饮店**的**推销**或是手机公司的**新款**宣传等等。不过，我也要确认是无用的内容后才会放心。

在社交网站上，发**帖子**的都是认识的人。**不管**是否在上班时间，我的那些做股票分析师、航空公司职员、初中老师等的同学们**接二连三**地发帖，并给其他朋友的帖子**点"赞"**。这种生活习惯催生了跟别人谈话或者开会时**目光**离不开手机的人群。

总是收发短信或在社交网站发帖的行为是否**蚕食**了我们的生活？忘带手机确实会很不方便，但无**休止**地跟别人联系的习惯真能提高生活质量吗？

我的一位大学同学一直没用过手机，他说没有感觉过不方便。谁想跟他联系就需要写信或打电话。我每年通过电话跟他**交谈**几次，会觉得新鲜又**亲切**。我们家的生活则离不开手机，妻子要用短信通知泡在二楼房间的孩子们"**开饭了**"、"可以洗澡了"。与那位同学相比，这种生活**肯定**是不自由的。

多音字 ──複数の音を持つ漢字 ⑨

钉：「釘（名詞）」のときは dīng、「釘を打つ（動詞）」は dìng
　　dīng：钉锤 dīngchuí、钉帽 dīngmào、螺丝钉 luósīdīng、钉子 dīngzi
　　dìng：钉钉子 dìng dīngzi、钉马掌 dìng mǎzhǎng、钉扣子 dìng kòuzi

都：主な「すべて」「～でさえ」などは dōu、「首都」「大都市」のときは dū
　　dōu：都说 dōu shuō、都要 dōu yào、都好 dōu hǎo、都是 dōu shì、
　　　　　都忘了名字 dōu wàngle míngzi
　　dū：都城 dūchéng、都会 dūhuì、都市 dūshì、首都 shǒudū、建都 jiàndū

斗：主な「闘う」「合わせる」などは dòu、「容量」「容器」「北斗星」のときは dǒu
　　dǒu：斗方 dǒufāng、斗胆 dǒudǎn、漏斗 lòudǒu、烟斗 yāndǒu、
　　　　　北斗星 běidǒuxīng
　　dòu：斗鸡 dòujī、斗殴 dòu'ōu、斗气 dòuqì、斗争 dòuzhēng、械斗 xièdòu

度：主な「寸法」「程度」「過ごす」などは dù、「推測する」ときは duó
　　dù：度量 dùliàng、度假 dùjià、制度 zhìdù、程度 chéngdù、过度 guòdù
　　duó：揣度 chuāiduó、测度 cèduó、忖度 cǔnduó、度德量力 duódéliànglì

恶：主な「悪」「悪行」のときは è、"恶心"のときだけ ě、
　　　「憎む」「怒らせる」のときは wù
　　ě：恶心 ěxin
　　è：恶霸 èbà、恶毒 èdú、无恶不作 wú'èbúzuò、恶果 èguǒ、恶劣 èliè
　　wù：可恶 kěwù、厌恶 yànwù、好恶 hàowù、深恶痛绝 shēnwùtòngjué

发：主な「発生する」「始める」「送り出す」などは fā、「頭髪」のときは fà
　　fā：发生 fāshēng、发动 fādòng、发电报 fā diànbào、发端 fāduān、发誓 fāshì
　　fà：理发 lǐfà、染发 rǎnfà、发带 fàdài、假发 jiǎfà

坊：「巷」「町中」などは fāng、「（手工業者の）仕事場」のときは fáng
　　fāng：街坊 jiēfang、牌坊 páifāng、书坊 shūfāng、忠孝坊 Zhōngxiào fāng
　　fáng：粉坊 fěnfáng、酒坊 jiǔfáng、磨坊 mòfáng、染坊 rǎnfáng

菲：「薄い」のときは fěi、「かぐわしい」は fēi
　　fēi：芳菲 fāngfēi、菲菲 fēifēi、菲律宾 Fēilǜbīn
　　fěi：菲礼 fěilǐ、菲才 fěicái、菲敬 fěijìng、菲仪 fěiyí、菲酌 fěizhuó

分：「分ける」「区別する」のときは fēn、「成分」「本分」「身分」などは fèn
　　fēn：分数 fēnshù、分配 fēnpèi、分化 fēnhuà、分解 fēnjiě、区分 qūfēn
　　fèn：水分 shuǐfèn、盐分 yánfèn、本分 běnfèn、身分 shēnfèn、情分 qíngfèn

㉟ Fāzhǎnde fāngxiàng

Wǒ zuìjìn xīnmǎilege Zhōngwén diànzǐ **cídiǎn**. Yóuyú gōngzuò xūyào, wǒ yǐjīng mǎiguo jìn shíge diànzǐ cídiǎnle. Zuìxīnde zhège **shōulùde** shūjí yǒu yìbǎizhǒng, **zhuóshí** lìngrén **jīngyà**. Chúle bǎikē quánshūwài, hái **nèizhì** liǎngqiānbù xiǎoshuō、zhíwù hé **kūnchóng tújiàn** yǐjí yìqiānshǒu **jīngdiǎn** yīnyuè **jīngcǎi piànduàn**. Shàngshìjì bāshiniándài, wǒ zài dàxué dúshū shí hái méiyǒu diànzǐ cídiǎn, yīncǐ shūbāoli bùdébù měitiān fàngzhe yìběn cídiǎn.

Wǒ èr'érzi shànggāozhōngde shíhou, jiāzhǎngmen **bìxū** gòumǎi diànzǐ cídiǎn. Xiǎofāng zhǐdìngle shōulù gāozhōng shàngkè shí suǒxū zīliào huòzhě tújiànde jǐzhǒng diànzǐ cídiǎn. Diànzǐ cídiǎn gānggāng chūxiànshí shǔyú **shēchǐpǐn**, búguò xiànzài duìyú gāozhōngshēng láishuō **zhǐbuguòshì** shàngkè **gōngjù**.

Suízhe diànzǐ cídiǎnde pǔjí, shōulùde shūjí zhǒnglèi yě yuèláiyuèduō. Búguò wǒ bùjīn huáiyí, **chá** Zhōngwén cídiǎnde rén xūyào kūnchóng tújiàn huòzhě jīngdiǎn yīnyuè ma? Zhè jiù hǎoxiàng yǐwǎngde zhēnduì Rìběnrén kāifāde Rìběn shǒujī yíyàng, jǐnguǎn gōngnéng **qiángjìng**, dàn què shì bú**shìhé** qítā guójiā shìchǎngde **gǔguài** shāngpǐn.

Zǎojiù yǒurén **zhǐchū**, Rìběn zhìzàoyè yǐ shīqùle **chuàngxīn** nénglì. Yuányīn zhīyī shì Rìběn guónèi shìchǎng yǒu yídìng guīmó, yìxiē gōngsī jǐn **yīkào** guónèi shìchǎng yěnéng shēngcúnxiàqu. Yǔcǐ **xiāngfǎn**, Hánguó zhìzào qǐyè zé méiyǒu hěndàde guónèi shìchǎng, tuīchū xīnchǎnpǐnshí bìxū **miáozhǔn** quánqiú shìchǎng, yīncǐ tāmen **xiāngjì** tuīchūle pōjù jìngzhēnglìde shāngpǐn. Gēn Hánguó qǐyè xiāngbǐ, Rìqǐ zài guónèi shìchǎngde bǎohù xià, duì shìchǎng fāzhǎn fāngxiàng **sàngshī**le pànduàn nénglì.

25. 発展の方向

　最近、新たに中国語の電子**辞書**を買った。仕事で必要なため、もう 10 台近く電子辞書を購入してきた。最新の辞書には 100 種類もの書籍が**収録**してあり、**実に驚く**ばかりだ。百科事典以外に 2000 篇もの小説と植物と**昆虫**の**図鑑**、**クラシック**音楽 1000 曲の**さわり**まである。1980 年代に大学にいたころは、まだ電子辞書はなく、毎日かばんの中に一冊の辞書を入れておかなくてはならなかった。

　次男が高校へ進学するとき、保護者は電子辞書を購入**させられた**。授業で使うのに必要な資料や図鑑を収録した数種類の電子辞書を、学校が指定するのである。電子辞書は出たばかりのころはまだ**ぜいたく**品だったが、今の高校生には単なる授業を受けるための**ツール**に過ぎない。

　電子辞書の普及に伴って収録してある書籍の種類もどんどん増えた。しかし、中国語の辞書を**引く**人に、**昆虫**図鑑やクラシック音楽が必要なのか疑わざるを得ない。これは昔の、日本のために開発された携帯電話と同じで、機能は**発達している**もののほかの国のマーケットには**ふさわしくない奇妙な**商品ではないのか。

　早くから日本の製造業は**新しいものを作り出す**能力がなくなったと**指摘**されてきた。原因の一つは、日本の国内市場はある程度の規模があるため、いくつかの会社は国内市場だけに**頼っても**生き延びられたためだ。これに**反して**、韓国の製造業は大きな国内市場を持たないので、新商品を出すときには必ず世界市場を**ターゲット**にしなくてはならない。このため、彼らは**次々に**競争力のある商品を作り出してきた。韓国の企業に比べ、日本企業は国内市場の庇護のもと、マーケットの発展する方向について判断能力を**失った**のだ。

---

cídiǎn〔词典〕：辞書。辞典　shōulù〔收录〕：収録する。収める　zhuóshí〔着实〕：確かに。ほんとうに　jīngyà〔惊讶〕：驚きいぶかしく思う　nèizhì〔内置〕：内蔵する　kūnchóng〔昆虫〕：昆虫　tújiàn〔图鉴〕：図鑑　jīngdiǎn〔经典〕：古典　jīngcǎi〔精彩〕：生き生きしている。すばらしい　piànduàn〔片段〕：一部分。ひと区切り　bìxū〔必须〕：必ず～しなければならない　shēchǐ〔奢侈〕：ぜいたくである　zhǐbuguò〔只不过〕：ただ～にすぎない　gōngjù〔工具〕：道具。器具　chá〔查〕：辞書などを引く。調べる　qiángjìng〔强劲〕：強力である。力強い　shìhé〔适合〕：適合する。ちょうど合う　gǔguài〔古怪〕：奇怪である。不可解で奇異である　zǎojiù〔早就〕：とっくに。早くに　zhǐchū〔指出〕：指摘する　chuàngxīn〔创新〕：新しいものをつくり出す。新機軸を打ち出す　yīkào〔依靠〕：頼る。依拠する　xiāngfǎn〔相反〕：相反している。逆である　miáozhǔn〔瞄准〕：照準を合わせる。ねらいを定める　xiāngjì〔相继〕：相次いで。次々と　sàngshī〔丧失〕：失う。なくす

发展的方向

我最近新买了个中文电子**词典**。由于**工作**需要，我已经买过近十个电子词典了。最新的这个**收录**的书籍有 100 种，**着实**令人**惊讶**。除了百科全书外，还**内置** 2000 部小说、植物和**昆虫图鉴**以及 1000 首**经典**音乐**精彩片段**。上世纪 80 年代我在大学读书时还没有电子词典，因此书包里不得不每天放着一本词典。

我二儿子上高中的时候，家长们**必须**购买电子词典。校方指定了收录高中上课时所需资料或者图鉴的几种电子词典。电子词典刚刚出现时属于**奢侈**品，不过现在对于高中生来说只不过是上课**工具**。

随着电子词典的普及，收录的书籍种类也越来越多。不过我不禁怀疑，**查**中文词典的人需要昆虫图鉴或者经典音乐吗？这就好像以往的针对日本人开发的日本手机一样，尽管功能**强劲**，但却是不**适合**其他国家市场的**古怪**商品。

早就有人**指出**，日本制造业已失去了**创新**能力。原因之一是日本国内市场有一定规模，一些公司仅**依靠**国内市场也能生存下去。与此**相反**，韩国制造企业则没有很大的国内市场，推出新产品时必须**瞄准**全球市场，因此他们**相继**推出了颇具竞争力的商品。跟韩国企业相比，日企在国内市场的保护下，对市场发展方向**丧失**了判断能力。

多音字 ——複数の音を持つ漢字 ⑩

佛：「仏教」のときは fó、「似ている（仿佛 fǎngfú）」のときは fú
  fó：佛教 fójiào、佛经 fójīng、佛龛 fókān、佛陀 fótuó、念佛 niànfó
  fú：仿佛 fǎngfú

否：主な「否定する」は fǒu、「悪い」「けなす」は pǐ
  fǒu：否定 fǒudìng、否决 fǒujué、否认 fǒurèn、否则 fǒuzé、是否 shìfǒu
  pǐ：臧否 zāngpǐ、否极泰来 pǐjítàilái

服：主な「衣服」「（薬を）飲む」「従事する」などは fú、薬の量詞のときは fù
  fú：服饰 fúshì、服装 fúzhuāng、佩服 pèifú、服药 fúyào、服罪 fúzuì
  fù：一服药 yífù yào、头服药 tóufù yào

父：「父親」に関する語は fù、書き言葉で「老人」のときは fǔ
  fǔ：田父 tiánfǔ、渔父 yúfǔ
  fù：父亲 fùqīn、父子 fùzǐ、祖父 zǔfù、伯父 bófù、舅父 jiùfù

夹：主な「はさむ」などは jiā、「腋の下」のときは gā、「ふたえ」のときは jiá
  gā：夹肢窝 gāzhiwō
  jiā：夹杂 jiāzá、夹板 jiābǎn、夹层 jiācéng、夹心 jiāxīn、文件夹 wénjiànjiā
  jiá：夹袄 jiá'ǎo、夹被 jiábèi、夹衣 jiáyī

轧：「ローラーをかける」「排斥する」などは yà、「圧延する」は zhá、「押し合う」「付き合う」「計算する」は gá
  gá：人轧人 réngárén、轧朋友 gá péngyou、轧账 gázhàng
  yà：轧场 yàcháng、倾轧 qīngyà、轧道车 yàdàochē、轧马路 yàmǎlù
  zhá：轧钢 zhágāng、轧机 zhájī

干：「水分が少ない」のときは gān、「主要部分」「する」などは gàn
  gān：干草 gāncǎo、干枯 gānkū、干燥 gānzào、干杯 gānbēi、牛肉干 niúròugān
  gàn：树干 shùgàn、骨干 gǔgàn、干线 gànxiàn、干部 gànbù、苦干 kǔgàn

杆：主な「棒、竿」などは gān、「器物の棒状の部分」と量詞のときは gǎn
  gān：旗杆 qígān、标杆 biāogān、杆塔 gāntǎ、电线杆 diànxiàngān
  gǎn：钢笔杆 gāngbǐgǎn、杆状 gǎnzhuàng、枪杆 qiānggǎn、扛杆 kánggǎn

蛤：「ハマグリ」のときは gé、「カエル」のときは há
  gé：蛤蚧 géjiè
  há：蛤蟆 háma

㊱ Yùndòng hé jīngjìde guānxi

  Dàole dōngtiān, hěnduō Rìběnrén xǐhuan zài diànshìshang kàn **huāyàng huábīng**. Yǒuyìtiān wǒ tūrán xiǎng, Rìběnde huāhuá xuǎnshǒu rénkǒu **dàodǐ** yǒu duōshǎo ne? Jù yífèn **tǒngjì** xiǎnshì chàbuduō yǒu sānqiānwǔbǎirén. Tóngyàng zài dōngjì **shèngxíng**de zúqiú **zhùcè** xuǎnshǒu rénkǒu zé yǒu yìbǎiwàn, **lánqiú** yǒu liùshiwàn, **gǎnlǎnqiú** yǒu shí'èrwàn, zhèyàng duìbǐxiàlai zhēnde shì fēicháng shǎo.

  Wǒ **shùnbiàn** chále yíxià xuǎnshǒu měinián suǒhuāde fèiyòng, jiǎnzhí **xiàleyítiào**. **Dǐngjí** xuǎnshǒude huà, **pìnyòng** zhuānyè **jiàoliàn** xūyào liǎngqiānwànrìyuán. Bāokuò **cānsài** fúzhuāng, **bāo** huábīngchǎng xùnliàn、dào hǎiwài cānsàiděng, měinián **zhìshǎo** fùdān sān-sìqiānwànrìyuán! Rúguǒ ràng xiǎoháir zài kèwài huábīng xuéxiào xùnliàn, yìnián suǒxū fèiyòng jiǎnjiǎndāndān jiùshì shàngbǎiwàn rìyuán. Rúcǐ xiǎnglái, huāhuá juébúshì pǔtōng mínzhòngde **àihào**.

  Zài Rìběn, chú **bàngqiú** hé zúqiú děng jǐzhǒng rénqì xiàngmù yǐwài, **zhíyè** xuǎnshǒu bìngbùduō. Zhè yǔ wèile huòdé jīngjì **huíkuì** ér **lìzhēng** huòdé **jiǎngpái**de hǎiwài xuǎnshǒu wánquán bùtóng. Xuǎnshǒumen zhīdào yào xiǎng tígāo nénglì jiùyào cǎiyòng xiānjìn kēxuéde xùnliàn fāngfǎ, **jìnliàng** duō cānjiā hǎiwài bǐsài, yīncǐ zhīchū "tígāo jìngzhēnglì xūyào qián". Duìcǐ, **zànzhùshāng** děng **fǎnbó** chēng "rúguǒ xūyào zīzhù, jiùyào xiān nádào hǎo chéngjì, xuānchuán gōngsī míngzi".

  Wèile yíngjiē èrlíng'èrlíngnián Dōngjīng Àoyùnhuì, Rìběn tǐyùjiè yǐ zhuóshǒu jiāqiáng niánqīng xuǎnshǒude shílì. **Yǐwǎng** cúnzài "yùndòngyuán zǒng tán qián bìng bù **tuǒdàng**" de qìfēn. **Rújīn**, Rìběn shèhuì kāishǐ jiàncì lǐjiě péiyǎng hǎoxuǎnshǒu xūyào qián, bìngqiě búshì suǒyǒu xuǎnshǒu dōu yǒu xiàng huāhuá xuǎnshǒu nèiyàng **fùyù**de jiātíng. Wǒ xīwàng rìběn zhèngfǔ dàlì **zīzhù** xuǎnshǒumen, ràng dàjiā huòdé gèngduō jiǎngpái.

102

26. スポーツと経済の関係

　冬になると、たくさんの日本人が**フィギュアスケート**のテレビ番組を楽しむ。ある日、日本のフィギュアの選手は**一体**どのくらいいるのかと疑問に思った。ある**統計**によると3500人前後だそうだ。これは同じく冬に**盛んなサッカー**の**登録**選手100万、**バスケット**の60万、**ラグビー**の12万に比べて非常に少ない。

　ついでに毎年どのくらいの費用がかかるのか調べて**驚いた**。**トップ**選手の場合、**専門のコーチ**の**招請**に2000万円、**試合**のコスチューム、スケート場を**借り切った**練習、海外への遠征費など毎年**少なくとも**3、4000万円かかるのだ。もし子どもをスケート学校に通わせるとなると、一年の費用は簡単に百万に届いてしまう。こうやって考えるとフィギュアスケートは決して一般市民の**趣味**とはいえない。

　日本では、**野球**とサッカーなど数種類の人気スポーツ以外は**プロ**選手が少ない。これは経済的な**見返り**のために**メダルを取ろうとする**海外選手とまったく違うところである。選手たちは、能力向上のためには先端科学を取り入れた練習方法と**なるべく**たくさん海外の試合に出ることが必要だとわかっているので、「競争力を高めるにはお金が必要だ」と指摘する。これに対し、**スポンサー企業**は「もし資金援助がほしいのであれば、先に好成績を挙げて会社の名前を宣伝しろ」と**反論**する。

　2020年の東京オリンピックを迎えるため、日本のスポーツ界もすでに若い選手の実力強化に着手した。**昔は**「スポーツ選手がお金のことをいうのは**適当**でない」という雰囲気があった。**いまや**日本社会もいい選手を育てるにはお金が必要だと次第に理解し始めているし、スポーツ選手みんながフィギュアスケートの選手の家庭のように**裕福**ではないのだ。日本政府にも大いに選手たちに**資金援助**してもらい、たくさんのメダルを取らせてあげたい。

---

huāyàng huábīng〔花样滑冰〕:フィギュアスケート。"花滑"ともいう　dàodǐ〔到底〕:いったい。そもそも　tǒngjì〔统计〕:統計　shèngxíng〔盛行〕:盛んに行われる　zúqiú〔足球〕:サッカー　zhùcè〔注册〕:登録する　lánqiú〔篮球〕:バスケットボール　gǎnlǎnqiú〔橄榄球〕:ラグビー　shùnbiàn〔顺便〕:ついでに　xiàyítiào〔吓一跳〕:びっくりさせる　dǐngjí〔顶级〕:最高クラスの　pìnyòng〔聘用〕:招いて任用する　jiàoliàn〔教练〕:コーチ　cānsài〔参赛〕:試合に参加する　bāo〔包〕:借り切る。チャーターする　zhìshǎo〔至少〕:少なくとも　àihào〔爱好〕:趣味　bàngqiú〔棒球〕:野球　zhíyè〔职业〕:プロの　huíkuì〔回馈〕:フィードバック。見返り　lìzhēng〔力争〕:努力する。がんばる　jiǎngpái〔奖牌〕:メダル　jìnliàng〔尽量〕:できるだけ。なるべく　zànzhùshāng〔赞助商〕:賛助企業。スポンサー　fǎnbó〔反驳〕:反駁する　yǐwǎng〔以往〕:かつて。以前　tuǒdàng〔妥当〕:妥当である。適切である　rújīn〔如今〕:今。現在　fùyù〔富裕〕:裕福である　zīzhù〔资助〕:経済的に援助する

103

运动和经济的关系

到了冬天，很多日本人喜欢在电视上看花样滑冰。有一天我突然想，日本的花滑选手人口到底有多少呢？据一份统计显示差不多有 3500 人。同样在冬季盛行的足球注册选手人口则有 100 万、篮球有 60 万、橄榄球有 12 万，这样对比下来真的是非常少。

我顺便查了一下选手每年所花的费用，简直吓了一跳。顶级选手的话，聘用专业教练需要 2000 万日元。包括参赛服装、包滑冰场训练、到海外参赛等，每年至少负担三四千万日元！如果让小孩儿在课外滑冰学校训练，一年所需费用简简单单就是上百万日元。如此想来，花滑绝不是普通民众的爱好。

在日本，除棒球和足球等几种人气项目以外，职业选手并不多。这与为了获得经济回馈而力争获得奖牌的海外选手完全不同。选手们知道要想提高能力就要采用先进科学的训练方法，尽量多参加海外比赛，因此指出"提高竞争力需要钱"。对此，赞助商等反驳称"如果需要资助，就要先拿到好成绩，宣传公司名字"。

为了迎接 2020 年东京奥运会，日本体育界已着手加强年轻选手的实力。以往存在"运动员总谈钱并不妥当"的气氛。如今，日本社会开始渐次理解培养好选手需要钱，并且不是所有选手都有像花滑选手那样富裕的家庭。我希望日本政府大力资助选手们，让大家获得更多奖牌。

多音字 —複数の音を持つ漢字 ⑪

给：「与える、やる」「食らわせる」などは gěi、「供給する」「余裕がある」のときは jǐ
　　gěi：送给我 sòng gěi wǒ、给他用 gěi tā yòng、给他帮忙 gěi tā bāngmáng、
　　　　给了他两拳 gěile tā liǎngquán
　　jǐ：给予 jǐyǔ、给付 jǐfù、供给 gōngjǐ、补给 bǔjǐ、自给 zìjǐ

更：「変える」「改める」などは gēng、
　　「いっそう、ますます」など程度を表すときは gèng
　　gēng：更改 gēnggǎi、变更 biàngēng、更新 gēngxīn、更换 gēnghuàn
　　gèng：更加 gèngjiā、更好 gènghǎo、更冷了 gènglěngle

颈：「首」「瓶の口の下のくびれた部分」は jǐng、「首筋、うなじ」だけ gěng
　　gěng：脖颈儿 bógěngr
　　jǐng：颈项 jǐngxiàng、颈椎 jǐngzhuī、颈联 jǐnglián、瓶颈 píngjǐng

供：「供給する」「提供する」のときは gōng、「供える」「供述する」などは gòng
　　gōng：供给 gōngjǐ、供销 gōngxiāo、供应 gōngyìng、供需 gōngxū、提供 tígōng
　　gòng：供品 gòngpǐn、供奉 gòngfèng、供职 gòngzhí、供词 gòngcí、供认 gòngrèn

骨：主な「骨」「性格」などは gǔ、「くるくる回る」「つぼみ」などは gū
　　gū：骨碌 gūlu、骨碌碌 gūlūlū、花骨朵儿 huāgūduor
　　gǔ：骨头 gǔtou、骨骼 gǔgé、骨气 gǔqì、骨干 gǔgàn、硬骨 yìnggǔ

贾：「（店舗を構えた）商人」「商売をする」は gǔ、人名は jiǎ
　　gǔ：商贾 shānggǔ、书贾 shūgǔ、多财善贾 duōcáishàngǔ、贾马 gǔmǎ

观：主な「見る」「眺める」「見方」などは guān、道教に関係するときは guàn
　　guān：观摩 guānmó、观察 guānchá、观点 guāndiǎn、观看 guānkàn
　　guàn：道观 dàoguàn、楼观 lóuguàn、白云观 Báiyúnguàn、玄妙观 Xuánmiàoguàn

冠：「帽子」「冠」に関するときは guān、「帽子（冠）をかぶる」という動詞は guàn
　　guān：桂冠 guìguān、冠冕 guānmiǎn、皇冠 huángguān、鸡冠 jīguān
　　guàn：冠名 guànmíng、冠军 guànjūn、夺冠 duóguàn、三连冠 sānliánguàn

还：「なお」「まだ」「やはり」などは hái、「（元に）返す」「戻す」は huán
　　hái：还是 háishi、还没到时候 háiméidào shíhou、还有一天 háiyǒu yìtiān
　　huán：还本 huánběn、还击 huánjī、归还 guīhuán、返还 fǎnhuán

㉗ Qiǎntán "jìngzhēnglì"

　　Rìběn zhǔyào qǐyè rìqián kāishǐ jǔbàn míngnián chūnjì **zhāopìn**de **xuānjiǎng**huì. Jù hòushēngláodòngshěng děng tǒngjì, míngchūn bìyède **yīngjiè** dàxuéshēng lùyòng nèidìnglǜ jǐn yuē wéi bǎifēnzhī liùshíwǔ. Zhèshùjù yìwèizhe zhǐyǒu sānfēnzhī'èrde xuésheng néng zhǎodào gōngzuò. Suīrán nèidìnglǜ chíxù gǎishàn, dàn dàxuéshēngde jiùyè xíngshì **réngrán yánjùn**.

　　Lìngyìfāngmiàn, zài wǒmen **dānwèi** dǎguogōngde hěnduō Zhōngguó liúxuéshēng zài Rìběn chénggōng jiùyè. Dàduōshù wàiguó liúxuéshēng **pīnmìng yònggōng**, chúle mǔyǔ wài háinéng jiǎng Rìyǔ hé Yīngyǔ. Rìběn qǐyè yě hěn qīngchǔ, yǔ pǔtōngde Rìběn dàxuéshēng xiāngbǐ, wàiguó liúxuéshēng gèng jù jìngzhēnglì, zǒushang gōngzuò **gǎngwèi**hòu néng lìjí fāhuī **suǒcháng**.

　　Wèishénme Rìběnde xuésheng shīqùle jìngzhēnglì? Rìběn zài jīngjì fāzhǎn guòchéngzhōng, **lìzhēng** shíxiàn "**fùyù shèhuì**". Qí jiéguǒ shì bùjīngguò jìngzhēng biàn néng shàngdàxué, jíshǐ bùnéng chéngwéi qǐyède zhèngshì yuángōng yěnéng **píng** zài biànlìdiàn dǎgōng zhènglaide qián gòumǎi shǒujī huò èrshǒu qìchē. **Yīkào** shàngyídàiréndé nǔlì, Rìběn shíxiànle néng **qīngyì xiǎngshòu**dào fánróngde shèhuì. Rénmen bù xūyào jìngzhēng jiù kě guòshang **ānwěn**de rìzi, **niàngchéng**le jǐnliàng **bìmiǎn** nǔlìde qìfēn.

　　Yǔcǐtóngshí, suízhe Zhōngguó yǐjí Hánguó zài zhèngzhì hé jīngjì lǐngyùde **juéqǐ**, hěn duō Rìběnrén duì shèhuì wěndìng chǎnshēngle wēijī yìshí. **Jiànyú** jīngjì quánqiúhuà, zài Rìběn guónèi zhǎo gōngzuò **jiànjiàn** shīqùle **yīngyǒu**de yìyì. Rúguǒ Rìběn niánqīngrén yě jījí dào hǎiwài liúxué bìng gōngzuò, jiù néng liǎojiě jìngzhēng duìshǒude xiǎngfǎ. Zhè **nándào** búshì jiějué jiùyè wèntí hé shíxiàn Dōngyà dìqū wěndìngde hǎo bànfǎ ma?

27. 競争能力

　日本の主要企業による来年春の**就職説明会**が始まった。厚生労働省などの統計によると、来春の**卒業生**の採用内定率は約65％である。このデータは三分の二の学生しか仕事を探せなかったことを意味する。内定率は改善を続けているものの、大学生の就職環境は**依然厳しい**ものがある。

　これとは別に、われわれの**職場**でアルバイトしていた多くの中国人留学生は日本での就職に成功している。多くの外国人留学生は**懸命に勉強する**し、母国語以外に日本語と英語が話せる。普通の日本の大学生と比べれば外国人留学生は競争力を備えていて、**職場ですぐに強み**を発揮することが日本企業にも分かっている。

　日本の学生はなぜ競争力を失ってしまったのか？　日本は経済発展の過程で「**豊かな社会**」の実現を**目指した**。その結果、競争なしで大学に進学できるようになり、企業の正規の職員で**なくても**コンビニのバイトに**よって**携帯電話や中古の車が買えるようになった。上の世代の人たちの努力によって、日本は**安易に**繁栄を**享受**できる社会を実現した。人々は競争をしなくても**安穏と**暮らせるようになり、なるべく努力を**避けよう**とする雰囲気が**できあがった**。

　これと同時に、中国と韓国が政治や経済の面で**台頭**し、多くの日本人が社会の安定に対して危機意識を抱くようになった。経済がグローバル化していることを**考えると**、日本国内で仕事を探すことは**あるべき**意義を失い**つつある**。もし日本の若者も積極的に海外に留学し、仕事をするようになれば、競争相手の考えがわかるようになる。これはもしかすると就職問題を解決し、東アジア地域を安定させるいい方法では**ないだろうか**？

---

qiǎntán〔浅谈〕：わかりやすい解説　zhāopìn〔招聘〕：招聘する。募集する　xuānjiǎng〔宣讲〕：宣伝と説明を行う　yīngjiè〔应届〕：卒業年次の。卒業見込みの　réngrán〔仍然〕：依然として。相変わらず　yánjùn〔严峻〕：厳しい　dānwèi〔单位〕：勤務先。所属先　pīnmìng〔拼命〕：命がけでやる。死に物狂いでやる　yònggōng〔用功〕：勉強する　gǎngwèi〔岗位〕：職場。部署　lìjí〔立即〕：すぐに。直ちに　suǒcháng〔所长〕：長所。得意な技　lìzhēng〔力争〕：努力する。目指す　fùyù〔富裕〕：裕福な。豊かな　píng〔凭〕：〜に頼る　yīkào〔依靠〕：依拠する　qīngyì〔轻易〕：容易に。簡単に　xiǎngshòu〔享受〕：享受する。受ける　ānwěn〔安稳〕：安定した。平穏な　niàngchéng〔酿成〕：引き起こす。もたらす　bìmiǎn〔避免〕：避ける。免れる　juéqǐ〔崛起〕：台頭する　jiànyú〔鉴于〕：〜にかんがみて。〜に照らして　jiànjiàn〔渐渐〕：だんだんと。しだいに　yīngyǒu〔应有〕：あるべきである　nándào〔难道〕：〜ではあるまいか

浅谈"竞争力"

　　日本主要企业日前开始举办明年春季**招聘**的**宣讲**会。据厚生劳动省等统计，明春毕业的**应届**大学生录用内定率仅约为65%。这数据意味着只有三分之二的学生能找到工作。虽然内定率持续改善，但大学生的就业形势**仍然严峻**。

　　另一方面，在我们**单位**打过工的很多中国留学生在日本成功就业。大多数外国留学生**拼命用功**，除了母语外还能讲日语和英语。日本企业也很清楚，与普通的日本大学生相比，外国留学生更具竞争力，走上工作**岗位**后能**立即**发挥**所长**。

　　为什么日本的学生失去了竞争力？日本在经济发展过程中，**力争**实现"**富裕**社会"。其结果是不经过竞争便能上大学，即使不能成为企业的正式员工也能**凭**在便利店打工挣来的钱购买手机或二手汽车。**依靠**上一代人的努力，日本实现了能**轻易享受**到繁荣的社会。人们不需要竞争就可过上**安稳**的日子，**酿成**了尽量**避免**努力的气氛。

　　与此同时，随着中国以及韩国在政治和经济领域的**崛起**，很多日本人对社会稳定产生了危机意识。**鉴于**经济全球化，在日本国内找工作**渐渐**失去了**应有**的意义。如果日本年轻人也积极到海外留学并工作，就能了解竞争对手的想法。这**难道**不是解决就业问题和实现东亚地区稳定的好办法吗？

多音字 ——複数の音を持つ漢字 ⑫

行：「業種」「職業」「行列」のときは háng、「行く」「旅行」「広める」などは xíng、
「技能」「腕前」のときは héng、「並木」のときは hàng
  háng：行业 hángyè、行当 hángdang、银行 yínháng、商行 shāngháng、
      同行 tóngháng
  hàng：树行子 shùhàngzi
  héng：道行 dàohéng
  xíng：行道 xíngdào、进行 jìnxíng、行为 xíngwéi、旅行 lǚxíng、行政 xíngzhèng

号：「名称」「屋号」「あだ名」などは hào、「叫ぶ」「わめく」ときは háo
  háo：号叫 háojiào、号哭 háokū、呼号 hūháo、哀号 āiháo、号丧 háosāng
  hào：号称 hàochēng、号令 hàolìng、国号 guóhào、名号 mínghào、绰号 chuòhào

好：主な「よい」「立派」「健康」などは hǎo、「好み」「よく〜する」のときは hào
  hǎo：你好 nǐhǎo、好处 hǎochù、好感 hǎogǎn、好汉 hǎohàn、好看 hǎokàn
  hào：好客 hàokè、好奇 hàoqí、好强 hàoqiáng、好色 hàosè、好恶 hàowù

喝：「飲む」は hē、「叫ぶ」「どなる」は hè
  hē：喝水 hēshuǐ、喝茶 hēchá、喝汤 hētāng、大吃大喝 dàchīdàhē、喝醉 hēzuì
  hè：喝彩 hècǎi、喝道 hèdào、喝令 hèlìng、喝问 hèwèn、喝止 hèzhǐ

和：「おだやか」「和平」などは hé、「唱和する」のときは hè、
「こねる」「混ぜる」は huó、「粉状または粒状のものをかきまぜる」などは huò、
「マージャンで上がる」は hú
  hé：和风 héfēng、和好 héhǎo、和解 héjiě、和平 hépíng、温和 wēnhé、柔和 róuhé
  hè：唱和 chànghè、饮酒和诗 yǐnjiǔ hèshī
  hú：和牌 húpái
  huó：和面 huómiàn、和泥 huóní、暖和 nuǎnhuo
  huò：搀和 chānhuò、搅和 jiǎohuò、和药 huòyào

荷：「担ぐ」「引き受ける」「負担」などは hè、「ハス（植物）」と「オランダ」のときは hé
  hé：荷花 héhuā、荷塘 hétáng、荷包 hébāo、荷兰 Hélán
  hè：荷锄 hè chú、荷载 hèzài、荷重 hèzhòng、电荷 diànhè、负荷 fùhè

吓：「脅す」のときは hè、「びっくりさせる」「脅かす」のときは xià
  hè：恫吓 dònghè、恐吓 kǒnghè、威吓 wēihè
  xià：吓了我一跳 xiàle wǒ yítiào、吓人 xiàrén、吓唬 xiàhu

㊳ **Péngyoude dìngyì**

Zuìjìn wǒ zài **shèjiāo wǎngzhàn**shang jiēshòule jǐwèi dàxuéshēng fāguolaide "jiāwéihǎoyǒu"de **yāoqing**. Zhèxiē xuésheng zài wǒmen dānwèi dǎgōng, wǒ dāngrán rènshi tāmen, biàn gāoxìngde jiēshòule. Búguò, jǐtiānqián qízhōng yíwèi xuésheng shàngbān chídàole, wǒ **tíxǐng** tā shuō: "Rúguǒ chídào jiù yīnggāi gěi wǒmen dǎdiànhuà". Wǒ xīnli xiǎng: "Zhèyàng búshì péngyou ba. Zhèyàngde guānxi gāi **rúhé** dìngyì?"

Wǒde gāozhōngtóngxué yǒu yíge fēigōngkāide **BBS**, **chéngyuán** chāoguò yìbǎirén, qízhōng yǒu wǒ gāozhōng shí wèi shuōguohuàde tóngxué huò búdà **shúxī**de rén. Yǒu yíwèi wǒ wánquán búrènshide tóngxué jīnrì fālai yāoqǐng, yào bǎwǒ jiāwéi hǎoyǒu. Tā shuō: "Suīrán wǒmen búshì tóngbān tóngxué, dàn zài **qiánbujiǔ**de tóngxuéhuìshang nǐ chéngwéile wǒmende huàtí." Wǒ xīn xiǎng: "**Qiěmàn**! Zěnme néng zài bèihòu bǎwǒ dàngzuò nǐmende **tánzī**?"

Wánquán búrènshide "péngyou" dàodǐ shì shénme? Xiànshí shēnghuó zhōng méiyǒu **jiāowǎng**, dàn zài wǎngshàng hěn shúxīde rén, zhè néng chēngwéi péngyou ma? Péngyou búshì xūyào jīngguò yíduànshíjiānde jiāowǎng, **bǐcǐ** rènwéi **píqi hédelái** cái jiéchéngde guānxi ma? Yídàn chéngwéi **zhìyǒu**, huì búshòu **mínglì** yǐngxiǎng yíbèizi bǎochí zhèzhǒng guānxi. Suīrán wǒ jiēshòule tóngxuéde yāoqǐng, dàn xīnzhōng què yǒuxiē **tǎntè**.

Wǒmen yào lǐjiě wǎngshàng hé xiànshí shì **liǎnghuíshì**, bùnéng **hùnwéiyìtán**. Wǎngshàng chéngwéi"péngyou" **bìngfēi** huàishì, dàn zhè **zhǐbuguò** shì hùxiāng liǎojiěde **qǐdiǎn**, zhīhòu hái xūyào chángshíjiānde shíjì jiāowǎng. Péngyou shì zài nǐ **xiànrù kùnjìng**shí bújìjiào zìjǐde **déshī** bìng zài **dìyīshíjiān** shēnchū yuánshǒude rén. Péngyou shì **zhīchēng** rénshēngde **bǎoguì** cáifù, búshì suíbiàn jiù néng jiāodàode.

28. 友達の定義

　最近、**SNS**で何人かの大学生から「友達」の**申請**が来た。これらの学生はわれわれの職場でアルバイトしており、当然彼らを知っているので、喜んで申請を受けた。しかし、そのうちの一人が仕事に遅刻したので、僕は「もし遅れるのなら、我々に電話するように」と**注意**した。僕は心の中で思った「こんなのは友達じゃないだろう。こういう関係は**どう定義すればいいんだ？**」

　高校の同級生が非公開の**掲示板**を開設していて、**メンバー**は100人を超える。その中には高校の時に話したことのない同級生やあまり**知らない**人もいる。僕が全く知らない同級生が最近僕に「友達」の申請をしてきた。彼は「僕たちは同じクラスにはなったことないけど、**しばらく前**にやった同窓会では君は僕たちの話題になったよ」。僕は思った「**ちょっと待ってよ！** なんで僕の知らないところで、君たちの**話のネタ**になってるんだ？」

　全く面識のない「友達」とは一体何なのだ？ 現実生活の中では**付き合い**がなくて、ネットの上でだけ良く知っている人も友達と言えるのか？ 友達というのはある程度の付き合いが必要で、**お互いの気があって**なれる関係ではないのか？ いったん**親友**になれば、**名誉とか損得**関係なしに一生付き合う関係だ。僕は同級生の申請を受けはしたけれども、心の中には**ひっかかるもの**があった。

　ネットと現実は**別物**だと理解し、混同してはいけない。ネットで友達になるのは悪いことじゃない。ただこれはお互いの理解の**出発点**であって、その後長い時間をかけて実際に付き合うことが必要だ。友達とはあなたが**困った**とき、自分の**損得**抜きに、**真っ先に**救いの手を差しのべてくれる人のことだ。友達とは人生を**支えてくれる貴重**な財産であり、簡単に得られるものではないのだ。

---

dìngyì〔定义〕:定義　shèjiāo wǎngzhàn〔社交网站〕:ソーシャルネットワーキングサービス（SNS）　yāoqǐng〔邀请〕:招待。招請　tíxǐng〔提醒〕:注意を与える。忠告する　rúhé〔如何〕:どのように。いかに　BBS〔BBS〕:掲示板　chéngyuán〔成员〕:構成員。メンバー　shúxī〔熟悉〕:よく知っている　qiánbùjiǔ〔前不久〕:先ごろ　qiěmàn〔且慢〕:ちょっと待て。早まるな　tánzī〔谈资〕:話題。話のたね　jiāowǎng〔交往〕:付き合い。交際　bǐcǐ〔彼此〕:双方。お互い　píqì〔脾气〕:気質。性格　hédelái〔合得来〕:気が合う。馬が合う　zhìyǒu〔挚友〕:親友　mínglì〔名利〕:名誉と利益　tǎntè〔忐忑〕:安堵できない様子　liǎnghuíshì〔两回事〕:別のこと。異なったこと　hùnwéiyìtán〔混为一谈〕:いっしょくたにする。同列に論じる　bìngfēi〔并非〕:まったく～ではない。決して～ではない　zhǐbúguò〔只不过〕:ただ～にすぎない　qǐdiǎn〔起点〕:出発点。始まり　xiànrù〔陷入〕:(不利な状況に）陥る　kùnjìng〔困境〕:苦境。苦しい立場　jìjiào〔计较〕:計算する。勘定する　déshī〔得失〕:得失。損得　dìyīshíjiān〔第一时间〕:最初の肝心な時間　zhīchēng〔支撑〕:支える　bǎoguì〔宝贵〕:貴重な。大切な

朋友的定义

最近我在**社交网站**上接受了几位大学生发过来的"加为好友"的**邀请**。这些学生在我们单位打工，我当然认识他们，便高兴地接受了。不过，几天前其中一位学生上班迟到了，我**提醒**他说："如果迟到就应该给我们打电话"。我心里想："这样不是朋友吧。这样的关系该**如何**定义？"

我的高中同学有一个非公开的 BBS，**成员**超过一百人，其中有我高中时未说过话的同学或不大**熟悉**的人。有一位我完全不认识的同学近日发来邀请，要把我加为好友。他说："虽然我们不是同班同学，但在**前不久**的同学会上你成为了我们的话题。"我心想："**且慢**！怎么能在背后把我当作你们的**谈资**？"

完全不认识的"朋友"到底是什么？现实生活中没有**交往**、但在网上很熟悉的人，这能称为朋友吗？朋友不是需要经过一段时间的交往、**彼此**认为**脾气合得来**才结成的关系吗？一旦成为**挚友**，会不受**名利**影响一辈子保持这种关系。虽然我接受了同学的邀请，但心中却有些**忐忑**。

我们要理解网上和现实是**两回事**，不能**混为一谈**。网上成为"朋友"**并非坏事**，但这**只不过**是互相了解的**起点**，之后还需要长时间的实际交往。朋友是在你**陷入困境**时不**计较**自己的**得失**并在**第一时间**伸出援手的人。朋友是**支撑**人生的**宝贵财富**，不是随便就能交到的。

多音字 —複数の音を持つ漢字 ⑬

- **横**：主な「横の」などは héng、「粗暴だ」「不吉だ」のときは hèng
  - héng：横竖 héngshù、横渡 héngdù、横流 héngliú、横扫 héngsǎo、横贯 héngguàn
  - hèng：横祸 hènghuò、横逆 hèngnì、横蛮 hèngmán、横事 hèngshì

- **糊**：「糊付けする」「あいまい」などは hú、「(のり状のものを隙間や穴に)塗る」は hū、「かゆのような食べ物」は hù
  - hū：糊一层泥 hū yìcéng ní、用灰把墙缝糊上 yòng huī bǎ qiángfèng hūshang、创口被脓血糊住 chuāngkǒu bèi nóngxuè hūzhù
  - hú：糊口 húkǒu、糊涂 hútu、糊信封 hú xìnfēng、糊风筝 hú fēngzheng
  - hù：面糊 miànhù、芝麻糊 zhīmahù、辣椒糊 làjiāohù

- **划**：「水をかく」「船をこぐ」「値する」などは huá、「区分する」「分け与える」「計画する」は huà
  - huá：划船 huáchuán、划桨 huájiǎng、划算 huásuàn、划拉 huála、划得来 huádelái
  - huà：划拨 huàbō、划清 huàqīng、划分 huàfēn、计划 jìhuà、策划 cèhuà

- **豁**：「破れる」「投げ出す」などは huō、「広々した」「免除する」は huò
  - huō：豁口 huōkǒu、豁嘴 huōzuǐ、豁子 huōzi、豁着命干 huōzhe mìng gàn
  - huò：豁达 huòdá、豁亮 huòliàng、豁免 huòmiǎn、显豁 xiǎnhuò、豁朗 huòlǎng

- **晃**：「揺れ動く」などは huàng、「輝く」「ちらりと見える」は huǎng
  - huǎng：晃眼 huǎngyǎn、晃耀 huǎngyào、一晃而过 yìhuǎng'érguò、虚晃一刀 xūhuǎng yìdāo
  - huàng：摇晃 yáohuàng、晃动 huàngdòng、晃悠 huàngyou、晃荡 huàngdang

- **会**：主な「集まる」「理解する」などは huì、「会計」「経理」のときは kuài
  - huì：开会 kāihuì、拜会 bàihuì、会餐 huìcān、会话 huìhuà、会意 huìyì
  - kuài：会计 kuàijì、财会 cáikuài

- **混**：主な「混じる」「乱れる」などは hùn、"浑(hún)"と同じ「にごっている」「馬鹿」のときは hún
  - hún：混蛋 húndàn、混球儿 húnqiúr、混水摸鱼 húnshuǐmōyú
  - hùn：混合 hùnhé、混乱 hùnluàn、混同 hùntóng、混淆 hùnxiáo、混泥土 hùnnítǔ

- **几**：「いくつ」など数量に関するときは jǐ、「小さなテーブル」「ほとんど」のときは jī
  - jī：茶几 chájī、条几 tiáojī、几案 jī'àn、几乎 jīhū、几率 jīlǜ
  - jǐ：几年 jǐnián、几天 jǐtiān、几次 jǐcì、几时 jǐshí、几许 jǐxǔ

㊴ Juānkuǎn hé shànyì

Jīnrì, yìchǎng míngwéi "FIT for charity run" de císhàn pǎobù huódòng zài Dōngjīng jǔxíng. Yuē bāqiānqībǎirén cānjiāle cóng értóng **duǎnpǎo** dào shígōnglǐ **chángpǎo**de liùge **xiàngmù**de bǐsài. Huódòng yóu fùzé juānkuǎnde wàiguó qǐyè zǔzhī zhǔbàn, wǒ zuòwéi shòu **zànzhù** tuántǐde chéngyuán cānjiā.

Zài zhǔbàn **jīgòu fēnfā**de T xùshān **hòubèi** yìnzhede wǔshíjiā qǐyè zhōng zhǐyǒu qījiā Rìběnqǐyè, **zhǔchírén** yòng Yīngyǔ hé Rìyǔ jìnxíngle gèzhǒng shuōmíng. Wǒ rènwéi zhè **xiǎnshìchū** Rìběn yǐqián duōme **quēshǎo** juānkuǎn wénhuà. Zài Rìběn, **guān'ài** tārénde xīnqíng hěn **pǔbiàn**, dàn tōngguò jīnqián bāngzhù tārénde fāngshì bìng bù **pǔjí**. Zhè kěnéng shì yīnwèi yǔrén**qiáncái** kǒngpà ràng duìfāng gǎndào bèi**liánmǐn** ér xīnshēng **búkuài** ba.

Dànshì, jīnglì Dōngrìběn Dàdìzhèn zhīhòu, Rìběnrénde gǎnjué fāshēngle hěndà biànhuà. Jǐnguǎn zāimín zhǐyào háiyǒu bànfǎ jiù búyuànyì jiēshòu juānkuǎn, **rán'ér** yǒushíhou què bùdébù qǐngqiú tārén bāngzhù, zhè shì xūyào yǒngqìde. Búguò, **xìngmiǎn**yúnànde rén juānkuǎn bāngzhù biérén shì **lǐsuǒyīngdāng**de. Zhènzāihòu, yōngyǒu **xiūchǐ**wénhuàde Rìběnrén **zhōngyú** kěyǐ shuōchu "wǒmen xūyào nǐde bāngzhù" zhèjù huà le.

Wǒ jìde dāngshí zàiqū shōudàode juānkuǎnzhōng yǒu Yúnnán shǎoshù mínzúde háizimen tígōngde yìbǐqián. Zài zhènzāi fāshēnghòu bùjiǔ, wèile bāngzhù shòuzāide Rìběn péngyou, tāmen mǎshàng juānchule zìjǐde **língyòngqián**. **Nǎpà** zhǐyǒu yì-liǎngkuài, duì tāmen éryán yǐshì **qīngnáng xiāngzhù** le. Wǒmen **yóuzhōng**de gǎnxiè tāmende shànyì.

Wǒ rènwéi, bù qiú **huíbào**de juānkuǎn chúle néng ràng juānkuǎnrén huòdé jīngshénshangde mǎnzú, qíshí zuìzhōng huì dédào hěndàde **huíkuì**. Xiànzài, Rìběnrén yě kāishǐ dǒngdé chéngwéi wúmíng **císhànjiā**de xǐyuè.

29. 寄付と善意

　先日、東京で"FIT for charity run"と銘打ったチャリティラン活動が行われた。約8700人が子どもの**かけっこ**から10キロまで6種目のレースに参加した。イベントは寄付を担当した外国企業の組織が主催、僕は資金**援助**を受けた団体のメンバーとして参加した。

　主催者が**配った**Tシャツの**背中**に印刷してある50社の企業のうち、日本企業は7社に過ぎなかった。**司会者**は英語と日本語でいろいろな説明をしていた。僕は、これは以前はどれほど日本に寄付文化が**なかった**かを**示している**と感じた。日本では、他人を**思いやる心**は**普通**だが、金銭を通じて他人を助けるやり方は**普及**していない。これはおそらくお金を与えることで、先方が**哀れみ**を受けたと**不快**に感じるのを恐れるためだろう。

　しかし、東日本大地震のあと、日本人の感覚にも大きな変化が生じた。たとえ被災者ができれば寄付を受けたくなく**ても**、時にはやむを得ず他人の助けを求めなくてはならない。これは勇気のいることだ。しかし、被災を**免れた**人が寄付を行うのは**当然のことだ**。震災後、**恥**の文化を持つ日本人も**ようやく**「あなたの助けが必要です」と言えるようになった。

　当時、受け取った寄付の中に雲南の少数民族の子どもたちのお金があったことを覚えている。震災発生後すぐ、被災した日本の友達を助けようと彼らはすぐに自分の**お小遣い**を差し出した。たとえわずか1、2元であっても、彼らに言わせれば、これは彼らに**差し出せる全財産**だ。我々は**心から**彼らの善意に感謝した。

　何の**見返り**も求めない寄付は、精神的な満足以外にも最後には大きな**お返し**がある。いまや日本人も無名の**慈善者**になる**喜び**を分かり始めている。

---

juānkuǎn〔捐款〕:金を寄付する。献金する　shànyì〔善意〕:好意。善意　duǎnpǎo〔短跑〕:短距離競走　chángpǎo〔长跑〕:長距離競走　xiàngmù〔项目〕:種目　zànzhù〔赞助〕:賛同し助成する　jīgòu〔机构〕:機関・団体　fēnfā〔分发〕:支給する。分配する　hòubèi〔后背〕:背中　zhǔchírén〔主持人〕:司会者。テレビのキャスター　xiǎnshì〔显示〕:明らかに示す。見せつける　quēshǎo〔缺少〕:足りない。欠けている　guān'ài〔关爱〕:思いやる。関心を寄せる　xīnqíng〔心情〕:気持ち。気分　pǔbiàn〔普遍〕:広く行きわたる　pǔjí〔普及〕:普及する。広く行き渡る　qiáncái〔钱财〕:金(かね)や財物　liánmǐn〔怜悯〕:哀れみ同情する。不憫に思う　búkuài〔不快〕:不愉快である　rán'ér〔然而〕:しかしながら。しかし　xìngmiǎn〔幸免〕:運よく免れる　lǐsuǒyīngdāng〔理所应当〕:当然のことだ　xiūchǐ〔羞耻〕:恥。恥じる　zhōngyú〔终于〕:ついに。とうとう　língyòngqián〔零用钱〕:お小遣い　nǎpà〔哪怕〕:たとえ〜でも。よしんば〜であっても　qīngnáng xiāngzhù〔倾囊相助〕:あり金をはたいて助ける　yóuzhōng〔由衷〕:心から。衷心から　huíbào〔回报〕:報復。お返し　huíkuì〔回馈〕:還元する。フィードバック　císhànjiā〔慈善家〕:慈善事業を行う人。哀れみの心深く慈善を行う人　xǐyuè〔喜悦〕:喜び

捐款和善意

近日，一场名为"FIT for charity run"的慈善跑步活动在东京举行。约8700人参加了从儿童**短跑**到10公里**长跑**的6个**项目**的比赛。活动由负责捐款的外国企业组织主办，我作为受**赞助**团体的成员参加。

在主办**机构分发**的T恤衫**后背**印着的50家企业中只有7家日本企业，**主持人**用英语和日语进行了各种说明。我认为这**显示**出日本以前多么**缺少**捐款文化。在日本，**关爱**他人的**心情**很**普遍**，但通过金钱帮助他人的方式并不**普及**。这可能是因为予人钱财恐怕让对方感到被**怜悯**而心生**不快**吧。

但是，经历东日本大地震之后，日本人的感觉发生了很大变化。尽管灾民只要还有办法就不愿意接受捐款，**然而**有时候却不得不请求他人帮助，这是需要勇气的。不过，**幸免**于难的人捐款帮助别人是**理所应当**的。震灾后，拥有**羞耻**文化的日本人**终于**可以说出"我们需要你的帮助"这句话了。

我记得当时灾区收到的捐款中有云南少数民族的孩子们提供的一笔钱。在震灾发生后不久，为了帮助受灾的日本朋友，他们马上捐出了自己的**零用钱**。哪怕只有一两块，对他们而言已是**倾囊相助**了。我们**由衷**地感谢他们的善意。

我认为，不求**回报**的捐款除了能让捐款人获得精神上的满足，其实最终会得到很大的**回馈**。现在，日本人也开始懂得成为无名**慈善家**的**喜悦**。

多音字 —複数の音を持つ漢字⓮

期：「期間」などは qī、"期月（まる一ヶ月）"、"期年（まる一年）"のときだけ jī
　　jī：期月 jīyuè、期年 jīnián
　　qī：期待 qīdài、期间 qījiān、期中 qīzhōng、期末 qīmò、定期 dìngqī

奇：主な「珍しい」「意外だ」などは qí、「奇数」のときは jī
　　jī：奇数 jīshù、奇偶 jī'ǒu
　　qí：奇怪 qíguài、奇观 qíguān、奇才 qícái、奇迹 qíjì、奇闻 qíwén

济：主な「救う」「助ける」などは jì、繰り返すときと地名のときは jǐ
　　jǐ：济济一堂 jǐjǐ yìtáng、人才济济 réncái jǐjǐ、济南 Jǐnán、济宁 Jǐníng
　　jì：济贫 jìpín、济世 jìshì、救济 jiùjì、经济 jīngjì、无济于事 wújìyúshì

系：「系列」「学部」「つなぐ」などは xì、「結ぶ」「締める」ときは jì
　　jì：系领带 jì lǐngdài、系鞋带 jì xiédài、系围裙 jì wéiqún、系上带子 jìshang dàizi
　　xì：系数 xìshù、系列 xìliè、系统 xìtǒng、外语系 wàiyǔxì、联系 liánxì

假：「にせの」「仮定する」などのときは jiǎ、「休暇」のときは jià
　　jiǎ：真假 zhēnjiǎ、假帐 jiǎzhàng、假名 jiǎmíng、假设 jiǎshè、假定 jiǎdìng
　　jià：假期 jiàqī、放假 fàngjià、假日 jiàrì、寒假 hánjià、暑假 shǔjià

间：「間」「中間」などは jiān、「すきま」「隔たり」のときは jiàn
　　jiān：间距 jiānjù、田间 tiánjiān、人间 rénjiān、晚间 wǎnjiān、车间 chējiān
　　jiàn：间谍 jiàndié、乘间 chéngjiàn、相间 xiāngjiàn、亲密无间 qīnmì wújiàn

监：主な「監視する」などは jiān、「古代の政府機関」「地名」のときは jiàn
　　jiān：监管 jiānguǎn、监考 jiānkǎo、监视 jiānshì、监狱 jiānyù、坚守 jiānshǒu
　　jiàn：监本 jiànběn、太监 tàijiàn、国子监 guózǐjiàn、钦天监 qīntiānjiàn

渐：「次第に」「だんだん」のときは jiàn、「浸す」などは jiān
　　jiān：渐染 jiānrǎn、佛教东渐 fójiào dōngjiān
　　jiàn：逐渐 zhújiàn、渐变 jiànbiàn、渐次 jiàncì、渐渐 jiànjiàn、渐进 jiànjìn

见：主な「見る」「会う」などは jiàn、「現れる」など"现"と同義のときは xiàn
　　jiàn：看见 kànjiàn、见面 jiànmiàn、接见 jiējiàn、见效 jiànxiào、见解 jiànjiě
　　xiàn：虹霓见于雨后 hóngní xiànyú yǔhòu、发见 fāxiàn

将：主な「これから～しようとする」などは jiāng、「将校」に関するときは jiàng
　　jiāng：将要 jiāngyào、将来 jiānglái、即将 jíjiāng、必将 bìjiāng、将养 jiāngyǎng
　　jiàng：将官 jiàngguān、将领 jiànglǐng、将帅 jiàngshuài、少将 shàojiàng

㊵ Méiyǒu biànhuàde lǐyóu

Yíge ǒuránde jīhuì, wǒ qù xīnshǎngle ǒuxiàngzǔhéde xiànchǎng yǎnchànghuì. Yǒuxiē **fěnsī shēnchuān** yìnyǒu tuánduì chéngyuán **xiàoxiànghuà**de T xùshān, shì suǒwèide "**zháinán**". Wǒ fāxiàn fěnsīlǐ yǒu yíwèi tóufa yǐjīng bànbái, **títài fāfú**de zhōngnián nánxìng. Tā gēn wǔtáishangde ǒuxiàngmen yìqǐ tiàowǔ, dòngzuò zhǔnquè **dàowèi**. Wǒ shǒucì qīnyǎn kàndào zhōngnián zháinánde rèqíng, gǎnjuédào tā yǒu yìzhǒng **nányǐyányù**de jīqíng. **Nándào** tā dàolǎo dōuhuì zhèyàng yìzhí **kuángrè**xiaqu?

Kànwán yǎnchànghuì hòu, wǒ **cōngmáng** gǎnqù tīng yǒu wǒ nǚ'ér cānjiāde **gāngqín** yǎnzòuhuì. Yǎnzòuhuì línjìn wěishēngshí, gāngqín lǎoshī **zhìcí** chēng: "Xiànzài shèhuì biànhuà hěnkuài, rénmende àihào yě zài **duōyuánhuà**. Gāngqín zài zhèyìbǎinián zé méiyǒu rènhé biànhuà, xuéxíde jìnbù yě hěnmàn. Dànshì, zhèng yīnwèi méiyǒu biànhuà, gāngqín cáinéng chíxù xīyǐn rénmen, bǎochí jùdà mèilì. Qǐng jiāzhǎngmen ràng háizimen jìxù xuéxí."

Chángqī **jìchéng** xiàlaide wénhuà quèshí yǒuzhe **jīngjiǔ** bùshuāide mèilì. Liúxíng wénhuà zàochéngde shèhuì biànhuà wǎngwǎng zhǐshì **tánhuāyíxiàn**. Yǔ fúzhuāng yíyàng, dāng liúxíng **dànchū** rénmende shìxiàn, wǒmen zài huígùshí huòxǔ huì juéde **hàisào** huò chǎnshēng qíguàide gǎnjué. Wǒ bùzhīdào zhōngnián zháinán jīnhòu huì zuòhégǎnshòu, dàn rúguǒ yǒu qítā liúxíng wénhuà, **xiǎngbì** tāmen hái huì tóurùdào biéde àihàozhōng qù ba.

Rìběn zhèngfǔ zuìjìn xiūgǎile xiànfǎ **jiěshì**. Èrzhàn hòu, Déguó céng wǔshíbācì, Fǎguó èrshíqīcì, Yìdàlì shíwǔcì, Měiguó liùcì xiūgǎi xiànfǎ, Rìběn zé yícì yě méiyǒu. Wǒ juéde Rìběnde《xiànfǎ》yídìng yǒuzhe bùxūyào xiūgǎide lǐyóu. Jiù《xiànfǎ》éryán, zhòngyàode shì néng chángqī huòdé guómín zhīchí, rútóng gāngqín yìbān mèilì **jiǔyuǎn**, ér búshì xiàng liúxíng wénhuà nàyàng **bóqǔ duǎnzàn** rénqì.

30. 変わらない理由

　たまたま、ある**アイドル**グループの**ライブ**を見る機会があった。一部の**ファン**はグループのメンバーの**顔写真入り**のTシャツを**着た**いわゆる「**おタク**」だった。僕はファンの中にすでに半分白髪になった**太った**中年男性がいるのを見つけた。彼は舞台の上のアイドルと一緒に踊り、動作はとても正確だった。僕は初めて中年おタクの**情熱**を目の当たりにし、彼が**言葉では言えない衝動**にかられているように感じた。彼は**まさか**、年をとってもこういう風に**のぼせた**ままなのか？

　ライブを見終わって、僕は娘が参加しているピアノの演奏会へ**急いだ**。演奏会が終わる前、ピアノの先生は「今は社会の変化がとてもはやく、人の趣味も**いろいろ**です。ピアノはこの100年というものなんの変化もしていませんし、上達するのもゆっくりのままです。でも、変化がないからこそピアノは人々を引き付け、大きな魅力を保ち続けています。お父さんお母さん、どうか子どもさんたちにピアノを続けさせてください」と**あいさつした**。

　長い間**受け継がれてきた**文化はたしかに**変わらない**魅力を持っている。流行の文化が作りだす社会の変化は往々にして**一時的な現象**にすぎない。服装と同じで、流行が**終わって**人々がそれを思い出すとき、**恥ずかしさ**を覚えたり、奇妙に思えたりするかもしれない。中年おタクが今後何を思うかは知らないが、もしほかの流行文化があれば、彼らは**きっと**別の趣味を選んだの**だろう**。

　日本政府は最近、憲法の**解釈**を変更した。第二次大戦後、ドイツは58回、フランス27回、イタリアは15回、アメリカは6回憲法を改正したが、日本は一度もなかった。日本の憲法は改正する必要がない理由があったのだと思う。憲法について重要なのは、まさにピアノの魅力が**続くように**長期にわたって国民の支持を得ることであり、流行文化のように**短期的**な人気を**得る**ことではない。

ǒuxiàng〔偶像〕：アイドル　xiànchǎng yǎnchànghuì〔现场演唱会〕：ライブコンサート　fěnsī〔粉丝〕：ファン　shēnchuān〔身穿〕：着る。身につける　xiàoxiànghuà〔肖像画〕：肖像画　zháinán〔宅男〕：おタク　tǐtài〔体态〕：体つき　fāfú〔发福〕：太っている　dàowèi〔到位〕：決められたことを行う一定の水準に達する　nányǐyányù〔难以言喻〕：言葉で表現できない　jīqíng〔激情〕：パッション　nándào〔难道〕：まさか〜ではあるまい。〜とでもいうのか　kuángrè〔狂热〕：熱狂する　cōngmáng〔匆忙〕：忙しい。慌ただしい　gāngqín〔钢琴〕：ピアノ　zhìcí〔致辞〕：あいさつを述べる　duōyuánhuà〔多元化〕：多様化　jìchéng〔继承〕：受け継ぐ。継承する　jīngjiǔ〔经久〕：長時間。長い間　tánhuāyíxiàn〔昙花一现〕：物事や人物が一時的に現れてすぐに消えてしまう。"昙花"は月下美人のこと　dànchū〔淡出〕：フェードアウトする　hàisào〔害臊〕：恥。恥じる　xiǎngbì〔想必〕：きっと〜だろう　jiěshì〔解释〕：解釈　jiǔyuǎn〔久远〕：長い間。久しく　bóqǔ〔博取〕：（称賛などを）獲得する。博する　duǎnzàn〔短暂〕：時間が短い

没有变化的理由

一个偶然的机会，我去欣赏了**偶像**组合的**现场演唱会**。有些**粉丝身穿**印有团队成员**肖像画**的T恤衫，是所谓的"**宅男**"。我发现粉丝里有一位头发已经半白、**体态发福**的中年男性。他跟舞台上的偶像们一起跳舞，动作准确**到位**。我首次亲眼看到中年宅男的热情，感觉到他有一种**难以言喻**的**激情**。**难道**他到老都会这样一直**狂热**下去？

看完演唱会后，**我匆忙**赶去听有我女儿参加的**钢琴演奏会**。演奏会临近尾声时，钢琴老师**致辞**称："现在社会变化很快，人们的爱好也在**多元化**。钢琴在这100年则没有任何变化，学习的进步也很慢。但是，正因为没有变化，钢琴才能持续吸引人们，保持巨大魅力。请家长们让孩子们继续学习。"

长期**继承**下来的文化确实有着**经久**不衰的魅力。流行文化造成的社会变化往往只是**昙花一现**。与服装一样，当流行**淡出**人们的视线，我们在回顾时或许会觉得**害臊**或产生奇怪的感觉。我不知道中年宅男今后会做何感受，但如果有其他流行文化，**想必**他们还会投入到别的爱好中去吧。

日本政府最近修改了宪法**解释**。二战后，德国曾58次、法国27次、意大利15次、美国6次修改宪法，日本则一次也没有。我觉得日本的《宪法》一定有着不需要修改的理由。就《宪法》而言，重要的是能长期获得国民支持，如同钢琴一般魅力**久远**，而不是像流行文化那样**博取短暂**人气。

多音字 ——複数の音を持つ漢字 ⑮

強：「強い」「勝っている」などは qiáng、「無理強いする」ときは qiǎng、
"倔强 (強情だ)" のときは jiàng
jiàng：倔强 juéjiàng
qiáng：强大 qiángdà、强制 qiángzhì、强暴 qiángbào、强横 qiánghèng
qiǎng：强笑 qiǎngxiào、勉强 miǎnqiǎng、强逼 qiǎngbī、强迫 qiǎngpò

降：主な「下る」「降りる」などは jiàng、「降伏する」のときは xiáng
jiàng：降低 jiàngdī、降幅 jiàngfú、降雨 jiàngyǔ、降价 jiàngjià、降温 jiàngwēn
xiáng：降伏 xiángfú、降服 xiángfú、降顺 xiángshùn、投降 tóuxiáng

教：「教える」という動詞のときは jiāo、「教育」「教え」などは jiào
jiāo：教书 jiāoshū、教学生 jiāo xuéshēng、教唱歌 jiāo chànggē
jiào：教育 jiàoyù、教材 jiàocái、请教 qǐngjiào、宗教 zōngjiào、教科书 jiàokēshū

嚼：「かむ」は jiáo、「反芻する」は jiào、"咀嚼" だけ jué
jiáo：嚼舌 jiáoshé、嚼东西 jiáo dōngxi、细嚼慢咽 xìjiáomànyàn
jiào：倒嚼 dǎojiào
jué：咀嚼 jǔjué

角：「つの」「かど」などは jiǎo、「役者」「勝負」に関するときは jué
jiǎo：牛角 niújiǎo、角落 jiǎoluò、角膜 jiǎomó、角度 jiǎodù、角楼 jiǎolóu
jué：角斗 juédòu、角逐 juézhú、角力 juélì、角色 juésè、主角儿 zhǔjuér

校：「学校」などは xiào、「訂正する」「校正する」のときは jiào
jiào：校对 jiàoduì、校正 jiàozhèng、校本 jiàoběn、参校 cānjiào、校准 jiàozhǔn
xiào：学校 xuéxiào、校园 xiàoyuán、校舍 xiàoshè、校长 xiàozhǎng

结：主な「結ぶ」「終わる」などは jié、「(実が) なる」ときは jiē
jiē：结实 jiēshi、结巴 jiēba、开花结果 kāihuājiēguǒ
jié：结绳 jiéshéng、结案 jié'àn、结合 jiéhé、结婚 jiéhūn、结束 jiéshù

解：主な「解く」「ほどく」などは jiě、「護送する」のときは jiè、
「分かる (方言)」「人名地名」のときは xiè
jiě：解体 jiětǐ、解脱 jiětuō、解答 jiědá、解雇 jiěgù、瓦解 wǎjiě
jiè：解差 jièchāi、解送 jièsòng、解元 jièyuán、押解 yājiè、起解 qǐjiè
xiè：解数 xièshù、解池 Xièchí

㊶ Nǐ yào gǔlì shéi?

Shàngzhōumò, wǒ hé jiārén **qiánwǎng** èr'érzi **jiùdú**de dàxué cānjiā **xiàoyuán** wénhuà jié --"**dàxuéjì**". Dàxuéjìde huódòng nèiróng gēn wǒ shàng dàxuéshí chàbuduō. Xiàoyuánli yǒu hěnduō shípǐn、tiánpǐnde **tānzi**, xuésheng zài jiàoshìli zhǎnshì kèwàihuódòngde chéngguǒ. Yǔ guòqù bùtóngdeshì kèwàihuódòng xiàngmùli yǒu hěnduō **jiēwǔ**、**wúbànzòu héchàng**. Qízhōng zuì lìng wǒ gǎndòngde shì **lālāduì** biǎoyǎn.

Biǎoyǎnde shì nánshēng wéizhǔde chuántǒng lālāduì yǐjí lālāduì gūniang. Tāmen **mǐnjié zhěngqí**de dòngzuò xīyǐnle hěnduō **yǎnqiú**. Suīrán lālāduì běnshēn bùnéng chéngwéi **sàishì**de **zhǔjué**, dàn wǒmen kěyǐ kànchū tāmen píngshíde xùnliàn shífēn **jiānkǔ**. Wǒ zìjǐ xīwàng chéngwéi cānsàizhě shòudào dàjiāde jiāyóu **hècǎi**, qiě wǒde dàxué **mǔxiào** méiyǒu lālāduì, yīncǐ yìzhí méinéng lǐjiě dānfāngmiàn wèi tārén **gǔjìn** de rèqíng.

Tāmen rènzhēnde tàidù yídìng huì ràng xuǎnshǒu **shìqì** gāo'áng. Tāmende cúnzài huì míngxiǎn yǐngxiǎngdào xuǎnshǒude **dòuzhì**. Wèile duìyǒu **bùxī shēngsǐlìjié**, lālāduì gūniang jiānchí xiàoróng **mínglǎng**de gěi tārén jiāyóu. Lālāduì **díquè**shì bùcānsàide lìngyìzhǒng duìyǒu.

Wǒ yóucǐ xiǎngdào, zhèngfǔ hé guómín yě yīnggāi yǒuzhe hùxiāng zhīchí gǔlìde guānxi. Zhèngfǔ zuòwéi guómínde lālāduì tíchū gèzhǒng zhèngcè, rúguǒ guómín zhīchí zhèxiē zhèngcè, xíngzhèng biàn búhuì **tíngzhì**. Búguò, Rìběn zhèngfǔ tíchūde hěnduō zhèngcè shì zài **zhuīsuí** huò **mófǎng** Měiguó. Ruò Rìběn zhèngfǔ zhēnshì wèile guómín tíchū gèzhǒng zhèngcè, nà **wèihé** búzài guóhuìshang jìnxíng chōngfèn tǎolùn? Lālāduì zhuānxīn gǔlì **duìyǒu** shí cáinéng dédào duìyǒude **huíbào**. Rúguǒ liǎngzhějiān **quēfá** xìnlài, jiù bùnéng chǎnshēng **xiétóng xiàoyìng**.

31. 誰を励ますのか？

　先週末、妻と一緒に次男が**学んでいる**大学の「大学祭」を見に**行った**。僕らの時と比べ、大学祭の活動内容は大差なかった。**キャンパス**にはたくさんの食べ物、デザートの**屋台**が出ていたほか、学生は教室でクラブ活動の成果を展示していた。変わったと感じたのは、クラブ活動の中に多くの**ストリートダンス**や**アカペラ**があることだった。その中で一番感動したのは**応援団**のパフォーマンスだった。

　男子を中心とした伝統的応援団とチアリーダー、彼らの**すばやく乱れのない**動きは観客の**眼**を釘付けにした。応援団そのものは**試合**の**主役**にならないものの、彼らが日ごろ、どれほど**厳しい**訓練をつんでいるかを見て取れた。僕自身は試合に参加して**応援**されたいし、それに**母校**には応援団がなかったので、ずっと一方的に人に**声援を送る**情熱を理解できないでいた。

　彼らの真剣な姿はきっと選手の心を**気迫**で満たし、彼らの存在は明らかに選手の**やる気**に影響するだろう。**チームメイト**のために**声をからし**、チアリーダーは**明るい**笑顔で応援し続ける。応援団は**確かに**試合に出ていないチームメイトだ。

　政府と国民もお互いに支持し、励ましあう関係であるべきだ。政府が国民の応援団として各種の政策を提出し、国民がこれらの政策を支持するならば行政に**停滞**は生じない。ところが日本政府の提出する各種の政策は、多くがアメリカへの**追随**か**模倣**だ。もし日本政府が国民のために各種の政策を提出しているのであれば、**なぜ**国会で十分に話し合わないのか？ 応援団は一心にチームメイトを応援すればこそ、**見返り**を得られるのだ。もし相互の信頼が**なければ**、**相乗効果**を生むことはできない。

---

gǔlì〔鼓励〕：励ます　qiánwǎng〔前往〕：行く。赴く　jiùdú〔就读〕：就学する　xiàoyuán〔校园〕：キャンパス　tānzi〔摊子〕：屋台　jiēwǔ〔街舞〕：ストリートダンス　wúbànzòu héchàng〔无伴奏合唱〕：アカペラ　lālāduì〔啦啦队〕：応援団　mǐnjié〔敏捷〕：すばやい。敏捷な　zhěngqí〔整齐〕：そろった。整った　yǎnqiú〔眼球〕：眼。視線　sàishì〔赛事〕：試合　zhǔjué〔主角〕：主役　jiānkǔ〔艰苦〕：苦しい。きつい　hècǎi〔喝彩〕：喝采する　mǔxiào〔母校〕：母校　gǔjìn〔鼓劲〕：励ます。はっぱをかける　shìqì〔士气〕：士気　dòuzhì〔斗志〕：ファイト。やる気　duìyǒu〔队友〕：チームメイト　bùxī〔不惜〕：惜しまない　shēngsīlìjié〔声嘶力竭〕：声をからし力を出し尽くす　mínglǎng〔明朗〕：明るい　díquè〔的确〕：確かに。まさに　tíngzhì〔停滞〕：停滞する。滞る　zhuīsuí〔追随〕：追随する。尻馬に乗る　mófǎng〔模仿〕：まねる。模倣する　wèihé〔为何〕：なぜ。どうして　huíbào〔回报〕：報い　quēfá〔缺乏〕：欠乏する。足りない　xiétóng xiàoyìng〔协同效应〕：相乗効果

你要鼓励谁？

　　上周末，我和家人前往二儿子**就读**的大学参加**校园**文化节——"大学祭"。大学祭的活动内容跟我上大学时差不多。校园里有很多食品、甜品的**摊子**，学生在教室里展示课外活动的成果。与过去不同的是课外活动项目里有很多**街舞**、**无伴奏合唱**。其中最令我感动的是**啦啦队**表演。

　　表演的是男生为主的传统啦啦队以及啦啦队姑娘。他们**敏捷整齐**的动作吸引了很多**眼球**。虽然啦啦队本身不能成为**赛事**的**主角**，但我们可以看出他们平时的训练十分**艰苦**。我自己希望成为参赛者受到大家的加油**喝彩**，且我的大学**母校**没有啦啦队，因此一直没能理解单方面为他人**鼓劲**的热情。

　　他们认真的态度一定会让选手**士气**高昂。他们的存在会明显影响到选手的斗志。为了**队友不惜声嘶力竭**，啦啦队姑娘坚持笑容**明朗**地给他人加油。啦啦队**的确**是不参赛的另一种队友。

　　我由此想到，政府和国民也应该有着互相支持鼓励的关系。政府作为国民的啦啦队提出各种政策，如果国民支持这些政策，行政便不会**停滞**。不过，日本政府提出的很多政策是在**追随**或**模仿**美国。若日本政府真是为了国民提出各种政策，那**为何**不在国会上进行充分讨论？啦啦队专心鼓励队友时才能得到队友的**回报**。如果两者间**缺乏**信赖，就不能产生**协同效应**。

多音字 —複数の音を持つ漢字 ⑯

禁：「禁じる」ときは jìn、「耐える」「こらえる」ときは jīn
　　jīn：禁受 jīnshòu、不禁 bùjīn、禁不住 jīnbuzhù、情不自禁 qíngbúzìjīn
　　jìn：禁闭 jìnbì、禁令 jìnlìng、禁烟 jìnyān、监禁 jiānjìn、禁止 jìnzhǐ

尽：「尽きる」「尽くす」「極点に達する」などは jìn、「最大限」「最も」のときは jǐn
　　jǐn：尽管 jǐnguǎn、尽快 jǐnkuài、尽可能 jǐnkěnéng、尽南边 jǐn nánbiān
　　jìn：尽力 jìnlì、尽情 jìnqíng、尽然 jìnrán、尽头 jìntóu、尽心 jìnxīn

劲：「力」のときは jìn、「強い（形容詞）」のときは jìng
　　jìn：劲头儿 jìntóur、干劲儿 gànjìnr、使劲儿 shǐjìnr、用劲儿 yòngjìnr
　　jìng：劲敌 jìngdí、劲旅 jìnglǚ、劲拔 jìngbá、强劲 qiángjìng、刚劲 gāngjìng

圈：主な「輪」「円」「集団」などは quān、「(柵で家畜などを) 囲う」ときは juān、「家畜小屋」と「人名」は juàn
　　juān：把羊圈起来 bǎ yáng juānqilai、别把孩子圈在家里 bié bǎ háizi juānzài jiāli
　　juàn：圈养 juànyǎng、猪圈 zhūjuàn、羊圈 yángjuàn
　　quān：圆圈 yuánquān、圈点 quāndiǎn、圈定 quāndìng、圈套 quāntào

卡：主な「カード」「カロリー」「トラック」などは kǎ、「挟まる」「ふさぐ」は qiǎ
　　kǎ：刷卡 shuā kǎ、信用卡 xìnyòngkǎ、卡路里 kǎlùlǐ、卡车 kǎchē
　　qiǎ：发卡 fàqiǎ、卡具 qiǎjù、鱼刺卡在嗓子里 yúcì qiǎzài sǎngzili

看：主な「見る」などは kàn、「見守る」「拘留する」は kān
　　kān：看门 kānmén、看押 kānyā、看护 kānhù、看家 kānjiā、看守 kānshǒu
　　kàn：看病 kànbìng、看待 kàndài、看法 kànfǎ、看见 kànjiàn、看中 kànzhòng

壳：話し言葉は ké、書き言葉は qiào
　　ké：贝壳 bèiké、脑壳 nǎoké、鸡蛋壳儿 jīdànkér、花生壳儿 huāshēngkér
　　qiào：壳菜 qiàocài、甲壳 jiǎqiào、躯壳 qūqiào、地壳 dìqiào

空：「空っぽ」「天空」「無駄に」は kōng、「空ける」「暇」などは kòng
　　kōng：空话 kōnghuà、空想 kōngxiǎng、空间 kōngjiān、天空 tiānkōng、
　　　　　 空走一趟 kōngzǒuyítàng
　　kòng：空白 kòngbái、空地 kòngdì、空房 kòngfáng、空闲 kòngxián

㊷ Yíge wǔshisuì rénde gǎnkǎi

Rìqián, wǒ yíngláile wǔshisuì shēngrì. Zài Rìběn, dàole wǔshisuì **huòxǔ** jiù bèirènwéi shì "niánqīng lǎorén" le. Wǒ zuìjìn fāxiàn suǒwèi "Lǎonián yùndònghuì"de cānsài zīgé wéi wǔshisuì yǐshàng. Wǒ xǐhuan yùndòng, bìng bǎochízhe yǔ èrshiduōsuì shí tóngyàngde jīngshén zhuàngtài. Yīncǐ zhèyìfāxiàn gěi wǒ dàiláile **chōngjī**: "Yuánlái wǒ yǐjīng zài **bùzhībùjué** zhōng biànchéng lǎorénle!"

Búguò, bùfen xuǎnshǒu **kànhǎo** wǔshisuì、wǔshiwǔsuì、liùshisuì děng měigé wǔsuìde zhèyìnián. Rìběnde dàduōshù yùndòng bǐsài bǎ xuǎnshǒumen huàfēn wéi wǔshisuì zhì wǔshisìsuì hé wǔshiwǔsuì zhì wǔshijiǔsuì **rénqún** lái **bānjiǎng**. Suǒyǐ, zài zìjǐ chǔyú zhèxiē niánlíng **jiédiǎn**de shíhou, xuǎnshǒumen néng **huòjiǎng**de kěnéngxìng dàdà tígāo, yīncǐ huì **pīnmìng** xùnliàn.

Dànshì, zhèyàng **huàfēn** dāngrán yǒu lǐyóu. Dàole **shàngshù** niánjì, yuèláiyuèduōderén yǐ tǐlì **shuāituì** wéiyóu búzài cānsài. Qíshí, wǒ jīnrì cānjiā "yìbǎigōnglǐ chāojí **shāndìyuèyěpǎosài**" shí, zài liùshíqīgōnglǐ chù **qìquán**le. **Tǎngruò** shì zài niánqīng shí, wǒ yídìng huì duì zìjǐ qìquán yíshì gǎndào hěn **yíhàn**, dàn zhèicì bìng méiyǒu juéde tèbié **kěxī**. Qìquán zhǐshì zài xīnli bǎ niánlíng zuòwéi **jièkǒu** éryǐ. Wǒ xūyàodeshì ràngwǒ **zhènzuò**qǐlai jìxù xùnliànde lǐyóu.

Wǒ xiǎngqǐle "tiěrénsānxiàngsài"de shìjiè **juésài** shì zài Xiàwēiyí jǔbàn. Rúguǒ zài Běihǎidào jǔbànde **yùsài** zhōng nádào hǎochéngjì, wǒ huì gēn jiārén yìqǐ dào Xiàwēiyí qù lǚyóu! Wèile zhǔnbèi bǐsài zhōngde yìbǎibāshigōnglǐ zìxíngchē xiàngmù, wǒ **lìjí** shìqí yìbǎigōnglǐ. Dàn wǒ zài sìgexiǎoshíhòu **píbèibùkān**, shènzhì **wǒchuángbùqǐ**, wǎnshang zhōngyú gǎnmàole. Rén dào wǔshisuì jiù huì fāshēng **cóngwèi** xiǎngguo de shìqing, zhòngyàodeshì lěngjìng fēnxī shēntǐ zhuàngkuàng bìng cǎiqǔ **shìdàng**de xíngdòng.

32. 50歳の挑戦は大変

　先日、僕は50歳の誕生日を迎えた。日本では50歳になると、「若い年寄り」と認識されるの**だろうか**。僕は最近、いわゆる「老人体育祭（年輪ピック）」の参加資格が50歳以上であることを知った。僕はスポーツ好きで20歳代と同じような気持ちでいる。このため、この発見は**ショック**だった。「僕は**いつの間にか**年寄りになっていた！」

　しかし、一部の選手は50歳、55歳、60歳など5歳ごとの1年間を**喜ぶ**。日本の多くのスポーツは選手を50歳から54歳、55歳から59歳の**グループ**に分けて**表彰する**からである。このため、自分がこうした**節目**の歳になるとき、選手たちは**賞を取れる**可能性が非常に高くなるので、**懸命に**練習する。

　しかし、このような**区分**にも当然理由がある。**今述べた**年齢になると、多くの人が体力の**衰え**を理由に参加しなくなるのだ。実際に、僕も最近「ウルトラ**トレイル**100キロ」に参加し、67キロ地点で**棄権**してしまった。若いときなら棄権してしまったことを**残念**に思っただろうが、今回は特に**惜しい**とも思わなかった。棄権は単に心のなかで年齢を**言い訳**にしただけだった。僕に必要なのは自分を**奮い立たせ**、トレーニングを続ける理由だ。

　僕は「トライアスロン」の**世界大会**がハワイで行われることを思い出した。もし、北海道で行われる**予選**で好成績を取れれば、家族と一緒にハワイに遊びに行けるではないか。レースで行われる180キロのバイクに備えるため、僕は**直ちに**100キロ走ってみた。4時間後、僕は**疲れきって寝込んで**しまい、夜になってついに風邪を引いてしまった。人は50歳にもなるといろいろ思いも**つかなかった**ことが起きる。重要なのは冷静に身体の状況を分析し、**適切に**行動することだ。

---

huòxǔ〔或许〕：あるいは。もしかすると　zhuàngtài〔状态〕：状態　chōngjī〔冲击〕：衝撃。ショック　bùzhībùjué〔不知不觉〕：知らず知らず。いつのまにか　kànhǎo〔看好〕：よいと見なす　rénqún〔人群〕：人の群れ　bānjiǎng〔颁奖〕：賞を与える　jiédiǎn〔节点〕：節目　huòjiǎng〔获奖〕：賞を獲得する。受賞する　pīnmìng〔拼命〕：死に物狂いでやる。懸命になる　huàfēn〔划分〕：分ける。区分する　shàngshù〔上述〕：上述の。上に述べた　shuāituì〔衰退〕：衰退する。衰える　shāndìyuèyěpǎosài〔山地越野跑赛〕：トレイルランレース　qìquán〔弃权〕：棄権する　tǎngruò〔倘若〕：もし～ならば　yíhàn〔遗憾〕：遺憾である。残念である　kěxī〔可惜〕：惜しい。残念である　jièkǒu〔借口〕：言いわけ。口実　zhènzuò〔振作〕：発奮する。奮い立たせる　juésài〔决赛〕：決勝戦　yùsài〔预赛〕：予選　lìjí〔立即〕：直ちに。即座に　píbèi〔疲惫〕：疲れ果てる。疲労困憊する　bùkān〔不堪〕：耐えられない。もちこたえられない　wòchuángbùqǐ〔卧床不起〕：床についたきり起きられない　cóngwèi〔从未〕：まだ～したことがない。いまだかつて～ない　shìdàng〔适当〕：適合する。ちょうど合う

一个 50 岁人的感慨

日前，我迎来了 50 岁生日。在日本，到了 50 岁**或许**就被认为是"年轻老人"了。我最近发现所谓"老年运动会"的参赛资格为 50 岁以上。我喜欢运动，并保持着与 20 多岁时同样的精神状态。因此这一发现给我带来了**冲击**："原来我已经在**不知不觉**中变成老人了！"

不过，部分选手**看好** 50 岁、55 岁、60 岁等每隔 5 岁的这一年。日本的大多数运动比赛把选手们划分为 50 岁至 54 岁和 55 岁至 59 岁**人群**来**颁奖**。所以，在自己处于这些年龄**节点**的时候，选手们能**获奖**的可能性大大提高，因此会**拼命**训练。

但是，这样**划分**当然有理由。到了**上述**年纪，越来越多的人以体力**衰退**为由不再参赛。其实，我近日参加"100 公里超级**山地越野跑赛**"时，在 67 公里处**弃权**了。**倘若**是在年轻时，我一定会对自己弃权一事感到很**遗憾**，但这次并没有觉得特别**可惜**。弃权只是在心里把年龄作为**借口**而已。我需要的是让我**振作**起来继续训练的理由。

我想起了"铁人三项赛"的世界**决赛**是在**夏威夷**举办。如果在北海道举办的**预赛**中拿到好成绩，我会跟家人一起到夏威夷去旅游！为了准备比赛中的 180 公里自行车项目，我**立即**试骑 100 公里。但我在 4 个小时后**疲惫不堪**，甚至**卧床不起**，晚上终于感冒了。人到 50 岁就会发生**从未想过**的事情，重要的是冷静分析身体状况并采取**适当**的行动。

多音字 —複数の音を持つ漢字 ⑰

落：主な「落ちる」「下がる」は luò、「漏れる」「置き忘れる」「遅れる」は là、
"落架""落色"など一部の口語で lào、"大大落落（堂々としている）"のときだけ luō
 là：落了一个字 làle yígezì、把书落在家里 bǎ shū làzài jiāli、落得远 làdeyuǎn
 lào：落架 làojià、落色 làosè、落子 làozi
 luō：大大落落 dàdaluōluō
 luò：落泪 luòlèi、落花 luòhuā、落幕 luòmù、衰落 shuāiluò、没落 mòluò

勒：主な「手綱を締める」「統率する」「強いる」などは lè、「きつく縛る」ときは lēi
 lè：勒令 lèlìng、勒逼 lèbī、勒派 lèpài、勒索 lèsuǒ、勒石 lèshí
 lēi：把绳子勒紧点 bǎ shéngzi lēijǐndiǎn、怎么也勒不紧 zěnme yě lēibujǐn

了：「終わる」「～できる」などは liǎo、「動作の完了を表す助詞」のときは le
 le：好了 hǎole、行了 xíngle、走了 zǒule、听见了 tīngjiànle、知道了 zhīdàole
 liǎo：了了 liǎoliǎo、了然 liǎorán、吃得了 chīdeliǎo、来不了 láibuliǎo、
    受不了 shòubuliǎo

擂：「(こぶしやばちで)たたく」は léi、「演武台」は lèi
 léi：擂鼓 léigǔ、擂钵 léibō、自吹自擂 zìchuīzìléi、擂了他一拳 léile tā yìquán
 lèi：擂台 lèitái、擂主 lèizhǔ、打擂 dǎlèi、守擂 shǒulèi

累：「積み重ねる」などは lěi、「疲れる」のときは lèi、「煩わしい」「縄」は léi
 léi：累赘 léizhui、给别人添累 gěi biéren tiānléi、果实累累 guǒshí léiléi
 lěi：累积 lěijī、累计 lěijì、累次 lěicì、累年 lěinián、积累 jīlěi
 lèi：受累 shòulèi、劳累 láolèi、累死了 lèisǐle、累眼睛 lèi yǎnjing

量：「分量」などのときは liàng、「はかる」ときは liáng
 liáng：量体温 liáng tǐwēn、量身高 liáng shēngāo、测量 cèliáng、估量 gūliang、
    衡量 héngliáng
 liàng：量词 liàngcí、量力 liànglì、份量 fènliàng、酒量 jiǔliàng、数量 shùliàng

撩：「まくり上げる」「(水を)まく」などは liāo、「挑発する」「そそのかす」のときは liáo
 liáo：撩拨 liáobō、撩乱 liáoluàn、撩惹 liáorě、撩动 liáodòng、撩逗 liáodòu
 liāo：撩裙子 liāo qúnzi、撩起门帘 liāoqǐ ménlián、撩水 liāoshuǐ

淋：「(水を)かける」「ぬらす」ときは lín、「濾過する」ときは lìn
 lín：淋湿 línshī、淋雨 línyǔ、淋浴 línyù、淋巴结 línbājié、淋漓尽致 línlíjìnzhì
 lìn：过淋 guòlìn、淋药 lìnyào、淋盐 lìnyán、淋病 lìnbìng

㊸ Zuìhòu de gōngzuò

Zhōumò wǒ yǔ qīmíng gāozhōng tóngxué yìqǐ chīfàn, nǔtóngxuémen yǒude shì **wúguójiè** yīshēng zǔzhīde yīshēng, **fángdìchǎn** gōngsī shèzhǎng, yǒude shì gōngwùyuán, jiātíng zhǔfù. Yǒu liǎngwèi nántóngxué mùqián shīyè, háiyǒu yíwèi shì zài kǎolǜ tíqián tuìxiūde chūzhōnglǎoshī. Liǎojiě tāmende qíngkuàng hòu, wǒ gǎndào wǒmen zài kě zìyóu **zéyè** de tóngshí, hěn nán duì gōngzuò zuòdào "**cóngyī'érzhōng**".

Yījiǔjiǔlíng nián zhīqián, Rìběn shèhuì **zhèngzhí pàomòjīngjì**de fǎncháng fánróng shídài, dàduōshù xuésheng néng zhǎodào zìjǐ xīwàng **cóngshì**de gōngzuò. Érqiě, dāngshí wǒmen xiāngxìn "**zhōngshēngùyòng**zhì" huì yǒngyuǎn chíxùxiàqu, **zhǐyào** wǒmen gōngzuò hòu búfàn tèbiédàde cuòwù, jiāng huì zài tóngyìjiā gōngsī gōngzuò dào tuìxiū. Rújīn, wǒmen zhīdào nà **zhǐbuguò** shì **huànxiǎng** éryǐ.

Yǒuxiē tóngxué jīngguò èrshiwǔnián zhōngyú míngbáile zìjǐ **dàodǐ** xiǎng zuò shénme, yǐjí zìjǐ zhēnzhèng shìhé zuòshénme. Shàngshù nǔtóngxué jǐ niánqián **cídiào**le mǒudàxué fùshǔ yīyuànde gōngzuò, **tiàocáo**dào wúguójiè yīshēng zǔzhī. Nèige chūzhōnglǎoshī **yànjuàn**le gōnglìxuéxiàode jiàoxué **kuàngjià**, xīwàng **kāibàn** zìjǐ lǐxiǎngde xuéxiào. Hěn míngxiǎn tāmen búshì wèile gōngzī ér gōngzuò, érshì wèile cóngshì zìjǐ xǐhuande gōngzuò, **jíshǐ xīnchóu** biànshǎo yě **zàisuǒbùxī**.

Wǒ yǒushíhou bāngzhù dǎgōngde xuésheng xiě **qiúzhí shēnqǐng**shū. Búguò yóuyú dāngqián jiùyè kùnnan, tāmen hěnnán zài zìjǐ xīwàngde lǐngyù zhǎodào gōngzuò. Dànshì, wǒmen zhīdào néngfǒu jìnrù zìjǐ xǐhuande gōngsī bìngbúshì guānjiàn wèntí. Zhòngyàodeshì zài **rènhé gǎngwèi** dōu yào **jiéjìnquánlì**, tōngguò rènzhēn gōngzuò duì shèhuì yǒusuǒgòngxiàn shí cáinéng huòdé jīngshénshangde mǎnzúgǎn.

33. 最後の仕事

　週末、7人の高校の同級生と食事をした。女子の中には**国境**なき医師団の医者、**不動産**会社の社長、公務員、専業主婦がいて、男子二人は失業中、もう一人は早期退職を考えている中学教師だ。彼らの状況を知り、我々には**職業選択**の自由があると同時に、仕事に対しては「**最初から最後まで**」やりぬくのは非常に難しいと感じた。

　1990年以前は、日本社会は**まさにバブル経済**による**異常**景気に沸いていた時代で、多くの学生は自分の望む仕事に**つく**ことができた。その上、当時我々は「**終身雇用制**」が永久に続くものだと信じていて、仕事を始めた後に特に大きな間違い**さえしなければ**、同じ会社で退職できるのだと考えていた。いまや我々はそんな考え方が**幻想に過ぎない**ことを知っている。

　ある同級生は25年かかってようやく自分が**一体**何をやりたいのか、自分が本当は何に合っているのかが分かった。上述した女子の同級生は数年前にある大学病院の仕事を**やめ**、国境なき医師団に転職した。中学の教師は公立学校の授業の**枠組み**に**飽き飽き**し、自分で理想とする学校を**創りたい**と望んでいる。彼らは給料のために働くのではなく、自分が喜べる仕事ができるのなら、**たとえ給料**は減っても少しも惜しくないのだ。

　私は時折、アルバイト学生の**エントリーシート**を書く手伝いをすることがある。しかし、今の就職難では、彼らが自分の希望する職種で仕事を見つけるのは非常に難しい。ただ、自分の入りたい会社に入ることが肝要ではないと我々は知っている。大切なのは**どんな職場**であっても**全力を尽くす**ことで、真剣な仕事によって社会貢献できたときにようやく精神的な満足を得られるのだ。

---

guójiè〔国界〕：国境　fángdìchǎn〔房地产〕：不動産　zéyè〔择业〕：職業を選択する　cóngyī'érzhōng〔从一而终〕：最初から最後まで。旧時、婦人が節を守り再婚しないこと　zhèngzhí〔正值〕：時まさに。ちょうど〜の時に　pàomòjīngjì〔泡沫经济〕：バブル経済　fǎncháng〔反常〕：異常な　cóngshì〔从事〕：携わる。従事する　zhōngshēn〔终身〕：一生。生涯　gùyòng〔雇用〕：雇用する　zhǐyào〔只要〕：〜でさえあれば。〜さえすれば　zhǐbuguò〔只不过〕：ただ〜にすぎない　huànxiǎng〔幻想〕：幻想。とりとめのない想像　dàodǐ〔到底〕：つまり。結局　cídiào〔辞掉〕：辞める。辞去する　tiàocáo〔跳槽〕：職をかえる。くらがえする　yànjuàn〔厌倦〕：飽き飽きする。いやになる　kuàngjià〔框架〕：骨組み。枠組み　kāibàn〔开办〕：開設する。設立する　jíshǐ〔即使〕：たとえ〜としても。仮に〜としても　xīnchóu〔薪酬〕：給料　zàisuǒbùxī〔在所不惜〕：決して惜しまない　qiúzhí shēnqǐng〔求职申请〕：エントリーシート　rènhé〔任何〕：いかなる（〜にもせよ）。どんな（〜でも）　gǎngwèi〔岗位〕：職場。部署　jiéjìnquánlì〔竭尽全力〕：全力を尽くす

最后的工作

周末我与 7 名高中同学一起吃饭，女同学们有的是无国界医生组织的医生、**房地产**公司社长，有的是公务员、家庭主妇。有两位男同学目前失业，还有一位是在考虑提前退休的初中老师。了解他们的情况后，我感到我们在可自由**择业**的同时，很难对工作做到"**从一而终**"。

1990 年之前，日本社会**正值泡沫经济**的**反常繁荣**时代，大多数学生能找到自己希望**从事**的工作。而且，当时我们相信"**终身雇用制**"会永远持续下去，**只要**我们工作后不犯特别大的错误，将会在同一家公司工作到退休。如今，我们知道那**只不过是幻想**而已。

有些同学经过 25 年终于明白了自己**到底**想做什么，以及自己真正适合做什么。上述女同学几年前**辞掉**了某大学附属医院的工作，**跳槽**到无国界医生组织。那个初中老师**厌倦**了公立学校的教学**框架**，希望**开办**自己理想的学校。很明显他们不是为了工资而工作，而是为了从事自己喜欢的工作，**即使薪酬**变少也**在所不惜**。

我有时候帮助打工的学生写**求职申请**书。不过由于当前就业困难，他们很难在自己希望的领域找到工作。但是，我们知道能否进入自己喜欢的公司并不是关键问题。重要的是在**任何岗位**都要**竭尽全力**，通过认真工作对社会有所贡献时才能获得精神上的满足感。

多音字 —複数の音を持つ漢字 ⑱

溜：「滑る」「つるつる」「片寄る」などは liū、「水の流れ」「列」「並び」などは liù
　　liū：溜冰 liūbīng、溜肩 liūjiān、溜光 liūguāng、溜边 liūbiān
　　liù：水溜 shuǐliù、檐溜 yánliù、一溜房子 yíliù fángzi

笼：「かご」「せいろ」などは lóng、「包む」「立ち込める」「大きな箱」は lǒng
　　lóng：笼子 lóngzi、鸟笼 niǎolóng、竹笼 zhúlóng、蒸笼 zhēnglóng
　　lǒng：笼罩 lǒngzhào、笼络 lǒngluò、笼统 lǒngtǒng、笼括 lǒngkuò

露：「つゆ」「むき出し」のときは lù、「現れる」などは lù か lòu のいずれか
　　lù：露水 lùshuǐ、洗发露 xǐfàlù、露天 lùtiān、揭露 jiēlù、暴露 bàolù
　　lòu：露光 lòuguāng、露相 lòuxiàng、露丑 lòuchǒu、露马脚 lòu mǎjiǎo

绿：主な「緑色」は lǜ、"鸭绿江""绿林（山賊）""绿营"のときは lù
　　lù：鸭绿江 Yālùjiāng、绿营 lùyíng、绿林好汉 lùlín hǎohàn、
　　　　绿林英雄 lùlín yīngxióng
　　lǜ：绿色 lǜsè、绿茶 lǜchá、绿地 lǜdì、绿化 lǜhuà、绿荫 lǜyìn

论：「論じる」などは lùn、"论语"のときだけ lún
　　lún：论语 Lúnyǔ
　　lùn：论辩 lùnbiàn、论点 lùndiǎn、论述 lùnshù、论文 lùnwén、论证 lùnzhèng

抹：主な「塗る」「ぬぐう」などは mǒ、「拭く」「手で押さえて下におろす」ときは mā、
　　「何度も塗ってならす」「角を曲がる」ときは mò
　　mā：抹布 mābù、抹玻璃 mā bōli、抹桌子 mā zhuōzi、
　　　　把帽檐抹下来 bǎ màoyán māxialai
　　mǒ：抹粉 mǒfěn、抹药 mǒyào、抹黑 mǒhēi、抹杀 mǒshā、抹眼泪 mǒyǎnlèi
　　mò：抹墙 mòqiáng、抹上洋灰 mòshang yánghuī、转弯抹角 zhuǎnwānmòjiǎo

埋：「埋める」「隠す」などは mái、"埋怨（恨み言を言う、愚痴をこぼす）"のときだけ mán
　　mái：埋藏 máicáng、埋设 máishè、埋置 máizhì、埋葬 máizàng、埋伏 máifú
　　mán：埋怨 mányuàn

脉：「脈」「血管」などは mài、"脉脉（じっと見つめる）"のときだけ mò
　　mài：脉搏 màibó、脉冲 màichōng、山脉 shānmài、命脉 mìngmài、号脉 hàomài
　　mò：温情脉脉 wēnqíngmòmò、含情脉脉 hánqíngmòmò

㊹ Rìběnrénde Yīngyǔ

Zuìjìn, wǒ gēn yíwèi gěi chūzhōngshēng **jiāokè**de dàxuéshēng **liáotiān**, cái zhīdào zài Rìběn chūzhōng jiēduàn, suǒyǒu kēmùzhōng zuìróngyì **luòhòuyú** jiàoxué jìndùde shì Yīngyǔ. Jùxī, zài **bǔxíbān** shàngxuéde chūsānxuésheng **búshàncháng**de kēmùzhōng, Yīngyǔ **bùjiā**de zhàn bā-jiǔchéng, shùxué **zé** shì wǔchéng zuǒyòu. Wǒ gēnběn bùzhīdào Rìběnde chūzhōngshēng rúcǐ wèi Yīngyǔ ér **kǔnǎo**.

Lìngrén chījīngde shì, zài gāng kāishǐ xuéYīngyǔde chūyī jiēduàn, jiù yǐjīng chūxiàn búdàlǐjiě shàngkè nèiróngde xiànxiàng. **Shènzhì** yǒuxiē xuésheng dàole chūsān hái bùnéng **biànshí** b hé d, **nòngbuqīng** dānshù hé fùshùde qūbié, nòngbudǒng dòngcí biànhuà děng yǔfǎ. Wǒmen Rìběnrén cháng kāiwánxiào shuō, wǒmen cóng chūzhōng kāishǐ dào dàxué bìyè xuéle shínián Yīngyǔ, yìdiǎnr yě méiyòng. Qí **qǐyīn huòxǔ** zài **qǐbùjiēduàn**.

Yǔ Rìběnrén **xiāngbǐ**, zài **kuàguógōngsī** gōngzuòde Zhōngguórén yǐjí Hánguórén huì jiǎngYīngyǔde bǐlǜ gènggāo. Qíshí, wǒ zài Xiānggǎng gōngzuò shí, dāngdìrén jiǎngde dāngrán shì Guǎngdōnghuà. Xiānggǎngrén zhùshǒu **bútài** jiǎng pǔtōnghuà, ér Zhōngguó nèidì niánqīngrén huì shuō Yīngyǔde yuèláiyuèduō, yīncǐ zhùshǒu gēn nèidì niánqīngrén dǎdiànhuà shí shì yòngYīngyǔ jiǎngde. Dāngshí wǒ hěn **jīngyà**, Zhōngguórén zhījiān **jūrán** yě yòng Yīngyǔ **gōutōng**.

Wǒ bìng bú rènwéi Rìběnrénde yǔyán xuéxí nénglì **yàyú** tāmen, **kěndìng** yǒu xuéhǎo Yīngyǔde bànfǎ. Tèbié shì Dōngrìběn Dàdìzhèn zāimín xīwàng jiāng zāiqū biànchéng xiānjìn chéngshìde huà, yīnggāi yào huì shuō liǎngsānzhǒng wàiyǔ. Ér Dōngjīng jiāngyú èrlíng'èrlíngnián jǔbàn Àoyùnhuì, zāiqū háizimen jīnhòu jiǎngYīngyǔde jīhuì zēngduō, yě xūyào chuánbō hěnduō **chóngjiàn** xiāngguānde xìnxī. **Jièshí**, tāmen huì **tǐhuìdào** Yīngyǔ shì xīyǐn quánqiú **yuánshǒu**de guānjiàn gōngjù.

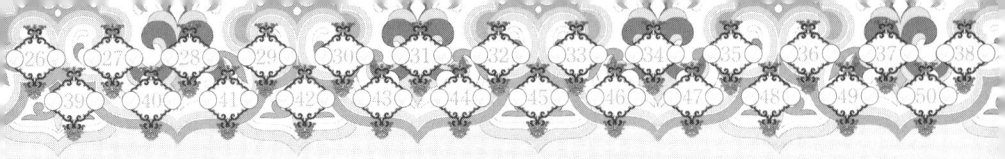

34. 日本人の英語

　最近、中学生に勉強を**教えている**大学生と**話していて**、日本の中学生があらゆる科目の中でもっとも**落ちこぼれ**やすいのは英語だと知った。**補習**の授業を受けている中 3 生の不**得意**科目のうち、英語が**苦手**という子どもは 8、9 割に達し、これに対し数学は 5 割前後だという。私は日本の中学生がこれほど英語に**苦しんでいる**とは全く知らなかった。

　驚いたのは、英語を習い始めたばかりの中 1 の段階で、すでに授業の内容がよくわからないのだという。中学 3 年に**いたっても** b と d の**違い**が分からなかったり、単数と複数の区別、動詞の変化などの文法が分からない生徒がいるという。我々日本人はよく冗談で、中学から大学の 4 年まで 10 年英語を勉強しても全く役に立たないね、と話す。その**原因**は**あるいはスタート**の段階にあるのかもしれない。

　日本人と**比べて**、**グローバル企業**で働く中国人と韓国人は英語が話せる比率が高い。実際、私が香港で働いていたとき、現地の人は当然だが広東語を使った。香港人の助手は標準語が**うまくなく**、中国の若者も英語が話せる人がどんどん増えていたので、助手が大陸の若者と電話で話すときには英語を使っていた。私は非常に**驚いた**。中国人同士が**なんと**英語で**意思疎通**していたからだ。

　日本人の言語学習能力が彼らに比べて**劣っている**と思わないし、**きっと**英語をうまく学ぶ方法があるはずだ。特に東日本大地震の被災者が、被災地を先進的な都市にしたいのであれば、2、3 種類の外国語は話せるべきだ。東京で 2020 年にオリンピックが開かれ、被災地の子どもたちは今後英語を話す機会は増えるだろうし、たくさんの**復興**に関する情報を発信しなければならない。**そのとき**、彼らは英語が世界の**助けの手**を引き寄せる肝要なツールだと**分かる**だろう。

---

jiāokè〔教课〕：教える。教授する　liáotiān〔聊天〕：おしゃべりする。雑談する　luòhòu〔落后〕：後れる。落後する　jùxī〔据悉〕：聞くところでは　bǔxíbān〔补习班〕：学習塾。補習クラス　shàncháng〔擅长〕：〜を得意とする。〜に長じている　bùjiā〔不佳〕：よくない　zé〔则〕：二つの事実を並べて語気を強める　kǔnǎo〔苦恼〕：苦悩する。悩む　lìngrén〔令人〕：人に〜させる　shènzhì〔甚至〕：甚だしきに至っては。ひいては　nòngbuqīng〔弄不清〕：はっきりできない　biànshí〔辨识〕：見分ける。識別する　qǐyīn〔起因〕：そもそもの原因　huòxǔ〔或许〕：あるいは。もしかすると　qǐbù〔起步〕：動き出す。始動する　xiāngbǐ〔相比〕：比べる。比較する　kuàguógōngsī〔跨国公司〕：多国籍企業　bútài〔不太〕：あまり〜ではない　jīngyà〔惊讶〕：驚きいぶかしく思う　jūrán〔居然〕：意外にも。なんと　gōutōng〔沟通〕：意志疎通する　yà〔亚〕：次ぐ。劣る　kěndìng〔肯定〕：確かに。きっと　chóngjiàn〔重建〕：再建する。復興する　jièshí〔届时〕：その時になって。その時になると　tǐhuì〔体会〕：理解する。身にしみてよくわかる　yuánshǒu〔援手〕：救援の手。救助する

日本人的英语

最近，我跟一位给初中生**教课**的大学生**聊天**，才知道在日本初中阶段，所有科目中最容易**落后**于教学进度的是英语。**据悉**，在**补习班**上学的初三学生不**擅长**的科目中，英语**不佳**的占八九成，数学则是五成左右。我根本不知道日本的初中生如此为英语而**苦恼**。

令人吃惊的是，在刚开始学英语的初一阶段，就已经出现不大理解上课内容的现象。**甚至**有些学生到了初三还不能**辨识** b 和 d，**弄不清**单数和复数的区别，弄不懂动词变化等语法。我们日本人常开玩笑说，我们从初中开始到大学毕业学了十年英语，一点儿也没用。其**起因或许**在**起步**阶段。

与日本人**相比**，在**跨国公司**工作的中国人以及韩国人会讲英语的比率更高。其实，我在香港工作时，当地人讲的当然是广东话。香港人助手**不太**讲普通话，而中国内地年轻人会说英语的越来越多，因此助手跟内地年轻人打电话时是用英语讲的。当时我很**惊讶**，中国人之间**居然**也用英语**沟通**。

我并不认为日本人的语言学习能力**亚**于他们，**肯定**有学好英语的办法。特别是东日本大地震灾民希望将灾区变成先进城市的话，应该要会说两三种外语。而东京将于 2020 年举办奥运会，灾区孩子们今后讲英语的机会增多，也需要传播很多重建相关的信息。**届时**，他们会**体会**到英语是吸引全球**援手**的关键工具。

多音字 ——複数の音を持つ漢字⑲

没：「ない」のときは méi、「沈む」「消滅する」「隠れる」などは mò
　　méi：没有 méiyǒu、没趣 méiqù、没关系 méiguānxi
　　mò：没落 mòluò、没收 mòshōu、没沉 mòchén、泯没 mǐnmò、出没 chūmò

闷：「蒸す」「黙る」などは mēn、「不愉快」「密閉する」は mèn
　　mēn：闷热 mēnrè、闷气 mēnqì、闷声 mēnshēng、闷头苦干 mēntóu kǔgàn
　　mèn：愁闷 chóumèn、窒闷 zhìmèn、闷倦 mènjuàn、沉闷 chénmèn、烦闷 fánmèn

蒙：「覆いかぶせる」「こうむる」は méng、
　　「ごまかす」「推測する」「ぼうっとする」は mēng、「モンゴル族」は měng
　　mēng：蒙骗 mēngpiàn、蒙人 mēngrén、欺上蒙下 qīshàngmēngxià、
　　　　　蒙事 mēngshì、发蒙 fāmēng
　　méng：蒙难 méngnàn、蒙蔽 méngbì、蒙受 méngshòu、启蒙 qǐméng
　　měng：蒙古族 Měnggǔzú、内蒙古 Nèiměnggǔ、蒙族 Měngzú

靡：「なびく」「ない」などは mǐ、「浪費する」のときは mí
　　mí：靡费 mífèi、奢靡 shēmí
　　mǐ：从风而靡 cóngfēng'érmǐ、风靡一时 fēngmǐyìshí、
　　　　委靡不振 wěimǐbúzhèn、靡日不思 mǐrìbùsī

模：「模範」「まねる」などは mó、「型、鋳型」のときは mú
　　mó：模范 mófàn、模式 móshì、模仿 mófǎng、模拟 mónǐ、模特儿 mótèr
　　mú：模子 múzi、铜模儿 tóngmúr、模具 mújù、模样 múyàng、模板 múbǎn

磨：主な「こする」「苦しめる」「消滅する」などは mó、
　　「臼でひく」「方向転換させる」は mò
　　mó：磨破 mópò、磨灭 mómiè、磨合 móhé、磨练 móliàn、磨难 mónàn
　　mò：推磨 tuīmò、电磨 diànmò、磨面 mòmiàn、磨豆子 mòdòuzi、磨车 mòchē

南：「南」は nán、"南无啊弥陀佛"のときだけ nā
　　nā：南无阿弥陀佛 nāmó'ēmítuófó
　　nán：南方 nánfāng、南边 nánbiān、南瓜 nánguā、南极 nánjí、云南 Yúnnán

难：「難しい」「できない」などは nán、「災難」「非難する」のときは nàn
　　nán：难题 nántí、难度 nándù、难堪 nánkān、难道 nándào、难看 nánkàn
　　nàn：难民 nànmín、受难 shòunàn、遇难 yùnàn、非难 fēinàn、责难 zénàn

137

45 Rúhé fāhuī Rìběnde jìshù shílì

Wǒjiāde **diànfànbāo** yǐjīng yòngle kuài shínián le, zuìjìn **yùyuē ànniǔ** yìzhí **chūmáobìng**, àn hǎojǐcì cáinéng yùyuē **zhǔfàn** shíjiān. Yúshì, wǒ hé jiārén yìqǐ qù fùjìnde jiādiàn dàmàichǎng kànkan zuìxīnde **jīxíng**. Wǒ fāxiàn jiādiàn chǎngshāngde nǔlì yuǎnyuǎn chāochū wǒde xiǎngxiàng.

Yǒuzhǒng zuìxīn jīxíng **jìngrán** néng xuǎnzé qīzhǒng mǐfànde **ruǎnyìngdù**! Wǒ **huáiyí** chúle **chúshī** děng tèbié mǐngǎnde zhuānjiā zhīwài, yìbānrén zài **jǔjué** mǐfàn shí néngfǒu **fēnbiàn**chū qīzhǒng ruǎnyìngde **xìwēi** chābié? Háiyǒude jīxíng kěyòng **zhìnéngshǒujī** xuǎnzé dàmǐ pǐnzhǒng、**kòngzhì** ruǎnyìngdù bìng cóng wǎngshàng **xiàzǎi shípǔ**, diànfànbāo zài gēnjù zhèxiē **shùjù** xuǎnzé zuìjiāde **pēngrèn** fāngfǎ.

Chúle zhèxiē, ràngwǒchījīngde háiyǒu jiàgéde chāyì. **Huòjiā**shang jǐn jùbèi jīběn **gōngnéng**de jīxíng jiàgé zhǐyǒu wǔqiānrìyuán, zuìgāodàng jīxíng **zé** chāoguò shíwànrìyuán. Xiāngbǐzhīxià, diànshìjī、bīngxiāng děng pǔtōng jiādiàn zhōng tóngyàngde jīběnkuǎn yǔ **gāoduān**kuǎn jiàgé chājù kěnéng méiyǒu èrshíduōbèi. Shìchǎng xūqiú tígāole gèchǎngshāngde jìshù shuǐpíng, yīn'ér zhìzàochū yuèláiyuègāodàng、gōngnéng yuèláiyuèfùzáde shāngpǐn. Diànfànbāo kěnéng shì zài tígāo shìchǎng jiàgé fāngmiàn huòdé chénggōngde yíge **hǎnjiàn**de lìzi.

Búguò xiànzài yǐjīng yíngláile tōngguò gǎijìn jìshù jiàngdī jiàgéde shídài. Bǐrúshuō, Rìběn gèjiā qìchē chǎngshāng dàlì kāifāde **hùndòngchē** kě dàdà jiàngdī **wéihùchéngběn**. Zài jìshù géxīn búduànde diànzǐ chǎnpǐn lǐngyù, diànnǎo yǐjí diànshì、shèxiàngjī děng bǐyǐqián piányiduōle. Rìběn zhìzàoshāng yīng xiān dàlì tígāo jìshù shuǐpíng, **yánzhì**chū zhǐyǒu Rìběn néng shēngchǎnde piányi qiě gōngnéng **zhuóyuè**de shāngpǐn.

35. ■ 日本の技術力をどう利用するか

　我が家の**炊飯器**は使い始めてもう10年近くなる。最近**予約スイッチ**の調子がずっと**悪く**、何回か押してようやく**炊飯**時間を予約できる。私は妻と近くの家電量販店に最近の**機種**を見に行った。家電メーカーの努力は私の想像をはるかに超えていた。

　ある最新型は**なんと**7種類もの米の**硬さ**を選べるのである。**調理師**など特に敏感な専門家以外に、米を**かんだ**時に7種類もの硬さの**微妙な違い**を**区別**できる一般人がいるの**だろうか**？ また、ほかの機種は**スマホ**を使って米の品種を選んで硬さを**コントロール**し、さらにネットから**レシピ**を**ダウンロード**すれば、炊飯器はこれらの**データ**に基づいてもっともいい**調理**方法を選択するのである。

　これら以外に私を驚かせたのはその値段の差。**陳列棚**にはもっとも基本的な**機能**の5000円しかしないものから、**最高級**の10万円を超えるものまであった。比べてみて、テレビや冷蔵庫など普通の家電で基本的な機種と**高級**機種の値段の差は20倍以上にはならないだろう。マーケットの需要が各メーカーの技術水準を引き上げ、ますます高級で性能も複雑な商品が製造されるようになった。炊飯器はマーケットでの価格引き上げに成功した**珍しい**商品だろう。

　しかし、今はすでに技術水準を上げることで価格を下げる段階にきている。たとえば日本の自動車メーカーが力を入れて開発した**ハイブリッド車**は大きく**維持**コストを下げることができる。技術革新が激しい電気製品分野、パソコンやテレビ、ビデオカメラなどは以前よりぐっと安い。日本メーカーはまず技術レベルを引き上げてから、日本でしか作れない安くて性能のいい**優秀な**商品を**作る**べきだ。

---

rúhé〔如何〕：どのように　diànfànbāo〔电饭煲〕：炊飯器　yùyuē〔预约〕：予約　ànniǔ〔按钮〕：ボタン。スイッチ　chūmáobìng〔出毛病〕：故障する　zhǔfàn〔煮饭〕：炊飯する　jīxíng〔机型〕：機種。モデル　jìngrán〔竟然〕：意外にも。なんと　ruǎnyìngdù〔软硬度〕：やわらかさと硬さ　huáiyí〔怀疑〕：疑惑を抱く。疑う　chúshī〔厨师〕：料理人。コック　jǔjué〔咀嚼〕：かむ。かみくだく　fēnbiàn〔分辨〕：識別する。見分ける　xìwēi〔细微〕：きわめて細かい。かすかである　zhìnéngshǒujī〔智能手机〕：スマートフォン　kòngzhì〔控制〕：制御する。コントロールする　xiàzǎi〔下载〕：ダウンロードする　shípǔ〔食谱〕：レシピ。メニュー　shùjù〔数据〕：データ　pēngrèn〔烹饪〕：調理する　huòjià〔货架〕：陳列棚　gōngnéng〔功能〕：機能。性能　zé〔则〕：しかし。かえって　gāodàng〔高档〕：高級の。上等な　gāoduān〔高端〕：ハイエンド。高付加価値の　hǎnjiàn〔罕见〕：まれに見る。めったにない　hùndòngchē〔混动车〕：ハイブリッドカー　wéihù〔维护〕：メンテナンスする。守る　yánzhì〔研制〕：研究し製造する。開発する　zhuóyuè〔卓越〕：卓越した。ずば抜けた

如何发挥日本的技术实力

我家的**电饭煲**已经用了快 10 年了,最近**预约按钮**一直出毛病,按好几次才能预约**煮饭**时间。于是,我和家人一起去附近的家电大卖场看看最新的**机型**。我发现家电厂商的努力远远超出我的想象。

有种最新机型**竟然**能选择 7 种米饭的**软硬度**!我**怀疑**除了**厨师**等特别敏感的专家之外,一般人在**咀嚼**米饭时能否**分辨**出 7 种软硬的**细微**差别?还有的机型可用**智能手机**选择大米品种、**控制软硬度**并从网上**下载食谱**,电饭煲再根据这些**数据**选择最佳的**烹饪**方法。

除了这些,让我吃惊的还有价格的差异。**货架**上仅具备基本**功能**的机型价格只有 5000 日元,**最高档**机型**则**超过 10 万日元。相比之下,电视机、冰箱等普通家电中同样的基本款与**高端款**价格差距可能没有 20 多倍。市场需求提高了各厂商的技术水平,因而制造出越来越高档、功能越来越复杂的商品。电饭煲可能是在提高市场价格方面获得成功的一个**罕见**的例子。

不过现在已经迎来了通过改进技术降低价格的时代。比如说,日本各家汽车厂商大力开发的**混动车**可大大降低**维护**成本。在技术革新不断的电子产品领域,电脑以及电视、摄像机等比以前便宜多了。日本制造商应先大力提高技术水平,**研制**出只有日本能生产的便宜且功能**卓越**的商品。

多音字 ——複数の音を持つ漢字 ⑳

粘 ：" 黏 (nián)" と同義の「ねばる」ときは nián、「くっつく」「貼る」のときは zhān
nián：粘膜 niánmó、粘液 niányè、粘糊 niánhu、粘糊糊 niánhūhū
zhān：粘贴 zhāntiē、粘连 zhānlián、粘信封 zhān xìnfēng、粘邮票 zhān yóupiào

宁 ：「安らかである」などは níng、
「いっそ〜したい」「むしろ〜のほうがまし」「まさか」のときは nìng
níng：安宁 ānníng、宁静 níngjìng、宁日 níngrì、宁边 níngbiān、归宁 guīníng
nìng：宁可 nìngkě、宁愿 nìngyuàn、宁肯 nìngkěn、宁死不屈 nìngsǐbùqū

拧 ：「ねじる」「ひねる」は単語によって níng または nǐng、「強情だ」のときは nìng
níng：拧毛巾 níng máojīn、拧麻绳 níng máshéng
nǐng：拧断 nǐngduàn、拧螺丝 nǐng luósī、拧开瓶盖儿 nǐngkāi pínggàir
nìng：拧劲儿 nìngjìnr、脾气拧 píqi nìng

迫 ：「迫る」「強いる」などは pò、"迫击炮" のときだけ pǎi
pǎi：迫击炮 pǎijīpào
pò：急迫 jípò、窘迫 jiǒngpò、压迫 yāpò、迫害 pòhài、迫近 pòjìn

泡 ：「泡」「漬ける」などは pào、「やわらかく膨れたもの」と地名は pāo
pāo：豆腐泡 dòufupāo、眼泡 yǎnpāo、泡线 pāoxiàn
pào：水泡 shuǐpào、灯泡 dēngpào、泡菜 pàocài、泡茶 pàochá

跑 ：主な「走る」「逃げる」「漏れる」などは pǎo、「動物が足で土をかく」ときは páo
páo：跑槽 páocáo
pǎo：跑步 pǎobù、跑道 pǎodào、赛跑 sàipǎo、逃跑 táopǎo、跑电 pǎodiàn

劈 ：「割る」「裂ける」などは pī、「分ける」「はぎとる」は pǐ
pī：劈刀 pīdāo、劈开 pīkāi、指甲劈了 zhǐjia pīle、劈头 pītóu、劈山 pīshān
pǐ：劈叉 pǐchà、劈成三股 pǐchéng sāngǔ、一劈两半 yī pǐ liǎngbàn

片 ：「薄片」「きれ」など基本は piàn、話し言葉で儿化されるときに piār と発音される
piār：相片儿 xiàngpiānr、唱片儿 chàngpiānr、画片儿 huàpiānr、影片儿 yǐngpiānr
piàn：片面 piànmiàn、片言 piànyán、唱片 chàngpiàn、相片 xiàngpiàn

漂 ：「漂う」などは piāo、「話が流れる」「きれい」のときは piào、
「漂白する」のときは piǎo
piāo：漂浮 piāofú、漂泊 piāobó、漂流 piāoliú、漂移 piāoyí、漂游 piāoyóu
piǎo：漂白 piǎobái、漂染 piǎorǎn、漂洗 piǎoxǐ
piào：事情漂了 shìqing piàole、漂亮 piàoliang、漂亮话 piàolianghuà

㊻ Shìfǒu xūyào zūnshǒu guīdìng

Shàngzhōumò, yóu gāozhōngshēng zǔchéngde yíge **tuánduì** zài Dōngjīng chēzhànqián kāizhǎnle zhīyuán Dōngrìběn Dàdìzhèn **zāiqū**de **juānkuǎn** huódòng. Wǒ dào tāmen huódòngde xiànchǎng fāxiàn, yígerén **bózi** shàng **guà**zhe jièshào huódòng **zhǔzhǐ**de xiǎoxíng páizi **hūyù** juānkuǎn. Wǒ juéde zhèmexiǎode páizi búgòu xīyǐn **lùrén**de **yǎnqiú**, jiù qù wèn qízhōng yìmíng xuésheng: "Wèishénme méiyǒu zhǔnbèi bǐjiào dàde páizi?"

Tā huídá shuō: "xiàng jǐngchá tíchū huódòng **shēnqǐng** shí, jǐngfāng shuō àn guīdìng jìnzhǐ shǐyòng dàxíng páizi jí **qízhì**. Yīncǐ wǒmen bùdébù yòng zhème xiǎode páizi." Rán'ér guò yíduànshíjiān hòu, yíge mínjiān tuántǐ dào huódòng xiànchǎng fùjìn **bǎifàng** dàxíng páizi hé qízhì hòu kāishǐ **zhēngjí qiānmíng**. Suīrán zhèshì chéngrénmende tuántǐ, dàn wǒ háishi juéde qíguài, bùjīn **huáiyí** tāmen shìfǒu qǔdéle shǐyòng dàpáizide **xǔkě**?

Wǒ zhíjiē wèn tāmen cái zhīdào, tāmen bìngméiyǒu **huòdé** rènhé xǔkě. Jù wǒ suǒzhī, dìfāng zhèngfǔ bùyǔnxǔ **rènaodìduàn**de cāntīng děng bǎifàng dàxíng páizi shì wèile quèbǎo lùrén tōngxíng **wúzǔ**. Nàxiē guīdìng yuánlái bìngbúshì wèile **xiànzhì** juānkuǎn huódòngde. Yīncǐ, rúguǒ **búzhìyú fáng'ài** lùrénde huà, gāi tuántǐ jiù búqù shēnqǐng huódòng xǔkě. Rúguǒ shēnqǐng, jǐngfāng kěndìng huì tíchū gèzhǒng xiànzhì.

Kěliánde xuésheng! Yóuyú yǐ gāozhōngshēng wéizhǔ jǔbàn huódòng, wèile **bìmiǎn** fāshēng **yìwài** bìxū tíqián shēnqǐng. **Jíbiàn** gāiguīdìng shì wèile quèbǎo xuésheng ānquán kāizhǎn huódòng, dàn yǒuxiē tiáokuǎn háishi búlìyú tāmen. **Ānfènshǒují**de xuéshengmen **fǎn'ér** chīkuī. Xuéshengmen ruò bù xiǎng zūnshǒu guīdìng, zhǐnéng gùyì **wéibèi** guīdìng huòzhě **yàgēnr** bùcānyù xūyào zūnshǒu guīdìngde huódòng.

36. 規定を守るべきか

　先週末、高校生の**団体**が東京駅前で東日本大震災の**被災地**を支援する**募金**活動を行った。私は彼らの活動現場で、一人が活動の**趣旨**を説明する小さなプレートを**首**に**かけ**、募金を**呼びかけている**のを見た。私はこんなに小さなプレートでは人目を引かないと感じ、学生の一人に聞いてみた「なぜ、大きな看板を用意しなかったの？」

　彼は答えた「警察に活動の**申請**をした時、警察は規定で大きな看板や**のぼり**を使ってはいけない、と言いました。それで仕方なくこんな小さなプレートを使ってるんです」。しかし、しばらくして、ある民間団体が近くに大きな看板とのぼりを**立てて署名集め**を始めた。これは大人の団体ではあったものの、私は奇妙に感じた。彼らは大きな看板を使う許可を取ったのかと**思わずにいられなかった**。

　私は直接彼らに聞いてみて知った。彼らは何の許可も**取って**いなかった。それに、自治体は人々が**支障のない**通行を保てるよう、**繁華街**のレストランなどが大きな看板を出すことを禁じているのだ。それらの規定はもともと募金活動を**規制**するためのものではないのだ。このため、通行人の**邪魔**に**ならなければ**、この団体は活動許可の申請をしない。もし申請すれば、警察はきっと各種の制限を持ち出すからだ。

　かわいそうな高校生たち！　彼らは高校生主体で活動しているので、**事故**を**防ぐ**ために必ず事前に申請しなければならない。**たとえ**規定が学生たちの活動の安全を守るためのものでも、いくつかの**条項**は彼らにとって不利なのだ。**身分をわきまえて、それを超えないようにしている**学生は**かえって**損をしている。学生たちがもし規定を守りたくなければ、わざと規定に**そむく**か、規定を守らなければならない活動に**はじめから**参加しないかしかない。

---

zūnshǒu〔遵守〕：順守する。従い守る　tuánduì〔团队〕：チーム。団体　zāiqū〔灾区〕：被災地区　juānkuǎn〔捐款〕：寄付。献金　bózi〔脖子〕：首　guà〔挂〕：掛ける。掛かる　zhǔzhǐ〔主旨〕：意図。目的　hūyù〔呼吁〕：呼びかける。アピールする　lùrén〔路人〕：道行く人　yǎnqiú〔眼球〕：（目玉から転じて）視線　shēnqǐng〔申请〕：申請する。申し出る　qízhì〔旗帜〕：旗。のぼり　bǎifàng〔摆放〕：置く。据える　zhēngjí〔征集〕：広く募る。求め集める　qiānmíng〔签名〕：署名する。サインする　huáiyí〔怀疑〕：疑問を抱く。疑う　huòdé〔获得〕：獲得する。得る　rènao〔热闹〕：にぎやかである　dìduàn〔地段〕：一定の地域　wúzǔ〔无阻〕：支障がない　xiànzhì〔限制〕：制限する。規制する　búzhìyú〔不至于〕：～までには至らない。～するほどではない　fáng'ài〔妨碍〕：妨げる。妨害する　kělián〔可怜〕：哀れである。かわいそうである　bìmiǎn〔避免〕：避ける。防止する　yìwài〔意外〕：意外な事故。突発事件　jíbiàn〔即便〕：たとえ。仮に　tiáokuǎn〔条款〕：条項。箇条　ānfènshǒujǐ〔安分守己〕：自分の立場をわきまえてそれを超えないよう振舞う　fǎn'ér〔反而〕：かえって。反対に　wéibèi〔违背〕：背く。違反する　yàgēnr〔压根儿〕：初めから。全然。もともと

是否需要遵守规定

上周末，由高中生组成的一个**团队**在东京车站前**开展**了**支援**东日本大地震**灾区**的**捐款**活动。我到他们活动的现场发现，一个人**脖子**上**挂**着介绍活动**主旨**的小型牌子**呼吁**捐款。我觉得这么小的牌子不够**吸引路人**的**眼球**，就去问其中一名学生："为什么没有准备比较大的牌子？"

他回答说："向警察提出活动**申请**时，警方说按规定禁止使用大型牌子及**旗帜**。因此我们不得不用这么小的牌子。"然而过一段时间后，一个民间团体到活动现场附近**摆放**大型牌子和旗帜后开始**征集签名**。虽然这是成人们的团体，但我还是觉得奇怪，不禁**怀疑**他们是否取得了使用大牌子的许可？

我直接问他们才知道，他们并没有**获得**任何许可。据我所知，地方政府不允许**热闹地段**的餐厅等摆放大型牌子是为了**确保**路人通行**无阻**。那些规定原来并不是为了**限制**捐款活动的。因此，如果**不至于妨碍**路人的话，该团体就不去申请活动许可。如果申请，警方肯定会提出各种限制。

可怜的学生！由于以高中生为主举办活动，为了**避免**发生**意外**必须提前申请。即便该规定是为了确保学生安全开展活动，但有些**条款**还是不利于他们。**安分守己**的学生们**反而吃亏**。学生们若不想遵守规定，只能故意**违背**规定或者压根儿不参与需要遵守规定的活动。

多音字 —複数の音を持つ漢字 ㉑

朴：主な「質素」などは pǔ、「姓」のときは piáo、
"朴刀（短い柄の刀身のせまくて長い刀）" は pō、「エノキ」は pò
piáo：朴 Piáo
pō：朴刀 pōdāo
pò：朴树 pòshù
pǔ：朴素 pǔsù、朴实 pǔshí、朴质 pǔzhì、诚朴 chéngpǔ、简朴 jiǎnpǔ

撇：「水平に投げる」「口をへの字にする」などは piě、
「捨て去る」「（液体の表面から）すくい取る」は piē
piē：撇开 piēkāi、撇弃 piēqì、撇油 piēyóu、撇沫儿 piēmòr
piě：撇石子儿 piě shízǐr、撇球 piěqiú、撇手榴弹 piě shǒuliúdàn、撇嘴 piězuǐ

铺：「敷く」「広げる」ときは pū、「商店」「板を渡した寝台」などは pù
pū：铺席子 pū xízi、铺毯子 pū tǎnzi、铺床 pūchuáng、铺垫 pūdiàn、铺路 pūlù
pù：铺店 pùdiàn、肉铺 ròupù、店铺 diànpù、床铺 chuángpù、卧铺 wòpù

纤：「微細」のときは xiān、「曳き綱」「とりもつ」などは qiàn
qiàn：纤夫 qiànfū、纤绳 qiànshéng、拉纤 lāqiàn、纤手 qiànshǒu
xiān：纤维 xiānwéi、纤尘 xiānchén、纤毫 xiānháo、纤毛 xiānmáo、纤细 xiānxì

抢：主な「奪う」「先を争う」などは qiǎng、「撞く」「ぶつかる」は qiāng
qiāng：呼天抢地 hūtiānqiāngdì、抢地呼天 qiāngdìyùtiān
qiǎng：抢劫 qiǎngjié、抢球 qiǎngqiú、抢购 qiǎnggòu、抢先 qiǎngxiān、
抢夺 qiǎngduó

悄：「声をひそめる」は qiǎo、「ひそひそ話す」は重ねて qiāoqiāo
qiāoqiāo：悄悄 qiāoqiāo、悄悄话 qiāoqiāohuà
qiǎo：悄寂 qiǎojì、悄然 qiǎorán、悄声 qiǎoshēng、低声悄语 dīshēngqiǎoyǔ

翘：「頭をもたげる」などは qiáo、「物の一方が跳ね上がる」ときは qiào
qiào：翘尾巴 qiào wěiba、
"这条板凳，两头都翘起来了" zhètiáo bǎndèng, liǎngtóu dōu qiàoqilaile
qiáo：翘首 qiáoshǒu、翘企 qiáoqǐ、翘望 qiáowàng、翘楚 qiáochǔ、连翘 liánqiáo

切：「刃物で切る」ときは qiē、「適合する」「切実である」ときは qiè
qiē：切菜 qiēcài、切割 qiēgē、切开 qiēkāi、切碎 qiēsuì
qiè：切题 qiètí、密切 mìqiè、切实 qièshí、切身 qièshēn、迫切 pòqiè

㊼ Gòuchéng xìngfúde yīnsù

Wǒ yǒu yíwèipéngyou shì zhōngxiǎoqǐyède shèzhǎng. Tāmen gōngsī chénggōng zàixiànle **tǔrǎng** zài zìránhuánjìng zhōng **zhùcún** yǎngfènde jìlǐ. Lìyòng gāi jìshù, kěyǐ dàdà tígāo tǔrǎng huò shuǐde zhìliàng, érqiě búhuì duì dàzìrán zàochéng **sīháo**de **wēihài**. Rúguǒ zài lìyòng gāijìshùde tǔrǎngzhōng **zhòngzhí** shūcài huò shuǐguǒde huà, zhòngchulaide **shūguǒ** wèidào **nóngyù** érqiě zài xiāngdāng yíduàn shíjiānnèi búhuì **fǔlàn**.

Suīrán tā xīwàng pǔjí gāijìshù, dàn tāde gōngsī zài guónèiwài zhīmíngdù hěn dī, **dǎrù zhǔliúquān ménkǎn** jiàogāo, qí nóngyè gǎigé yě **tíngzhìbùqián**. érqiě gèzhǒng nóngzuòwù jīběnshang měinián zhǐnéng **zāipéi** yícì, duìtā'éryán "jǐn **shèngxià** sānshiduōcì jīhuì". Búguò, tā **jiānxìn** gāijìshù huì dàilái quánqiúxìng nóngyè **biàngé**, wèile **hòushì** pǔjí gāijìshù shì tāde **shǐmìng**.

Yào xiǎng **chéngjiù** yìfān shìyè xūyào **jùbèi** sānge yīnsù. Yīshì **rèqíng**, èrshì shǐmìnggǎn, sānshì xíngdòng. Dàduōshùrén yǒu rèqíng hé shǐmìnggǎn, dàn nányǐ **fùzhū** jùtǐ xíngdòng. Jíbiàn xiōnghuái **hóngwěi**de **lántú**, **tǎngruò** bú **luòshí** yě chǎnshēngbuliǎo rènhé jiàzhí.

Suízhe gèzhǒng gōngzuò yǐjí shèhuìde fùzáhuà, **gōngxīnjiēcéng** nányǐ yǒu gǎibiàn shèhuì, gòngxiànyú shèhuìde shíjì gǎnshòu. Dàn gōngzuò shì wǒmen cǎiqǔ jùtǐ xíngdòng zuìzhòngyàode **tǐxiàn**. Yīncǐ, yǒushí yào sīkǎo wǒmen néng tōngguò gōngzuò wèishèhuì zuò xiē shénme. Jǐnguǎn débudào mǎnyìde chéngguǒ, dàn wèile shíxiàn zìjǐde shǐmìng, rénmen huì zài rèqíng tóurùdào yíxìliè jùtǐ gōngzuòde guòchéngzhōng chǎnshēng xìngfúgǎn. Wǒ péngyoude nóngyè gǎigé háiyǒu mànmàn chánglù, dàn wǒ juéde tā zài **dùguò** xìngfúde rénshēng.

37. 幸福の構成要素

　私には中小企業の社長をしている友人がいる。彼らの会社は**土壌**が自然な環境の中で養分を**蓄えるメカニズム**の再現に成功した。この技術を使えば土や水の質を大いに高められるし、その上、自然に対してまったく危害を加えない。もしこの技術を使った土に野菜や果物を**植えれば**、味は**濃くなる**し、相当長い間**腐らなく**なる。

　彼はこの技術を普及したいと望んでいるものの、国内外で会社の知名度が低いため、**メインストリーム**に**参入する**ための**ハードル**が高く、農業改革は**なかなか進まない**。その上、各種の農作物は基本的に毎年一回しか**栽培**できないので、彼に言わせれば「あと30数回しかチャンスが**残ってない**」。しかし、彼はこの技術が世界的な農業**変革**をもたらし、**次世代**のためにこの技術を普及することが彼の**ミッション**だと**堅く信じている**。

　もし何か事業を**成し遂げ**たいなら、3つの要素が**整わなくては**ならない。ひとつは「**情熱**（passion）」、二つ目は「使命感（mission）」そして三つ目は「行動（action）」だ。多くの人は情熱と使命感はあるものの、なかなか具体的な行動を**起こせない**。たとえ心の中に**壮大な青写真**があっても、**もし実行**しなければ何の価値も生まない。

　いろいろな仕事と社会の複雑化に伴い、**サラリーマン**が社会を変えたり、社会に貢献する実感を持つのは難しい。しかし仕事は我々が具体的な行動を取る、その最も重要な**体現**方法だ。だから、時には仕事を通じて社会にどんな貢献ができるのか考えることも必要だ。もし満足できる結果が得られなくても、自分のミッションを実現するためであれば、人は情熱を持ってある具体的な仕事に打ち込む過程に幸福を感じることができる。友人の農業改革はまだまだ長い道のりだが、彼は幸福な人生を**すごして**いると思う。

---

gòuchéng〔构成〕：構成する。形成する　　yīnsù〔因素〕：要素。要因　　tǔrǎng〔土壤〕：土壌　　zhùcún〔贮存〕：蓄える。貯蔵する　　jīlǐ〔机理〕：メカニズム。理屈　　sīháo〔丝毫〕：いささか。ごくわずか　　wēihài〔危害〕：危害を加える。損なう　　zhòngzhí〔种植〕：植える。栽培する　　shūguǒ〔蔬果〕：野菜と果物　　nóngyù〔浓郁〕：非常に濃い　　fǔlàn〔腐烂〕：腐乱する。腐る　　dǎrù〔打入〕：侵入する　　zhǔliú〔主流〕：主流。本流　　ménkǎn〔门槛〕：敷居。ハードル　　tíngzhìbùqián〔停滞不前〕：停滞して前進しない。足踏みする　　zāipéi〔栽培〕：栽培する　　shèngxià〔剩下〕：残る。余る　　jiānxìn〔坚信〕：かたく信じる　　biàngé〔变革〕：改変する。変革する　　hòushì〔后世〕：後世。後の時代　　shǐmìng〔使命〕：使命。ミッション　　chéngjiù〔成就〕：達成する。成し遂げる　　jùbèi〔具备〕：備える。整う。そろう　　rèqíng〔热情〕：情熱。熱意　　fùzhū〔付诸〕：始める。取り掛かる　　hóngwěi〔宏伟〕：雄大な。壮大な　　lántú〔蓝图〕：青写真　　tǎngruò〔倘若〕：もし　　luòshí〔落实〕：実施する。実行する　　gōngxīnjiēcéng〔工薪阶层〕：サラリーマン。会社員　　tǐxiàn〔体现〕：体現する。具体的に表す　　dùguò〔度过〕：過ごす。送る

构成幸福的因素

我有一位朋友是中小企业的社长。他们公司成功再现了**土壤**在自然环境中贮存养分的**机理**。利用该技术,可以大大提高土壤或水的质量,而且不会对大自然造成**丝毫**的**危害**。如果在利用该技术的土壤中**种植**蔬菜或水果的话,种出来的蔬果味道**浓郁**而且在相当一段时间内不会**腐烂**。

虽然他希望普及该技术,但他的公司在国内外知名度很低,**打入主流**圈门槛较高,其农业改革也**停滞不前**。而且各种农作物基本上每年只能**栽培**一次,对他而言"**仅剩下** 30 多次机会"。不过,他坚信该技术会带来全球性农业**变革**,为了**后世**普及该技术是他的**使命**。

要想**成就**一番事业需要**具备**三个因素。一是**热情**,二是使命感,三是行动。大多数人有热情和使命感,但难以**付诸**具体行动。即便胸怀**宏伟**的**蓝图**,**倘若**不落**实**也产生不了任何价值。

随着各种工作以及社会的复杂化,**工薪阶层**难以有改变社会、贡献于社会的实际感受。但工作是我们采取具体行动最重要的**体现**。因此,有时要思考我们能通过工作为社会做些什么。尽管得不到满意的成果,但为了实现自己的使命,人们会在热情投入到一系列具体工作的过程中产生幸福感。我朋友的农业改革还有漫漫长路,但我觉得他在**度过**幸福的人生。

多音字 —複数の音を持つ漢字㉒

亲：主な「親」「肉親の」「自ら」などは qīn、「親戚」のときは qìng
　　qīn：父母亲 fùmǔqīn、亲生 qīnshēng、亲属 qīnshǔ、亲信 qīnxìn、亲自 qīnzì
　　qìng：亲家 qìngjia、亲家公 qìngjiagōng、亲家母 qìngjiamǔ

曲：「曲がっている」は qū、「歌曲」に関するときは qǔ
　　qū：曲线 qūxiàn、曲解 qūjiě、曲折 qūzhé、河曲 héqū、曲直 qūzhí
　　qǔ：歌曲 gēqǔ、曲剧 qǔjù、曲目 qǔmù、曲谱 qǔpǔ、作曲 zuòqǔ

嚷：「どなる」「わめく」は rǎng、繰り返すときは rāng
　　rāng：别瞎嚷嚷了 bié xiā rāngrang le、
　　　　　别把这事嚷嚷出去 bié bǎ zhèshì rāngrang chūqu
　　rǎng：别嚷了 bié rǎng le、吵嚷 chǎorǎng、大嚷大骂 dàrǎngdàmà

撒：主な「放す」「開放する」ときは sā、「撒き散らす」「姓」のときは sǎ
　　sā：撒手 sāshǒu、撒网 sāwǎng、撒气 sāqì、撒娇 sājiāo、撒刁 sādiāo
　　sǎ：撒播 sǎbō、撒种 sǎzhòng、抛撒 pāosǎ、撒豆 sǎdòu、撒传单 sǎchuándān

塞：「すきまに押し込む」「ふさぐ」は sāi、「辺境の地」は sài、
　　sāi と同義で成語などに sè
　　sāi：塞车 sāichē、瓶塞 píngsāi、软木塞 ruǎnmùsāi、塞进去 sāijinqu
　　sài：塞北 sàiběi、边塞 biānsài、要塞 yàosài、塞翁失马 sàiwēngshīmǎ
　　sè：塞音 sèyīn、堵塞 dǔsè、淤塞 yūsè、栓塞 shuānsè、塞擦音 sècāyīn

散：「散らばる」「まきちらす」のときは sàn、「ばらばら」のときは sǎn
　　sǎn：散漫 sǎnmàn、散光 sǎnguāng、散架 sǎnjià、散曲 sǎnqǔ、散文 sǎnwén
　　sàn：散播 sànbō、散步 sànbù、散布 sànbù、散会 sànhuì、散失 sànshī

丧：「失う」「間が悪い」などは sàng、「死者」に関することがらは sāng
　　sāng：丧服 sāngfú、丧家 sāngjiā、丧乱 sāngluàn、丧葬 sāngzàng、报丧 bàosāng
　　sàng：丧胆 sàngdǎn、丧命 sàngmìng、丧气 sàngqì、丧生 sàngshēng、
　　　　　丧志 sàngzhì

扫：「掃く」「除去する」などは sǎo、"扫帚、扫把（いずれもほうき）"のときだけ sào
　　sǎo：扫除 sǎochú、打扫 dǎsǎo、扫地 sǎodì、扫黄 sǎohuáng、扫雷 sǎoléi
　　sào：扫把 sàobǎ、扫帚 sàozhou

色："色（sè）"と同義で一部の口語で shǎi
　　sè：红色 hóngsè、颜色 yánsè、色彩 sècǎi、落色 làosè、脸色 liǎnsè
　　shǎi：掉色 diàoshǎi、套色 tàoshǎi、不变色儿 búbiànshǎir、色酒 shǎijiǔ

㊽ Dào shénme dìbù cái xūyào xiūgǎi guīzé

Zài Rìběn, **shāndìyuèyěpǎo**de àihàozhě zuìjìn **búduàn** zēngjiā. **Suízhe** pǎobùrède **xīngqǐ**, cānjiā mǎlāsōngde rén yuèláiyuèduō, zhèxiērén yě kāishǐ **chángshì** shāndìpǎo huòzhě **tiěrénsānxiàngsài** děng yùndòng. Wǒmen zài xiǎng cānjiā gānggāng kāishǐ **pǔjí**de yùndòng **xiàngmù** shí, jiù yīnggāi qiánwǎng gāi xiàngmù zuì **huóyuè**de dìfang. Shànggezhōumò, wǒ láidào wèiyú Dōngjīng xībù jiāoqūde "Gāowěi Shān", cānjiāle shāndìpǎode **shíjiān** jiǎngzuò. Zài shānli zǒule qī-bāgōnglǐlù, **pèng**dàole shàngbǎimíng shāndìpǎo àihàozhě.

Gāowěi Shān lí Dōngjīng zhōngxīnbù jiàojìn, hěnduōrén zài xiàtiān wèile **bìshǔ** lái cǐ túbù yóuwán, yǐ zhōng-lǎoniánrén **jūduō**. Zài zhèzhǒng qíngkuàng xià, dāngrán cúnzài **tǎoyàn** pǎobùzhède dēngshān yóukè. Dàngtiān wǒmen bèi yíwèi lǎorén **mà**dào: "Zhèli shì dēngshānlù, búshì pǎobùdelù. Nǐmen búyàopǎo!" Suīrán wǒmen yìdiǎn yě méiyǒu **gānrǎo**dào tā, dàn duìtā'éryán wǒmen méiyǒu **zūnshǒu** Gāowěi Shān yuánláide guīzé.

Jù DōngjīngDū QiāndàitiánQū zhèngfǔ tǒngjì, zài **rào** Dōngjīng huánggōng yìzhōu quáncháng yuē wǔgōnglǐde **rénxíngdào**shang, gōngzuòrìde xiàwǔ liùdiǎn zhì jiǔdiǎn zhījiān píngjūn yǒu sìqiānrén pǎobù. Wǒ yě qùguo yícì, dàn rénxíngdào tài **yōngjǐ**, yīncǐ bùnéng zìyóuzìzàide pǎobù. Fùjìn jūmín **kěndìng** gǎndàole búbiàn hé wēixiǎn, dàn yīnwèi zhèshì **júbù** xiànxiàng, hái méiyǒu dádào jūmín yāoqiú xiūgǎi fǎlǜfǎguīde chéngdù.

Wǒmen zài xiūgǎi guīzé shí, yǒubìyào **rènqīng** mùqiánde qíngkuàng shìfǒu chángqī chíxù yǐjí shìfǒu jùyǒu **pǔbiàn** yìyì. Rìběnde guóhuì huì tǎolùn xīnfǎlǜde zhìdìng yǐjí xiūgǎi gōngzuò. Yǔ xiànzhì pǎobù bùtóng, xiūgǎi fǎlǜde wèntí shìguān wèiláishèhuìde jīběn **kuàngjià**, yīncǐ xūyào **chèdǐ** tǎolùn, yǒu bìyào quèrèn guómín shìbushì pǔbiàn zhème xiǎng. Zhǐyǒu dàole wǒmen quèxìn èrshínián huò sānshínián hòu **huíqù**shí réng juéde bìyàode nèizhǒng dìbù, cái xūyào xiūgǎi guīzé.

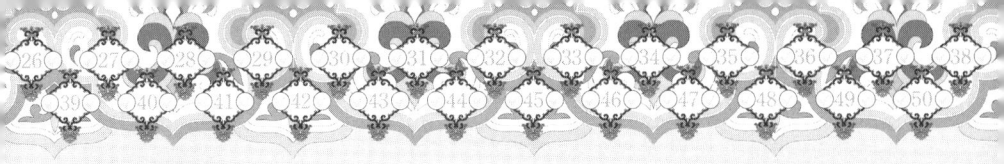

38 ■ みんなが必要だと認めてはじめてルールを変えるべきだ

　最近日本では山道を走る**トレイルランナー**がどんどん増えている。ランニングブームの**出現**に**伴って**マラソンに参加する人が増え、彼らはトレイルランや**トライアスロン**を**試し**てみる。もし我々が最近**流行り**始めたスポーツの**種目**をやってみたいと思うなら、その種目が**盛ん**な場所に行くべきだ。先週末、私は東京西部の郊外にある高尾山に行き、トレイルランの**実践**講座に参加した。山の中を7～8キロ歩くと100人を越すトレイルランナーに**出くわした**。

　高尾山は東京中心部から比較的近く、夏は中高年を**中心**にたくさんの人が**避暑**のために、ここに山歩きに来る。このような状況では、当然トレイルランを**嫌う**登山者もいる。当日、我々はある老人に**怒鳴られた**「ここは登山道だ、走る道じゃない。走るな！」。我々は少しも彼の**邪魔**をしていなかったが、彼に言わせれば我々は高尾山のもともとのルールを**守って**いないのだ。

　東京都千代田区役所の統計によると、東京の皇居を**回る**一周5キロの**歩道**上に、平日の夕方6時から9時にかけて平均4000人が走っているという。私も一度行ってみたが、歩道は**混み**すぎていて自由に走れなかった。付近の住民は**きっと**不便と危険を感じているに違いない。しかし、これは**局地的な**現象なので、住民が法律や条例の改正を求めるところまではいっていない。

　我々がルールを変える時は、目の前の状況が長く継続し、かつ**普遍的**なものであるかどうかを**見極め**なくてはいけない。国会ではさまざまな法律の制定や改正について話し合われている。ランニングの制限と違って、法改正の問題は将来の社会の基本的な**骨組み**を形作るもので、**徹底的に**話し合うべきだし、国民が広く必要性を感じていることを確認しなくてはならない。我々が20年、30年後に**振り返った**とき、同様にその必要性を感じると確信した時にはじめてルールを変えるべきだ。

---

guīzé〔规则〕：ルール。標準となる規則　shāndìyuèyěpǎo〔山地越野跑〕：トレイルラン　búduàn〔不断〕：絶え間なく。つねに　suízhe〔随着〕：～に従って。～につれて　xīngqǐ〔兴起〕：出現する。勢いよく現れる　chángshì〔尝试〕：試してみる。試みる　tiěrénsānxiàngsài〔铁人三项赛〕：トライアスロン　pǔjí〔普及〕：普及する。広く行き渡る　xiàngmù〔项目〕：種目　huóyuè〔活跃〕：活発である。熱気がある　shíjiàn〔实践〕：実践する。実行する　pèng〔碰〕：出会う。出くわす　bìshǔ〔避暑〕：暑さを避ける　jūduō〔居多〕：多数を占める　tǎoyàn〔讨厌〕：嫌う。いやがる　mà〔骂〕：叱りののしる。非難する　gānrǎo〔干扰〕：邪魔する。妨害する　zūnshǒu〔遵守〕：従い守る。守る　rào〔绕〕：(周りを)ぐるぐる回る　rénxíngdào〔人行道〕：歩道　yōngjǐ〔拥挤〕：混み合う。押し合いへし合いする　kěndìng〔肯定〕：確かに。きっと　júbù〔局部〕：一部分。ある部分　rènqīng〔认清〕：見極める　pǔbiàn〔普遍〕：普遍的に。全面的に　kuàngjià〔框架〕：骨組み。枠組み　chèdǐ〔彻底〕：徹底的に　huígù〔回顾〕：振り返る

到什么地步才需要修改规则

在日本，**山地越野跑**的爱好者最近**不断**增加。**随着跑步热的兴起**，参加马拉松的人越来越多，这些人也开始**尝试**山地跑或者**铁人三项赛**等运动。我们在想参加刚刚开始**普及**的运动**项目**时，就应该前往该项目最**活跃**的地方。上个周末，我来到位于东京西部郊区的"**高尾山**"，参加了山地跑的**实践**讲座。在山里走了七八公里路，**碰**到了上百名山地跑爱好者。

高尾山离东京中心部较近，很多人在夏天为了**避暑**来此徒步游玩，以中老年人**居多**。在这种情况下，当然存在**讨厌**跑步者的登山游客。当天我们被一位老人**骂道**："这里是登山路，不是跑步的路。你们不要跑！"虽然我们一点也没有**干扰**到他，但对他而言我们没有**遵守**高尾山原来的规则。

据东京都千代田区政府统计，在**绕**东京皇宫一周全长约 5 公里的**人行道**上，工作日的下午 6 点至 9 点之间平均有 4000 人跑步。我也去过一次，但人行道太**拥挤**，因此不能自由自在地跑步。附近居民**肯定**感到了不便和危险，但因为这是**局部**现象，还没有达到居民要求修改法律法规的程度。

我们在修改规则时，有必要**认清**目前的情况是否长期持续以及是否具有**普遍**意义。日本的国会会讨论新法律的制定以及修改工作。与限制跑步不同，修改法律的问题事关未来社会的基本**框架**，因此需要**彻底**讨论，有必要确认国民是不是普遍这么想。只有到了我们确信 20 年或 30 年后**回顾**时仍觉得必要的那种地步，才需要修改规则。

多音字 —複数の音を持つ漢字 ㉓

煞：主な「締めくくる」「とめる」のときは shā、「疫病神」「非常に」のときは shà
 shā：收煞 shōushā、煞帐 shāzhàng、煞笔 shābǐ、煞车 shāchē、煞尾 shāwěi
 shà：关煞 guānshà、煞气 shàqì、凶神恶煞 xiōngshén'èshà、煞费苦心 shàfèikǔxīn

扇：「うちわ」「とびら」などは shàn、「あおぐ」など動詞のときは shān
 shān：扇风 shānfēng、扇火 shānhuǒ、扇动翅膀 shāndòng chìbǎng
 shàn：团扇 tuánshàn、风扇 fēngshàn、电扇 diànshàn、门扇 ménshàn

栅：「さく」「囲い」は zhà、「グリッド」は shān、"大栅栏（北京の地名）"は shí
 shān：栅极 shānjí、控制栅 kòngzhìshān、帘栅 liánshān
 shí：大栅栏 Dàshílàn
 zhà：栅子 zhàzi、栅栏 zhàlan、羊栅 yángzhà、铁栅 tiězhà

上：「上」「前」「優れた」などは shàng、普通話の声調で第三声は shǎng
 shǎng：上声 shǎngshēng、平上去入 píngshǎngqùrù
 shàng：上下 shàngxià、上周 shàngzhōu、上班 shàngbān

捎：「ついでに持っていく」のときは shāo、「色あせる」「後ずさる」などは shào
 shāo：捎带 shāodài、捎脚 shāojiǎo、捎个口信 shāo ge kǒuxìn
 shào：捎色 shàosè、往后捎 wǎng hòu shào

少：「少ない」などは shǎo、「若い」は shào
 shǎo：多少 duōshǎo、少量 shǎoliàng、少许 shǎoxǔ、缺少 quēshǎo、减少 jiǎnshǎo
 shào：少年 shàonián、少壮 shàozhuàng、少校 shàoxiào、少将 shàojiàng

折：「折る」「曲げる」などは zhé、「切れる」「損をする」のときは shé、
「ひっくり返る」「移し替える」のときは zhē
 shé：折本 shéběn、腿折了 tuǐ shéle、毛线折了 máoxiàn shéle
 zhē：折腾 zhēteng、折跟头 zhē gēntou
 zhé：折射 zhéshè、折中 zhézhōng、折叠 zhédié、骨折 gǔzhé、转折 zhuǎnzhé

舍：「建物」などは shè、「捨てる」「喜捨する」のときは shě
 shě：舍得 shěde、舍命 shěmìng、舍弃 shěqì、舍身 shěshēn、施舍 shīshě
 shè：宿舍 sùshè、校舍 xiàoshè、猪舍 zhūshè、舍亲 shèqīn、舍监 shèjiān

什：疑問代詞のときは shén、「十」「いろいろな」などは shí
 shén：什么 shénme
 shí：什锦 shíjǐn、什物 shíwù、什九 shíjiǔ

49. Yìqǐ hējiǔde shèjiāo gōngnéng

Wǒ zài dàxué dúshū shí, duì zìjǐ zuòle liǎngge guīdìng: Dìyī shì búyào lìnxī gòumǎi shūjíde qián yǐjí kànshūde shíjiān, lìngyíge shì búyào lìnxī gēn péngyou hējiǔ tánhuàde shíjiān. Bùzhīdào xiànzàide dàxuéshēng juéde rúhé, dàn wǒmen zài dàxué shí yígeyuè zhìshǎo kàn shíběnshū, zhè shì xuéshengde "gōngzuò".

Wǒmen gēn péngyoumen hējiǔ liáotiān, tánlùn dúshūde zhīshi hé gǎnshòu, gèshūjǐjiàn, kěwèi shì xuéshengde yìzhǒng yóuxì. Suīrán dàxuéshēngde xiǎngfǎ hái hěn yòuzhì ér búdà xiànshí, dànshì tōngguò zhèzhǒng tǎolùn, wǒmen néng zhīdào zài tán wénxué, zhèngzhì,jīngjì shí, zìjǐ quēfá shénme lǐngyùde zhīshi. Dāngshí, gēn péngyou hējiǔ shì yìzhǒng tǎolùn wèntí, móliàn jiànshide fāngfǎ. Érqiě hējiǔ néng ràngrén fàngsōng xīnqíng, róngyì shuōchū zhēnxīnhuà, yǒuyì gōutōng. Yìqǐ hējiǔ yǒuzhùyú rènqīng cǐrén shìfǒu zhídé xìnlài.

Dànshì, wǒ fāxiàn zìjǐ liǎngge zhèngzài shàngdàxuéde érzi píngshí jīhū bùhējiǔ. Zài wǒmen dānwèi dǎgōngde xuéshengli yě yǒu wánquán bùhējiǔde. Quèshí, xiànzài yǒu hěnduō yúlè huódòng, bùyídìng fēiyào hējiǔ liáotiān, érqiě tāmen běnlái méiyǒu hējiǔde xíguàn, hěn róngyì hēzuì nánshòu.

Rújīn, wǒ hái bùxiāngxìn tōngguò hùliánwǎng nénggòu gōutōng. Jì kànbudào duìfāngde biǎoqíng, yě bùnéng zhíjiē tīngdào duìfāngde yǔqì, zěnme néng zhēnzhèng lǐjiě duìfāng? Hěnduō wǎngmín zài wúshùde xìnxī zhōng, zhǐshì yǒuxuǎnzéxìngde qù kàn bìng zhīchí zìjǐ xǐhuande xìnxī éryǐ. Shèjiāo wǎngzhànde hěnduō tiězi bù xǐhuan zhēnduì zìjǐde fǎnbó, kěyǐshuō shì dānfāngmiànde fāchū xìnxī huòzhě yìjiàn. Wǒ rènwéi tōngguò hùliánwǎng gōutōng hái bùrú yìqǐ hējiǔ, wǎngluò shì hùxiāng liánxìde gōngjù éryǐ, méiyǒu chéngshú tǎolùn wèntíde gōngnéng.

39. 一杯やる付き合いの効能

　大学のころ、二つの**決まり**を作っていた。ひとつは**本**を読む金と時間を**惜しまない**こと、もうひとつは友達と酒を飲み、話をする時間を惜しまないこと。今の大学生が**どう**感じるかは知らないが、僕らが大学生のころは1ヶ月に**最低**10冊の本を読むことが、学生にとっての仕事だった。

　友達と本を読んで雑談するときは、本の知識や感想について、みんなが**自分の意見を言う**。**いわば**学生にとって一種の**ゲーム**のようなものだった。大学生の考え方はまだ**幼稚**で現実的でもなかったが、こうした討論を通じて、我々は文学や政治、経済を語ろうとするなら、自分にどういった**分野**の**知識**が**欠けている**のか知ることができた。当時、友達と酒を飲むのは、問題を討論し、**見識**を**磨く**方法だった。それに酒を飲むと人は精神の緊張が緩み、容易に**本音**を話すので、意思**疎通**に有効だった。一緒に酒を飲むのは、その人が信頼できるかどうかを**見分ける**のに役立った。

　しかし、自分の二人の大学生の息子を見ると、**日ごろ**は**ほとんど**酒を飲むのを見たことがない。僕らの職場でアルバイトしている学生にも全く酒を飲まない人もいる。確かに、今はたくさんの遊びがあるので酒を飲んで話をする必要もないし、彼らにはもともと酒を飲む習慣がないので、簡単に酔って苦しくなる。

　今も、僕はインターネットで意思疎通できるとは思っていない。相手の表情が見えないうえに、直接相手の**口調**が聞き取れないのに、どうして本当に相手のことが理解できるのか？たくさんの**ネットユーザー**は無数の情報の中から、自分の気に入った情報を選んで支持しているに過ぎない。SNSの**書き込み**の多くは自らへの**反論**を喜ばず、一方的に情報や意見を発信しているだけと言える。僕は、インターネットはまだ酒を飲む付き合いに及ばず、お互いに連絡を取るだけの**ツール**であり、問題を討論する機能は成熟してないと思う。

---

shèjiāo〔社交〕：社交　dúshū〔读书〕：勉強する。学ぶ　guīdìng〔规定〕：規定。決まり　lìnxī〔吝惜〕：物惜しみする。渋る　shūjí〔书籍〕：書籍。本　rúhé〔如何〕：どのように。いかに　zhìshǎo〔至少〕：少なくとも。せめて　gèshūjǐjiàn〔各抒己见〕：各自の見解を述べる　kěwèi〔可谓〕：〜というべきである　yóuxì〔游戏〕：ゲーム。遊び　yòuzhì〔幼稚〕：幼稚である。未熟である　quēfá〔缺乏〕：欠く。不足する　lǐngyù〔领域〕：分野。領域　móliàn〔磨炼〕：鍛える。練磨する　jiànshí〔见识〕：見識。考え。経験と知識　zhēnxīn〔真心〕：本心。偽りのない心　gōutōng〔沟通〕：意志疎通する　rènqīng〔认清〕：見分ける。見きわめる　píngshí〔平时〕：ふだん。平素　jīhū〔几乎〕：ほとんど。ほぼ　rújīn〔如今〕：いまのところ。現在　jì〔既〕：すでに〜であるのみならず。〜である上に〜だ　yǔqì〔语气〕：話しぶり。口ぶり　wǎngmín〔网民〕：インターネットのユーザー　tiězi〔帖子〕：書き込み。スレッド　fǎnbó〔反驳〕：反駁する　gōngjù〔工具〕：ツール

一起喝酒的社交功能

我在大学**读书**时,对自己做了两个**规定**:第一是不要**吝惜**购买**书籍**的钱以及看书的时间,另一个是不要吝惜跟朋友喝酒谈话的时间。不知道现在的大学生觉得**如何**,但我们在大学时一个月**至少**看10本书,这是学生的"工作"。

我们跟朋友们喝酒聊天,谈论读书的知识和感受,**各抒己见**,**可谓**是学生的一种**游戏**。虽然大学生的想法还很**幼稚**而不大现实,但是通过这种讨论,我们能知道在谈文学、政治、经济时,自己**缺乏**什么**领域**的知识。当时,跟朋友喝酒是一种讨论问题、**磨炼见识**的方法。而且喝酒能让人放松心情,容易说出**真心**话,有益**沟通**。一起喝酒有助于**认清**此人是否值得信赖。

但是,我发现自己两个正在上大学的儿子**平时几乎**不喝酒。在我们单位打工的学生里也有完全不喝酒的。确实,现在有很多娱乐活动,不一定非要喝酒聊天,而且他们本来没有喝酒的习惯,很容易喝醉难受。

如今,我还不相信通过互联网能够沟通。**既**看不到对方的表情,也不能直接听到对方的**语气**,怎么能真正理解对方?很多**网民**在无数的信息中,只是有选择性地去看并支持自己喜欢的信息而已。社交网站的很多**帖子**不喜欢针对自己的**反驳**,可以说是单方面地发出信息或者意见。我认为通过互联网沟通还不如一起喝酒,网络是互相联系的**工具**而已,没有成熟讨论问题的功能。

多音字 ——複数の音を持つ漢字 ㉔

省:「節約する」「省く」「行政単位」のときは shěng、「省みる」「悟る」などは xǐng
　　shěng:省得 shěngde、省略 shěnglüè、俭省 jiǎnshěng、省城 shěngchéng
　　xǐng:反省 fǎnxǐng、内省 nèixǐng、省悟 xǐngwù、不省人事 bùxǐngrénshì

食:主な「食べる」などは shí、「食べさせる」ときは sì
　　shí:食品 shípǐn、食物 shíwù、食堂 shítáng、食客 shíkè、主食 zhǔshí
　　sì:食子 sìzǐ、以食食之 yǐshísìzhī

识:主な「知っている」「見識」などは shí、「覚える」「記号」は zhì
　　shí:识别 shíbié、识破 shípò、认识 rènshi、知识 zhīshi、有识之士 yǒushízhīshì
　　zhì:标识 biāozhì、款识 kuǎnzhì、博闻强识 bówénqiángzhì

似:「似る」などは sì、"似的（〜のようだ）"のときだけ shì
　　shì:似的 shìde
　　sì:似乎 sìhū、近似 jìnsì、类似 lèisì、相似 xiāngsì、似是而非 sìshì'érfēi

熟:「よく知っている」「熟する」などは shú、「口語で単独」のときだけ shóu
　　shóu:苹果熟了 píngguǒ shóule、我和他很熟 wǒ hé tā hěnshóu
　　shú:熟人 shúrén、熟练 shúliàn、熟知 shúzhī、熟悉 shúxī、饭熟了 fàn shúle

数:「数量」のときは shù、「数える」などは shǔ、「しばしば」のときは shuò
　　shǔ:数数 shǔshù、数钱 shǔqián、数得上 shǔdeshàng
　　shù:数额 shù'é、数量 shùliàng、数列 shùliè、数码 shùmǎ、数学 shùxué
　　shuò:频数 pínshuò、言之数数 yánzhīshuòshuò

属:主な「属する」などは shǔ、「連ねる」「集中する」のときは zhǔ
　　shǔ:金属 jīnshǔ、家属 jiāshǔ、军属 jūnshǔ、属性 shǔxìng、属实 shǔshí
　　zhǔ:属文 zhǔwén、前后相属 qiánhòu xiāngzhǔ、属意 zhǔyì、属望 zhǔwàng

说:「言う」などは shuō、古文で"悦"と同義のときは yuè、"游说"のときだけ shuì
　　shuì:游说 yóushuì
　　shuō:说法 shuōfǎ、说服 shuōfú、说客 shuōkè、说明 shuōmíng、学说 xuéshuō
　　yuè:有朋自远方来，不亦说乎 yǒu péng zì yuǎnfāng lái, bú yì yuè hū

宿:主な「泊まる」「古くからの」などは sù、「夜」の量詞のときは xiǔ、「星の集合体」は xiù
　　sù:宿舍 sùshè、宿愿 sùyuàn、宿将 sùjiàng、宿弊 sùbì、住宿 zhùsù
　　xiǔ:住了一宿 zhùle yìxiǔ
　　xiù:星宿 xīngxiù、二十八宿 èrshíbāxiù

㊿ Niánqīng péngyou bùrù hūnyīn

Rìqián, wǒ rènshide liǎngwèi péngyou jiélehūn. Zhīdào tāmen **chéngjiā**de shíhou, wǒ zài **gōngxǐ** liǎngwèide tóngshí, **nǎohǎi**li yě **fúxiàn**chū yíge dānyōu, tāmen néngfǒu shùnlì shēnghuó? Yīnwèi tāmen dōushì **fēiyínglìtuántǐ**de zhíyuán, shōurù búdà wěndìng.

Fēi yínglì tuántǐde zījīn **láiyuán** dàzhì fēnwéi liǎngzhǒng: Yìzhǒng shì qǐyè huòzhě gèrén huìyuán měiyuède **juānkuǎn**, lìng yìzhǒng shì xíngzhèng jīgòu huòzhě qǐyè děng shíshíde gèzhǒng **zīzhù xiàngmùzhōng**de **yòngrénjīngfèi**. Tāmen tuántǐde zhǔyào láiyuán shì hòuzhě. Dànshì, gèzhǒng xiàngmù dàgài yǒu yī zhì jǐniánde qīxiàn, suǒyǐ qīxiàn yídào, cáiyuán yě jiù méiyǒule.

Wǒ dānyōudeshì, tāmen nándào yǐwéi "wǒmen hái niánqīng, kěndìng yǒu bànfǎ" huòzhě "yǒu àiqíngdehuà, yídìng néng **jiānchí**"? Rúguǒ shìxiān gēn wǒ shāngliang, wǒ yídìng jiànyì tāmen yào kànqīng xiànshí, àiqíng qíshí hěn**cuìruò**. Wǒ huì gàosu tāmen: "Nǐmen kàn, wǒ zài èrshiduōniánde hūnyīn shēnghuó zhōng huòdéde zhǐshì duì lǎopo pīpíng **tīngzhīrènzhī** de ěrduo yǐjí yìkē jiānqiáng rěnnàidexīn."

Dàn wǒ **zhuǎnniàn** yìxiǎng, tāmen xiàng Dōngrìběn Dàdìzhèn **zāiqū** děng pínkùn jiātíngde háizimen jìnxíng zhīyuán, xīnláng hái zài fāshēng zāinàn hòu bùjiǔ, **búgù qīnpénghǎoyǒu**de fǎnduì bāndào zāiqū, shì fēicháng **nénggǎn**de **qiángrén**. Érqiě tāmen chéngjiā hòu jiù gèng néng tǐhuì jiātíngde wēnnuǎn, néng zhēnzhèng míngbái háizimen quēfáde shì shénme.

Zuìjìn, zǒngbù shèzài Měiguóde yìjiā guīmó jiàodàde qǐyè juédìng zīzhù tāmende tuántǐ. Tīngdào zhèyìxiāoxide shíhou, wǒ quèxìn yídìng huì yǒurén zài kàndào zhèduì **xīnrén**de **shànxíng** hòu xiǎng jǐyǔ **bàochou**. Wǒ rènwéi jīnhòu yě huì chūxiàn yuànyì zhīchí pínkùn jiātíngde fūrén, zhèduì **kànglì** yě néng **ānjūlèyè**. Wǒ huòxǔ shì **qǐrényōutiān** bàle.

40. 若い友人の結婚

　先日、知り合いのカップルが結婚した。彼らの**結婚**を知った時、二人を**祝福する**と同時に、**脳裏**にひとつの心配が**浮かんだ**。彼らはうまく生活していけるのか？　なぜなら、彼らはともに **NPO** の職員で、収入がそれほど安定していないからである。

　NPO の**財源**は大まかに分けて 2 種類ある。ひとつは企業や個人の会員からの毎月の**寄付**で、もう一種類は行政や企業が実施する各種の**助成プロジェクト**の中の**人件費**だ。彼らの団体の主要な財源は後者である。ただ、各種のプロジェクトにはたいてい 1 年から数年という期限があって、期限がくると財源もなくなってしまう。

　僕はこの二人がまさか「ぼくたちはまだ若い。なんとかなるさ」とか「愛さえあればきっと**頑張れる**」などと思ったのではないかといぶかしんだ。もし僕に事前に相談があったらきっと彼らに、現実を見なければいけない、愛情なんて**もろい**ものだとアドバイスしたに違いない。僕は彼らに言っただろう「見てみろよ。僕が 20 年の結婚生活で手に入れたのは、カミさんの文句を**聞き流す**耳と強靭な忍耐だけだ」。

　しかし、僕は**考え直した**。彼らは東日本大地震の**被災地**など貧困家庭の子どもの支援を行っていて、新郎は震災の直後、**周囲の反対**を**振り切って**被災地に引越した**優秀なつわもの**だ。その上彼らが結婚すればもっと家庭の温かさを理解し、子どもたちに足りないものが何かが分かるだろう。

　最近、アメリカに本部がある比較的大きな企業が彼らの団体への資金援助を決めた。これを聞いたとき、やはり誰かこの**新郎新婦**の**善行**を見ていてその**報酬**を与えたのだと確信した。今後もきっと貧しい家庭を支援しようという金持ちが現れ、**夫婦**の**生活は安定できる**だろう。僕の心配は**杞憂にすぎなかった**ようだ。

---

bùrù〔步入〕：歩み入る　chéngjiā〔成家〕：結婚する　gōngxǐ〔恭喜〕：おめでとうと祝う　nǎohǎi〔脑海〕：頭の中。脳裏　fúxiàn〔浮现〕：現れる。浮かぶ　fēiyínglìtuántǐ〔非营利团体〕：民間非営利団体。NPO　láiyuán〔来源〕：出所。源　juānkuǎn〔捐款〕：寄付。献金　zīzhù〔资助〕：経済的に援助する　xiàngmù〔项目〕：項目。プロジェクト　yòngrénjīngfèi〔用人经费〕：人件費　jiānchí〔坚持〕：頑張り続ける。がまんする　cuìruò〔脆弱〕：もろくて弱い　tīngzhīrènzhī〔听之任之〕：放任する。成り行きに任せる　zhuǎnniàn〔转念〕：考え直す　zāiqū〔灾区〕：被災地区　búgù〔不顾〕：顧みない。かまわない　qīnpénghǎoyǒu〔亲朋好友〕：親類や友達　nénggàn〔能干〕：才能がある。仕事がよくできる　qiángrén〔强人〕：強者。実力者　tǐhuì〔体会〕：理解する。身にしみてよくわかる　xīnrén〔新人〕：新郎新婦　shànxíng〔善行〕：善行　bàochou〔报酬〕：労に報いる。報酬　kànglì〔伉俪〕：ご夫妻　ānjūlèyè〔安居乐业〕：落ち着いて生活し、楽しく働く　qǐrényōutiān〔杞人忧天〕：杞憂である。取り越し苦労をする　bàle〔罢了〕：～にすぎない。～するだけだ

年轻朋友步入婚姻

日前，我认识的两位朋友结了婚。知道他们**成家**的时候，我在**恭喜**两位的同时，**脑海**里也**浮现**出一个担忧，他们能否顺利生活？因为他们都是**非营利团体**的职员，收入不大稳定。

非营利团体的资金**来源**大致分为两种：一种是企业或者个人会员每月的**捐款**，另一种是行政机构或者企业等实施的各种**资助项目**中的**用人经费**。他们团体的主要来源是后者。但是，各种项目大概有一至几年的期限，所以期限一到，财源也就没有了。

我担忧的是，他们难道以为"我们还年轻，肯定有办法"或者"有爱情的话，一定能**坚持**"？如果事先跟我商量，我一定建议他们要看清现实，爱情其实很**脆弱**。我会告诉他们："你们看，我在20多年的婚姻生活中获得的只是对老婆批评**听之任之**的耳朵以及一颗坚强忍耐的心。"

但我**转念**一想，他们向东日本大地震**灾区**等贫困家庭的孩子们进行支援，新郎还在发生灾难后不久，**不顾亲朋好友**的反对搬到灾区，是非常**能干**的**强人**。而且他们成家后就更能体会家庭的温暖，能真正明白孩子们缺乏的是什么。

最近，总部设在美国的一家规模较大的企业决定资助他们的团体。听到这一消息的时候，我确信一定会有人在看到这对**新人**的**善行**后想给予**报酬**。我认为今后也会出现愿意支持贫困家庭的富人，这对**伉俪**也能**安居乐业**。我或许是**杞人忧天**罢了。

多音字 —複数の音を持つ漢字 ㉕

遂：「思うようになる」などは suì、"半身不遂" のときだけ suí
　　suí：半身不遂 bànshēnbùsuí
　　suì：遂心 suìxīn、遂意 suìyì、遂愿 suìyuàn、未遂 wèisuì

拓：主な「開拓する」などは tuò、「拓本をとる」ときは tà
　　tà：拓本 tàběn、拓片 tàpiàn、拓印 tàyìn、石拓 shítà
　　tuò：开拓 kāituò、拓荒 tuòhuāng、拓宽 tuòkuān、拓地 tuòdì、拓跋 Tuòbá

苔：「コケ」は tái、「舌苔」のときだけ tāi
　　tāi：舌苔 shétāi
　　tái：苔藓 táixiǎn、青苔 qīngtái

挑：「選ぶ」「担ぐ」のときは tiāo、「揭げる」「ほじくる」などは tiǎo
　　tiāo：挑选 tiāoxuǎn、挑剔 tiāotī、挑拣 tiāojiǎn、挑水 tiāoshuǐ、挑夫 tiāofū
　　tiǎo：挑动 tiǎodòng、挑逗 tiǎodòu、挑衅 tiǎoxìn、挑战 tiǎozhàn、挑头儿 tiǎotóur

帖：「招待状」、薬の量詞のときは tiě、「従順だ」「適切だ」のときは tiē、
　　「書画の手本」は tiè
　　tiē：服帖 fútiē、妥帖 tuǒtiē、安帖 āntiē
　　tiě：喜帖 xǐtiě、请帖 qǐngtiě、换帖 huàntiě、帖子 tiězi、一帖药 yìtiě yào
　　tiè：碑帖 bēitiè、法帖 fǎtiè、名帖 míngtiè、字帖 zìtiè

吐：「吐き出す」などは tǔ、「嘔吐する」ときは tù
　　tǔ：吐露 tǔlù、吐气 tǔqì、吐痰 tǔtán、吐唾沫 tǔtuòmo、吐穗 tǔsuì
　　tù：吐沫 tùmo、吐血 tùxiě、呕吐 ǒutù、上吐下泻 shàngtùxiàxiè

褪：「脱ぐ」「色があせる」のときは tuì、「手足を引っ込める」などは tùn
　　tuì：褪色 tuìsè、褪毛 tuìmáo、褪去冬衣 tuìqudōngyī
　　tùn：褪套儿 tùntàor、褪着手 tùnzheshǒu

为：「なす」「みなす」などは wéi、「〜のために」のときは wèi
　　wéi：为难 wéinán、为期 wéiqī、为止 wéizhǐ、作为 zuòwéi、变为 biànwéi
　　wèi：为此 wèicǐ、为何 wèihé、为了 wèile、因为 yīnwèi、为什么 wèishénme

遗：「失う」「残す」などは yí、「贈る」のときだけ wèi
　　wèi：遗之千金 wèizhīqiānjīn、遗之以书 wèizhīyǐshū
　　yí：遗留 yíliú、遗迹 yíjì、遗憾 yíhàn、遗失 yíshī、遗忘 yíwàng

(51) Bǎozhǒngde "chǒunǚ zhī èrshiwǔtiáo"

Zuìjìn, wǒ zài wǎngshàng fāxiànle wèiyú BīngkùXiànde Bǎozhǒnggējùtuán yǐqián bú**wàichuán**de "chǒunǚ zhī èrshiwǔtiáo". Zhòngsuǒzhōuzhī, Bǎozhǒnggējùtuán shì Rìběn **qūzhǐkěshǔ**de rénqì měinǚ wángguó.

"Chǒunǚ zhī èrshiwǔtiáo" nèiróng rúxià: yī、méiyǒu xiàoróng, èr、bú**dàoxiè**, sān、bùchēngzàn shíwù "hǎochī", sì、**mùguāng wúshén**, wǔ、méiyǒu jīngshen, liù、**zuǐjiǎo** xià**piě**, qī、quēshǎo zìxìn, bā、nèixīn búbào xīwàng, jiǔ、bùzhīdào zìjǐ shì chǒunǚ, shí、shuōhuà shēngyīn dī qiě **wèiwèisuōsuō**, shíyī、jiānxìn zìjǐ zuìzhèngquè, shí'èr、**fā láosāo**, shísān、**yuànhèn** tārén, shísì、zǒng bǎ zérèn **tuīxiè** gěi tārén.

Shíwǔ、zǒng rènwéi zhōuwéi bùhǎo, shíliù、**jídù** biérén, shíqī、bú wèi tārén jìnlì, shíbā、bùxiāngxìn biérén, shíjiǔ、**àomàn** bùqiānxū, èrshí、bùjiēshòu tārénde yìjiàn hé zhōnggào, èrshiyī、róngyì wèi xiǎoshì shòushāng, èrshi'èr、bēiguānde **kàndài** shìwù, èrshisān、búshànyú fāxiàn wèntí, èrshisì、zìshēnde cúnzài dǎozhì qìfen **yāyì**, èrshiwǔ、duì rénshēng hé gōngzuò méiyǒu rèqíng.

Wǒ rènwéi, bǎ "méiyǒu xiàoróng" fàngzài shǒuwèi **búkuì** shì jǐn yóu nǚxìng zǔchéngde gējùtuán. Wǒ xiǎode shíhou, māma cháng shuō "Nánrén sānnián xiào yícì". Yìsi shì wèile bǎochí **wēiyán**, nánrén bùyīnggāi chángcháng dàxiào, sānnián yícì érqiě jǐn yòng wēixiào jiù zúgòule. Rán'ér zài jīntiān, nánrén rúguǒ zhème bù**héqi**de huà, mǎshàng jiùhuì lìngrén **shēngyàn**.

Kànle shàngshù èrshiwǔtiáo hòu, rénmen dàduō huìyòng zhèige qù **héngliáng** biérén. Dàn wǒ zhīdào zìjǐ yě yǒu "jiānxìn zìjǐ zuìzhèngquè, bùjiēshòu tārén yìjiàn hé zhōnggào" děng quēdiǎn. Zài shèhuìshang, dāng rénmen yǒule yídìngde dìwèihòu, shòudào pīpíngde jīhuì jiù shǎole. Érqiě wèile bǎohù zìjǐ, rénmen huì zhǎochū zhǒngzhǒng jièkǒu tì zìjǐ **kāituō**. Zuì kěpàde shì, rúguǒ yīnwèi tóngyàngde wèntí shībài jǐcì zhīhòu, **pángrén** yě jiù **jiānkǒu**bùyǔle. Yě jiùshì shuō, wǒmen rúguǒ **gùzhíjǐjiàn**, jiù huì shīqù chéngwéi **shuàigē** měinǚde jīhuì.

41. 宝塚「ブスの 25 か条」

　最近、ネットで兵庫県にある宝塚歌劇団の、以前は**門外不出**だった「ブスの 25 か条」を見つけた。ご承知のように宝塚歌劇団は、日本でも**屈指**の人気をほこる美女の王国だ。

　「ブスの 25 か条」の内容は次のようなものだ。1 笑顔がない。2 **お礼を言わない**。3 美味しいと言わない。4 **目**が**輝いていない**。5 精気がない。6 **口**が**への字の形をしている**。7 自信がない。8 希望がない。9 自分がブスであることを知らない。10 声が小さく**イジケている**。11 自分が最も正しいと信じ込んでいる。12 **愚痴をこぼす**。13 他人を**うらむ**。14 いつも**責任転嫁する**。

15 いつも周囲が悪いと思っている。16 他人に**嫉妬する**。17 他人につくさない。18 他人を信じない。19 謙虚さがなく**傲慢**である。20 他人のアドバイスや忠告を受け入れない。21 なんでもないことに傷つく。22 悲観的に物事を**考える**。23 問題意識を持っていない。24 存在自体が周囲を**暗くする**。25 人生においても仕事においても意欲がない。

　「笑顔がない」を一番に置いたのは**さすがに**女性の歌劇団だと思った。子どものころ、母はいつも「男は三年に一回」と言っていた。**威厳**を保つために男性はいつも大笑いしていてはいけない、三年に一度、しかも微笑むくらいで十分だ、という意味だ。しかし、今日では男性がこれほど無**愛想**ではすぐに**嫌われて**しまうだろう。

　この 25 か条を読むと、多くの人はこれで他人を**評価**しようとするだろう。ただ私は自分自身にも「自分が最も正しいと信じ込んでいて、他人のアドバイスや忠告を受け入れない」という欠点があることを知っている。社会では、人はある程度の地位になると批判される機会が減る。また、自分を守るためにいろいろな言い訳を探し出して**責任を逃れよう**とする。もっとも怖いのは、もし同じような欠点で何度か失敗すれば、**他人**が何も言わな**くなる**ことだ。つまり、**自分の考えに固執**すれば、**イケメン**や美女になる機会を失うかもしれないのだ。

---

chǒunǚ〔丑女〕：ブス　wàichuán〔外伝〕：外部に漏らす　qūzhǐkěshǔ〔屈指可数〕：屈指の。指折り数えるほど少ない　dàoxiè〔道谢〕：お礼を言う　mùguāng〔目光〕：眼光。まなざし　wúshén〔无神〕：輝きがない　zuǐjiǎo〔嘴角〕：口もと　piě〔撇〕：口をへの字にする　wèisuō〔畏缩〕：畏縮する。いじける　fā láosāo〔发牢骚〕：愚痴をこぼす。不平を言う　yuànhèn〔怨恨〕：うらむ。憎む　tuīxiè〔推卸〕：(責任を) 逃れる。回避する　jídù〔嫉妒〕：ねたむ。嫉妬する　àomàn〔傲慢〕：傲慢だ。横柄だ　kàndài〔看待〕：取り扱う。待遇する　yāyì〔压抑〕：押さえつける。重苦しい　búkuì〔不愧〕：〜に恥じない　wēiyán〔威严〕：威厳。威風　héqi〔和气〕：穏やか。仲がよい　shēngyàn〔生厌〕：嫌気がさす　héngliáng〔衡量〕：評価する。考える　kāituō〔开脱〕：(罪や責任を) 逃れる　pángrén〔旁人〕：他人　jiānkǒu〔缄口〕：口をつぐむ　gùzhíjǐjiàn〔固执己见〕：自分の意見に固執する　shuàigē〔帅哥〕：イケメン。ハンサム

宝冢的"丑女之 25 条"

最近，我在网上发现了位于兵库县的宝冢歌剧团以前不**外传**的"丑女之 25 条"。众所周知，宝冢歌剧团是日本**屈指可数**的人气美女王国。

"丑女之 25 条"内容如下：1、没有笑容，2、不**道谢**，3、不称赞食物"好吃"，4、**目光无神**，5、没有精神，6、**嘴角下撇**，7、缺少自信，8、内心不抱希望，9、不知道自己是丑女，10、说话声音低且**畏畏缩缩**，11、坚信自己最正确，12、**发牢骚**，13、**怨恨**他人，14、总把责任**推卸**给他人。

15、总认为周围不好，16、**嫉妒**别人，17、不为他人尽力，18、不相信别人，19、**傲慢**不谦虚，20、不接受他人的意见和忠告，21、容易为小事受伤，22、悲观地**看待**事物，23、不善于发现问题，24、自身的存在导致气氛**压抑**，25、对人生和工作没有热情。

我认为，把"没有笑容"放在首位**不愧**是仅由女性组成的歌剧团。我小的时候，妈妈常说"男人三年笑一次"。意思是为了保持**威严**，男人不应该常常大笑，三年一次而且仅用微笑就足够了。然而在今天，男人如果这么不**和气**的话，马上就会令人**生厌**。

看了上述 25 条后，人们大多会用这个去**衡量**别人。但我知道自己也有"坚信自己最正确，不接受他人意见和忠告"等缺点。在社会上，当人们有了一定的地位后，受到批评的机会就少了。而且为了保护自己，人们会找出种种借口替自己**开脱**。最可怕的是，如果因为同样的问题失败几次之后，**旁人**也就**缄口**不语了。也就是说，我们如果**固执己见**，就会失去成为**帅哥**美女的机会。

多音字 ——複数の音を持つ漢字 ㉖

鮮：主な「新鮮」「鮮やか」などは xiān、「少ない」のときは xiǎn
　　　xiān：鲜果 xiānguǒ、鲜花 xiānhuā、鲜货 xiānhuò、鲜明 xiānmíng、新鲜 xīnxiān
　　　xiǎn：鲜见 xiǎnjiàn、鲜有 xiǎnyǒu、尚鲜成效 shàngxiǎnchéngxiào

相：「互いに」のときは xiāng、「外観」「ありさま」「大臣」などは xiàng
　　　xiāng：相互 xiānghù、相帮 xiāngbāng、相处 xiāngchǔ、相反 xiāngfǎn
　　　xiàng：相册 xiàngcè、相机 xiàngjī、相术 xiàngshù、相位 xiàngwèi

削：「けずる」「むく」のときは xiāo、複音節のときは xuē
　　　xiāo：切削 qiēxiāo、刀削面 dāoxiāomiàn、削铅笔 xiāo qiānbǐ、
　　　　　　削本卖 xiāoběnmài
　　　xuē：削减 xuējiǎn、削价 xuējià、削弱 xuēruò、剥削 bōxuē、瘦削 shòuxuē

血：文語では xuè、口語で単音節のときは xiě
　　　xiě：出血 chūxiě、流血了 liúxiěle、血块子 xiěkuàizi、一针见血 yìzhēnjiànxiě
　　　xuè：血管 xuèguǎn、血汗 xuèhàn、血泪 xuèlèi、血型 xuèxíng、血债 xuèzhài

兴：「興る」「始める」のときは xīng、「興味」などは xìng
　　　xīng：兴亡 xīngwáng、兴办 xīngbàn、兴工 xīnggōng、复兴 fùxīng、兴奋 xīngfèn
　　　xìng：兴趣 xìngqu、高兴 gāoxìng、尽兴 jìnxìng、酒兴 jiǔxìng、扫兴 sǎoxìng

吁：「ため息をつく」などは xū、「呼びかける」は yù
　　　xū：长吁短叹 chángxūduǎntàn、气喘吁吁 qìchuǎnxūxū
　　　yù：呼吁 hūyù、吁请 yùqǐng、吁求 yùqiú

旋：「巡る」「帰る」などは xuán、「くるくる回る」「くるくる回して削る」などは xuàn
　　　xuán：旋绕 xuánrào、盘旋 pánxuán、回旋 huíxuán、旋涡 xuánwō、凯旋 kǎixuán
　　　xuàn：旋风 xuànfēng、旋子 xuànzi、把皮旋掉 bǎ pí xuàndiào、
　　　　　　旋用旋做 xuànyòngxuànzuò

压：「押さえる」「鎮める」「抑える」などは yā、「もともと」などは yà
　　　yā：压力 yālì、压抑 yāyì、压制 yāzhì、气压 qìyā、血压 xuèyā
　　　yà：压根儿 yàgēnr、压板 yàbǎn

咽：「飲み込む」(動詞) のときは yàn、「のど」(名詞) のときは yān、
　　　「声や音が詰まる」ときは yè
　　　yān：咽喉 yānhóu、咽头 yāntóu
　　　yàn：吞咽 tūnyàn、咽气 yànqì、咽唾沫 yàntuòmo、细嚼慢咽 xìjiáomànyàn
　　　yè：哽咽 gěngyè、呜咽 wūyè

(52) Chōngmǎn gànjìn、yíngnán'érshàng

Màoxiǎnjiā Sānpǔ Xióngyìláng bāshisuìde shíhou chénggōng dēngdǐng Zhūmùlǎngmǎfēng, shízài shì hěn liǎobuqǐ. Wǒmen dàole bāshisuì shí néngfǒu chéngwéi xiàyíge Sānpǔ ne? Huòzhě zhǐshì yíge pǔtōng lǎorén? Zhè liǎngzhě néngbùnéng xuǎnzé ne?

Kàndào zhèyì wěidà chéngjiù, wǒ xiǎng "chénggōng dēngdǐng Zhūfēngde tā hé wǒmende chāyì zài nǎr? Tāde shēntǐ tèbié qiángzhuàng ma?" Sānpǔ yuánlái shì zhùmíngde zhíyè huáxuě yùndòngyuán, dàn zài qīshiliùsuì shí gǔpén gǔzhé, yě huànyǒu xīnlǜbùqíde mànxìng jíbìng. Jiāshàng bāshisuìde gāolíng, bùnéngshuō tā jùbèi bǐwǒmen gèng yǒulìde shēntǐ tiáojiàn.

Dá'àn hěn jiǎndān. Tā xiàjuéxīn páshān, jiāng mèngxiǎng dìngwéi jùtǐ mùbiāo hòu nǔlì duànliàn shēntǐ, zài jìnxíng jùtǐde zhǔnbèi gōngzuò. Wǒmen huì shuō: "Dēngdǐng Zhūfēng zhǐbuguò shì zuòmèng éryǐ, wǒmen zài zhèli liáotiānderén shéi néng shíxiàn? Bù kěnéng." Wǒmen cóng yì kāishǐ jiù bù xiāngxìn néng shíxiàn zhè yí mèngxiǎng. Duìyú wèicéng jīnglìguode kùnnan, wǒmen wǎngwǎng huì xiǎngyào bìkāi. Suīrán bùzhīdào néngfǒu rěnshòu, dàn wǒmen huì xiǎngxiàngzhe "yídìng shòubuliǎo", ránhòu qīngyán fàngqì. Wǒmen zài kāishǐ tiǎozhàn qián jiù yǐ zài nèixīn quànshuō zìjǐ búyào yíngnán'érshàng le. Zhèyàngdehuà, wǒmen yǒngyuǎn wúfǎ zhīdào chénggōng dēngdǐngde kuàilè.

Yóucǐkějiàn, wǒmen yǔ Sānpǔde zuìdà chāyì zàiyú yìlì. Ràngtā cháozhe Zhūfēng màichū dìyībùde shì yǒngyú tiǎozhàn kùnnande juéxīn. Pèngdào kùnnan shí, wǒmen xíguànle děngdài biérén lái bāngmáng jiějué, érbúshì zìjǐ chéngdān. Sānpǔ xiǎngde kěndìng shì "wèile jiàngdī wēixiǎn, yào zuò shénme?"、"wèile kèfú zhè yí zhàng'ài, yào zhǔnbèi shénme?" Suǒyǐ, wǒmen yīnggāi yào chángshì zhǔdòng gōngkè nánguān, érbúshì zuòděng biérén shēnchū yuánshǒu.

42. やる気をもって自ら困難を克服しよう

　冒険家の三浦雄一郎さんは 80 歳の時に**エベレスト**登頂に成功した。**すごい**ことだ。我々が 80 歳になった時、次の三浦さんになれるだろうか？　あるいはただの普通の老人だろうか？　この両者は選べるものなのだろうか？

　この偉大な**業績**を見たとき、僕は「エベレスト登頂に成功した彼と僕たちのどこが**違う**んだろう？　彼は特別に身体が**強靭**なのか？」と思った。三浦さんはもともと**有名な**プロスキーヤーだったが、76 歳の時に**骨盤**を骨折し、**不整脈**の持病もあった。加えて 80 歳の高齢では、彼が身体的に我々より有利な条件を備えていたとはいえない。

　答えは簡単だ。彼は**登る**ことを決意し、**夢**を現実の目標にして身体を鍛え、具体的な準備をしたのだ。僕らは「エベレストに登るなんて夢にすぎないよ。ここで**おしゃべり**している我々の誰にできる？　無理だよ」と話す。はじめからこの夢が実現できるなんて信じていないのだ。我々は往々にして、経験したことのない困難を**避け**ようとする。それが**耐えられる**かどうかも知らずに、「絶対**無理だ**」と想像して**あっさり**あきらめる。我々は挑戦を始める前の段階で、内心で自ら困難に立ち向かうのを止めている。これでは登頂に成功する楽しさを味わえる**わけがない**。

　これで分かるのは、我々と三浦さんの最大の違いは**やる気**だ。彼にエベレスト登頂への第一歩を踏み出させたのは困難に挑戦しようという決心だ。困難に**出くわした**とき我々は誰かが問題を解決**してくれる**のを待ち、自分で責任を負わないことに慣れてしまっている。三浦さんならきっと「リスクを**下げる**にはどうしたらいい？　この障害を克服するためにはどんな準備がいるんだ？」と考えるだろう。われわれも、他人が救いの手を差し伸べてくれるのを**待つ**のではなく、自分で問題を**克服する**よう**試みよう**。

---

yíngnán'érshàng〔迎难而上〕：困難にめげず克服する　Zhūmùlǎngmǎfēng〔珠穆朗玛峰〕：エベレスト峰の中国名　liǎobuqǐ〔了不起〕：すばらしい。すごい　chéngjiù〔成就〕：業績。成果　chāyì〔差异〕：相違。差異　qiángzhuàng〔强壮〕：強健である。丈夫である　zhùmíng〔著名〕：有名である。名高い　huáxuě〔滑雪〕：スキー　gǔpén〔骨盆〕：骨盤　xīnlǜbùqí〔心律不齐〕：不整脈　páshān〔爬山〕：山登りをする。登山する　mèngxiǎng〔梦想〕：夢想。妄想　liáotiān〔聊天〕：おしゃべりする。雑談する　bìkāi〔避开〕：避ける。よける　rěnshòu〔忍受〕：堪え忍ぶ。我慢する　shòubuliǎo〔受不了〕：たまらない。耐えられない　qīngyán〔轻言〕：簡単に。あっさり　wúfǎ〔无法〕：〜する方法がない　yóucǐkějiàn〔由此可见〕：このことからわかる　yìlì〔毅力〕：意志の力。気力　màichū〔迈出〕：歩き出す。歩み始める　pèng〔碰〕：出会う。出くわす　bāngmáng〔帮忙〕：手伝う。助ける　jiàngdī〔降低〕：下げる　chángshì〔尝试〕：試してみる。試みる　gōngkè〔攻克〕：攻略する。打ち勝つ　zuòděng〔坐等〕：何もせずに待つ。手をこまねいて待つ

充满干劲、迎难而上

冒险家三浦雄一郎 80 岁的时候成功登顶**珠穆朗玛峰**，实在是很**了不起**。我们到了 80 岁时能否成为下一个三浦呢？或者只是一个普通老人？这两者能不能选择呢？

看到这一伟大**成就**，我想"成功登顶珠峰的他和我们的**差异**在哪儿？他的身体特别**强壮**吗？"三浦原来是**著名**的职业**滑雪**运动员，但在 76 岁时**骨盆**骨折，也患有**心律不齐**的慢性疾病。加上 80 岁的高龄，不能说他具备比我们更有利的身体条件。

答案很简单。他下决心**爬山**，将**梦想**定为具体目标后努力锻炼身体，再进行具体的准备工作。我们会说："登顶珠峰只不过是做梦而已，我们在这里**聊天**的人谁能实现？不可能。"我们从一开始就不相信能实现这一梦想。对于未曾经历过的困难，我们往往会想要**避开**。虽然不知道能否**忍受**，但我们会想象着"一定**受不了**"，然后**轻言**放弃。我们在开始挑战前就已在内心劝说自己不要迎难而上了。这样的话，我们永远**无法**知道成功登顶的快乐。

由此可见，我们与三浦的最大差异在于**毅力**。让他朝着珠峰**迈出**第一步的是勇于挑战困难的决心。**碰**到困难时，我们习惯了等待别人来**帮忙**解决，而不是自己承担。三浦想的肯定是"为了**降低**危险，要做什么？"、"为了克服这一障碍，要准备什么？"所以，我们应该要**尝试**主动**攻克**难关，而不是**坐**等别人伸出援手。

多音字 ──複数の音を持つ漢字㉗

燕：「ツバメ」は yàn、「地名」「姓」は yān
　　yān：燕京 Yānjīng、燕山 Yānshān
　　yàn：燕子 yànzi、燕麦 yànmài、燕雀 yànquè、燕窝 yànwō、燕尾服 yànwěifú

要：「重要だ」「要る」などは yào、「求める」「脅かす」「姓」は yāo
　　yāo：要求 yāoqiú、要功 yāogōng、要挟 yāoxié、要约 yāoyuē
　　yào：要点 yàodiǎn、要紧 yàojǐn、要塞 yàosài、需要 xūyào、重要 zhòngyào

掖：「押し込む」「はさむ」は yē、「人の腕をとって支える」「抜擢する」などは yè
　　yē：藏掖 cángyē、掖进去 yē jinqu、把钱包掖进怀里 bǎ qiánbāo yējin huáili
　　yè：扶掖 fúyè、奖掖 jiǎngyè、掖之使起 yè zhī shǐ qǐ

拽：「力いっぱい引っ張る」ときは zhuài、「放り投げる」は zhuāi、"曳"と同義は yè
　　yè：摇拽 yáoyè
　　zhuāi：把球拽过去 bǎ qiú zhuāi guoqu、拽在脖子后头 zhuāi zài bózi hòutou
　　zhuài：拽紧 zhuàijǐn、生拉硬拽 shēnglāyìngzhuài、往外拽 wǎng wài zhuài、拽不住 zhuàibuzhù

荫：「木陰」「姓」は yīn、「庇護」「口語で日陰」は yìn
　　yīn：树荫 shùyīn、荫蔽 yīnbì、绿树成荫 lǜshùchéngyīn
　　yìn：荫庇 yìnbì、恩荫 ēnyìn、难荫 nànyìn、那屋子太荫 nà wūzi tài yìn

饮：「飲む」は yǐn、「家畜に水を飲ませる」は yìn
　　yǐn：饮料 yǐnliào、饮食 yǐnshí、饮水 yǐnshuǐ、饮宴 yǐnyàn、冷饮 lěngyǐn
　　yìn：饮牲口 yìn shēngkǒu、饮过马了 yìnguo mǎ le

应：「返答する」「応じる」などは yìng、
　　　「返事をする」「承諾する」「～すべきだ」「姓」は yīng
　　yīng：应允 yīngyǔn、应当 yīngdāng、应该 yīnggāi、应届 yīngjiè、应声 yīngshēng
　　yìng：答应 dāyìng、应聘 yìngpìn、应对 yìngduì、应急 yìngjí、应用 yìngyòng

佣：「雇う」「雇い人」などは yōng、「手数料」は yòng
　　yōng：雇佣 gùyōng、佣工 yōnggōng、女佣 nǚyōng
　　yòng：佣金 yòngjīn、佣钱 yòngqián

予：「与える」「許可する」は yǔ、「我」のときだけは yú
　　yú：予一人 yú yìrén、予小子 yú xiǎozi、予取予求 yúqǔyúqiú
　　yǔ：给予 jǐyǔ、授予 shòuyǔ、免予处罚 miǎnyǔ chǔfá、请予批准 qǐng yǔ pīzhǔn

53 Zēngzhǎng jiànshi de jiāowǎng

Wǒde yíwèi dàxué xuédì chéngwéile Dōngjīng yìsuǒ dàxuéde jiàoshòu, yuē shíwǔmíng tóngxué jìnrì wèitā jǔbànle **qìngzhù** yànhuì. Suīrán tā bǐwǒ dī qīge niánjí, dàn yīnwèi **mǔxiào** shì yìsuǒ wàiguóyǔdàxué, guīmó jiàoxiǎo, jiāzhī shàngxià niánjíde jiāoliú hěn pínfán, yīncǐ wǒmen **zǎojiù** rènshile, yǒushí hái huì yìqǐ chīfàn.

Wǒmen zhǐbuguò shì dàxué **xiàoyǒu**, dàn dōu yǐjīng zài gègè **lǐngyù** yōngyǒu fēngfùde gōngzuò jīnglì, zhèyàngde **jùhuì** yě kěyǐshuō shì bùtóng **hángyè**de jiāoliúhuì. Rúguǒ zuòwéi gōngzuò yǔ tāmen jiāoliú, bùnéng zhème suíbiànde **tántiānshuōdì**. Búlùn shìfǒu xǐhuan, wǒmen zài yíge xiǎo**quānzi**li hùxiāng rènshi, bùzhībùjuéde kāishǐ jiāoliú. Duìwǒ'éryán, tāmen shì qiángyǒulìde **zhìnáng**, shì yòng qián mǎibudàode **cáifù**.

Wǒ chūxí érzide dàxué **kāixué diǎnlǐ** shí hěn chījīng. Yíge xì yǒu chāoguò wǔbǎi míng xuésheng, kāixué diǎnlǐ méifǎ zhǐ bàn yìchǎng, suǒyǐ yì tiān nèi yǒu liǎngchǎng. Wǒ cāixiǎng tāmen shàngkède jiàoshì yě huì zuò wǔshí zhì yìbǎirén, yǔ tóngbāntóngxué jiāoliú yīnggāi huì hěn bùróngyì. Érzide yíwèi **xuézhǎng** shuō: "Rúguǒ bùcānjiā rènhé kèwài huódòng, jiù jiāobudào péngyou, débudào zài **xiàoyuán** shēnghuózhōng suǒxūde gèzhǒng xìnxī." Yuánlái zài zhèmedàde dàxué dúshū, chúle **zhǔdòng chūjī** yǐwài débudào rènhé xìnxī.

Yǐqián, wǒ yě bútài xǐhuan yǔ nányī **xiāngchǔ**de rén **dǎjiāodào**. Dàn xiànzài fāxiàn ràngwǒ **huòyìliángduō**de **qiàqià** shì tāmen. Tāmen yǒushí huì tíchū wǒ zìjǐ méixiǎngdàode yìjiàn, yǒushí néng zuòwéi fǎnmiàn jiàocái ràngwǒ fǎnxǐng zìjǐde **bùduān** xíngwéi. Wǒ xiǎng **quànshuō** érzi, yào jǐnliàng yǔ gèzhǒng réncái duō dǎjiāodào, zēngzhǎng jiànshi, jíshǐ gēn duìfāng **píqibùxiāngtóu** yě méi guānxi. Yīnwèi, rúguǒ zhǐ hé zìjǐ xǐhuande rén jiāowǎng, huì shǐ xiǎngfǎ biànde hěn **xiá'ài**.

43. 見識を増やす付き合い

　大学の後輩が東京にある大学の教授になり、15人ほどの同窓生が彼のために**お祝い**の宴会を開いた。彼は僕より7級下だが、われわれの母校は外国語大学で規模が小さいうえ、上級生と下級生の交流が頻繁なので、**早くに**知り合い、時々一緒に食事をしていた。

　われわれは同じ大学の同窓生にすぎないが、すでにそれぞれの**分野**で豊富な仕事の経験があるので、こうした**集まり**もある種の異業種交流会と言っていいだろう。もし仕事で彼らと交流したとすればこれほど気軽に**おしゃべり**できない。好むと好まざるとに関わらず、われわれは小さな**サークル**の中でお互いに知り合い、知らないうちに付き合いを始めていた。僕に言わせれば、彼らは非常に有力な**知恵袋**であり、お金では買えない**財産**だ。

　僕は息子の大学の**入学式**に出て驚いた。一つの**学科**に500人以上の学生がいて、一回では入学式を開ききれず、一日に二回行っていた。僕は、教室も50人、100人と座れて、クラスメートと付き合うのも簡単ではないだろうと感じた。息子の**先輩**は言った「もし何のクラブ活動やサークルにも入らなければ、友達はできないし、**キャンパス**ライフで必要ないろいろな情報も得られないよ」。こんな大きな大学で学ぶには、**積極的に出て行く**以外は何の情報も得られないのだ。

　以前は**付き合い**にくい人と**交流する**のは僕も苦手だった。しかし、今分かったのは、僕に**たくさんのことを学ばせてくれた**のは**まさしく**彼らだ。彼らは時に僕自身が思いもよらなかった意見を言い、時に反面教師として自分の**正しくない**行為をいさめてくれた。僕は息子に、**ウマの合わない**人も含めて、なるべく多くの人と付き合って、見識を増やすべきだと**勧めよう**。もし、自分の気に入った人とだけ付き合えば、考え方が**狭くなる**だろうから。

---

jiànshi〔见识〕:見識。経験と知識　jiāowǎng〔交往〕:付き合い。交際　qìngzhù〔庆祝〕:祝う。祝賀する　mǔxiào〔母校〕:出身校　zǎojiù〔早就〕:とっくに。早くに　xiàoyǒu〔校友〕:同窓。学友（学年の上下にかかわらない）　lǐngyù〔领域〕:分野。領域　jùhuì〔聚会〕:会合。集まり　hángyè〔行业〕:職種。業種　tántiānshuōdì〔谈天说地〕:よもやま話をする。雑談する　quānzi〔圈子〕:サークル。範囲　zhìnáng〔智囊〕:知恵袋。ブレーン　cáifù〔财富〕:富。財産　kāixué〔开学〕:学校が始まる。始業する　diǎnlǐ〔典礼〕:式典。儀式　xì〔系〕:学科。学部　xuézhǎng〔学长〕:先輩。年上の同窓の敬称　xiàoyuán〔校园〕:キャンパス。校庭　zhǔdòng〔主动〕:自発的である。積極的である　chūjī〔出击〕:攻撃する　xiāngchǔ〔相处〕:対処する。善処する　dǎjiāodào〔打交道〕:付き合う。相手にする　huòyìliángduō〔获益良多〕:多くの利益を得る　qiàqià〔恰恰〕:まさしく。まぎれもなく　bùduān〔不端〕:正しくない。品行方正でない　quànshuō〔劝说〕:説得する。勧める　píqixiāngtóu〔脾气相投〕:気が合う。意気投合する　xiá'ài〔狭隘〕:（見識・見解などが）狭い。偏狭である

增长见识的交往

　　我的一位大学学弟成为了东京一所大学的教授，约 15 名同学近日为他举办了**庆祝**宴会。虽然他比我低七个年级，但因为**母校**是一所外国语大学，规模较小，加之上下年级的交流很频繁，因此我们**早就**认识了，有时还会一起吃饭。

　　我们只不过是大学**校友**，但都已经在各个**领域**拥有丰富的工作经历，这样的**聚会**也可以说是不同**行业**的交流会。如果作为工作与他们交流，不能这么随便地**谈天说地**。不论是否喜欢，我们在一个小**圈子**里互相认识，不知不觉地开始交流。对我而言，他们是强有力的**智囊**，是用钱买不到的**财富**。

　　我出席儿子的大学**开学典礼**时很吃惊。一个**系**有超过 500 名学生，开学典礼没法只办一场，所以一天内有两场。我猜想他们上课的教室也会坐 50 至 100 人，与同班同学交流应该会很不容易。儿子的一位**学长**说："如果不参加任何课外活动，就交不到朋友，得不到在**校园**生活中所需的各种信息。"原来在这么大的大学读书，除了**主动出击**以外得不到任何信息。

　　以前，我也不太喜欢与难以**相处**的人**打交道**。但现在发现让我**获益良多**的**恰恰**是他们。他们有时会提出我自己没想到的意见，有时能作为反面教材让我反省自己的**不端**行为。我想**劝说**儿子，要尽量与各种人才多打交道，增长见识，即使跟对方**脾气**不**相投**也没关系。因为，如果只和自己喜欢的人交往，会使想法变得很**狭隘**。

多音字 ——複数の音を持つ漢字 ㉓

与：主な「与える」「付き合う」などは yǔ、「参加」のときは yù
  yǔ：赠与 zèngyǔ、相与 xiāngyǔ、给与 jǐyǔ、与人为善 yǔrénwéishàn
  yù：与会 yùhuì、参与 cānyù、干与 gānyù

晕：「意識不明になる」ときは yūn、「酔う」「めまいがする」などは yùn
  yūn：晕厥 yūnjué、晕倒 yūndǎo、头晕 tóuyūn、晕头晕脑 yūntóuyūnnǎo
  yùn：晕车 yùnchē、晕船 yùnchuán、发晕 fāyùn、日晕 rìyùn、晕高儿 yùngāor

扎：「刺す」「潜り込む」などは zhā、「縛る」のときは zā、
  「なんとかしようともがく」は zhá
  zā：包扎 bāozā、编扎 biānzā、扎紧 zājǐn、扎彩 zācǎi、扎绑 zābǎng
  zhā：扎手 zhāshǒu、扎眼 zhāyǎn、扎根 zhāgēn、扎实 zhāshi、扎针 zhāzhēn
  zhá：挣扎 zhēngzhá、扎挣 zházhēng

咋：「どうして」「なぜ」は zǎ、「わめく」ときは zhā、「咬みつく」は zé
  zǎ：咋办 zǎbàn、咋好 zǎhǎo、咋样 zǎyàng、咋弄的？ zǎnòngde？
  zé：令人咋舌 lìngrénzéshé
  zhā：咋呼 zhāhu、咋唬 zhāhu

载：「年」「記載」は zǎi、「積み込む」「満ちている」は zài
  zǎi：记载 jìzǎi、登载 dēngzǎi、转载 zhuǎnzǎi、下载 xiàzǎi、
    千载难逢 qiānzǎinánféng
  zài：载客 zàikè、载运 zàiyùn、怨声载道 yuànshēng zàidào、
    风雪载途 fēngxuě zàitú

仔：「念入り」「詳細」「家畜の子」などは zǐ、「子ども」「青年」は zǎi、
  "仔肩（責任・負担）"のときは zī
  zǎi：牛仔 niúzǎi、打工仔 dǎgōngzǎi、肥仔 féizǎi、猪仔 zhūzǎi
  zī：仔肩 zījiān
  zǐ：仔细 zǐxì、仔密 zǐmì、仔鸡 zǐjī、仔兽 zǐshòu、仔畜 zǐchù

择：「選ぶ」は zé、"择菜（野菜の食べられない部分を取り除く）"、"择不开（解けない）"
  など一部で zhái
  zé：择友 zé yǒu、选择 xuǎnzé、抉择 juézé、择善而从 zéshàn'ércóng
  zhái：择菜 zháicài、择不开 zháibukāi、择好日子 zhái hǎorìzi、择席 zháixí

54 Zìwǒkěndìng

Wǒ **cóngqián** tīngshuō, Rìběn niánqīngrén zhīzhōng chūxiàn "**xìngwùyídài**"de shuōfǎ. Tāmen shì zài yījiǔbāwǔnián hòu chūshēngde rénqún. Tāmen duì qìchē、**míngpái** fúzhuāng hé hǎiwài lǚyóuděng dōu bùgǎnxìngqu, méiyǒu zhuàndàqiánde **yùwàng** dàn yě búlàngfèi, tánliàn'ài yě shì **píngpíngdàndàn**. Tāmen hěn xiànshí, duì zìjǐ rénshēng yě méiyǒu jījíxìng.

Chūxiàn zhèzhǒng rénqúnde bèijǐng yuányīn yǔ Rìběn jīngjì **mìbùkěfēn**. Tāmen shàngxué shí pàomòjīngjì yǐjīng **bēngkuì**, jīngjì xiànrù chángqī dīmí. Yǔcǐtóngshí hùliánwǎng kāishǐ pǔjí, néng qīngyì huòqǔ suǒxū xìnxī. Tāmen zài qiánjǐng bùmínglǎngde qíngkuàngxià zhǎngdà, **yánjùn**de xiànshí ràng tāmen xǐngwùdào "bùnéng qīdài hěnhǎode wèilái", **huànjùhuàshuō**, jīngjì dīmí ràng tāmen nányǐ zìwǒ kěndìng.

Qíshí, yǒurén zhǐchū zài xiǎoxué hé chūzhōngde jiàoyù zhōng zǎojiù cúnzài "háizimen quēfá zìwǒ kěndìng" de wèntí. Zhǔyào zài pínkùn jiātíng, háizimen **qīnyǎn** kàndào jiāzhǎngmen nǔlì gōngzuò, dàn juéde "**bùguǎn** rúhé nǔlì yě **bǎituō**buliǎo pínkùn". Tāmen **yěxǔ** gǎnjué zìjǐ méiyǒu **róngshēn**zhīchù ba. Rúguǒ shì zhèyàngde qíngkuàng zàochéngle "xìngwùyídài"de chūxiàn, nàme děng zhèxiē rén dàole zhōngnián shí, huòxǔ "**wúnài**"de qìfēn huì zài zhěngge Rìběn shèhuì **mànyán**, xiǎngxiǎng jiù juéde kěpà.

Bùguǎn shì shéi, zài shèhuìlǐ quèbǎo zìjǐ róngshēnzhīchù hòu cáinéng huòdé zìwǒkěndìngde gǎnjué. Rénmen yǒule zhèzhǒng gǎnjué cáinéng yōngyǒu dàbùxiàngqián、**kāituò** wèiláide zhuīqiú hé dònglì. Yīncǐ, wǒmen yīnggāi gěi tāmen tígōng lìngyìzhǒng "xìngwù"de jīhuì. Nà jiùshì **fùchū**le nǔlì jiùnéng huòdé **huíbào**, jiùnéng yōngyǒu zìjǐde yípiàntiān. Zhè'èrshiniánlái, Rìběn shèhuì **gūfù**le niánqīngrénde qīdài. Wǒmen yào ràng háizimen chóngxīn huòdé zìwǒ kěndìnggǎn.

44. 自己肯定

　以前、日本の若者の間に「**悟り**世代」が現れたと聞いた。彼らは1985年以降に生まれた人たちだ。自動車や**ブランド品**の服、海外旅行に興味がなく、大金を儲けたいという**欲望**もないかわりに浪費もしない。恋愛にも**淡白**である。彼らは大変現実的であると同時に、自分の人生に対して積極性がない。

　こういう人たちが現れた背景には日本の経済が**密接に関係している**。彼らが学校に上がったときにはバブル経済はすでに**はじけて**おり、経済は長期の低迷に陥っていた。同時にインターネットが普及し、必要な情報が簡単に手に入った。彼らは見通しが不透明な状況で成長し、**厳しい**現実が彼らに「すばらしい未来を期待できない」と悟らせた。**言い換えれば**、不景気は彼らに自己を肯定するのが難しいと思わせたのだ。

　確かに、小学校や中学校の段階ですでに「子供たちに自己肯定感が欠けている」という問題が指摘される。主に貧困家庭において、親が努力して仕事をするのを**目の当たり**にしても、子供は「どんなに努力した**ところで**貧困から**抜けられ**ない」と感じる。彼らはあるいは自分の**身の置き場**がないと感じているの**かもしれない**。もし、こうした状況が「悟り世代」を生んだのなら、彼らが中年になった時には「**仕方ない**」という雰囲気が日本中に**蔓延する**かもしれず、想像するだに恐ろしい。

　あらゆる人は社会の中に自分の身の置き場を確保してようやく、肯定感を持てる。人はこういう感覚をもって初めて前進し、未来を**切り開こう**という欲望とエネルギーを持てるのだ。だから、われわれは彼らにもう一つの「悟り」のチャンスを与えなくてはならない。それは、もし努力すればその**報い**を得ることができるし、身の置き場も持てるというものだ。この20年というもの、日本社会は若い人たちの期待を**裏切って**きた。われわれは改めて子供たちに自己肯定感を持たせなくてはならない。

---

kěndìng〔肯定〕：肯定する。是認する　cóngqián〔从前〕：前に。以前に　xǐngwù〔醒悟〕：目覚める。悟る。迷いから覚める　míngpái〔名牌〕：有名な商標。ブランド　yùwàng〔欲望〕：強く望む気持ち。欲望。欲求　píngdàn〔平淡〕：平凡である。淡泊だ　mìbùkěfēn〔密不可分〕：密接に関係し切り離せない　bēngkuì〔崩溃〕：崩壊する。破綻する　yánjùn〔严峻〕：おごそかで厳しい　huànjùhuàshuō〔换句话说〕：言い換えれば。言葉をかえていえば　qīnyǎn〔亲眼〕：自分の目で。目の当たりに　bùguǎn〔不管〕：～であろうと。～にかかわらず　bǎituō〔摆脱〕：抜け出す。逃れる　yěxǔ〔也许〕：もしかしたら～かもしれない。ひょっとすると　róngshēn〔容身〕：身を落ち着ける。身を置く　wúnài〔无奈〕：しようがない。しかたがない　mànyán〔蔓延〕：蔓延する。広がる　kāituò〔开拓〕：切り開く。開拓する　fùchū〔付出〕：支払う。費す。差し出す　huíbào〔回报〕：報い。答え　gūfù〔辜负〕：無にする。背く

自我肯定

我**从前**听说,日本年轻人之中出现"**醒悟一代**"的说法。他们是在 1985 年后出生的人群。他们对汽车、**名牌**服装和海外旅游等都不感兴趣,没有赚大钱的**欲望**但也不浪费,谈恋爱也是**平平淡淡**。他们很现实,对自己人生也没有积极性。

出现这种人群的背景原因与日本经济**密不可分**。他们上学时泡沫经济已经**崩溃**,经济陷入长期低迷。与此同时互联网开始普及,能轻易获取所需信息。他们在前景不明朗的情况下长大,**严峻**的现实让他们醒悟到"不能期待很好的未来",**换句话说**,经济低迷让他们难以自我肯定。

其实,有人指出在小学和初中的教育中早就存在"孩子们缺乏自我肯定"的问题。主要在贫困家庭,孩子们**亲眼**看到家长们努力工作,但觉得"**不管**如何努力也**摆脱**不了贫困"。他们**也许**感觉自己没有**容身**之处吧。如果是这样的情况造成了"醒悟一代"的出现,那么等这些人到了中年时,或许"**无奈**"的气氛会在整个日本社会**蔓延**,想想就觉得可怕。

不管是谁,在社会里确保自己容身之处后才能获得自我肯定的感觉。人们有了这种感觉才能拥有大步向前、**开拓**未来的追求和动力。因此,我们应该给他们提供另一种"醒悟"的机会。那就是**付出**了努力就能获得**回报**,就能拥有自己的一片天。这 20 年来,日本社会**辜负**了年轻人的期待。我们要让孩子们重新获得自我肯定感。

多音字 ——複数の音を持つ漢字 ㉙

炸：「油で揚げる」は zhá、「破裂する」「爆発する」「激怒する」などは zhà
　　zhá：炸糕 zhágāo、油炸 yóuzhá、炸牛排 zhá niúpái、炸丸子 zháwánzi
　　zhà：炸弹 zhàdàn、炸雷 zhàléi、爆炸 bàozhà、轰炸 hōngzhà、
　　　　 他怎么又炸了？ tā zěnme yòu zhà le？

涨：「（水位や物価が）上がる」は zhǎng、「膨れる」は zhàng
　　zhǎng：涨潮 zhǎngcháo、涨幅 zhǎngfú、涨落 zhǎngluò、高涨 gāozhǎng
　　zhàng：涨大 zhàngdà、膨涨 péngzhàng、涨缩 zhàngsuō、涨力 zhànglì

着：「着る」「つく」などは zhuó、動作の継続・進行を表す助詞のときは zhe、
　　「触れる」「感じる」「燃える」は zháo、「将棋の手、策」のときは zhāo
　　zhāo：着数 zhāoshù、高着 gāozhāo、失着 shīzhāo
　　zháo：着急 zháojí、着火 zháohuǒ、着凉 zháoliáng、睡着 shuìzháo
　　zhe：听着 tīngzhe、拿着 názhe、看着 kànzhe、跑着 pǎozhe
　　zhuó：穿着 chuānzhuó、附着 fùzhuó、着眼 zhuóyǎn、着陆 zhuólù、着色 zhuósè

爪：「つめ」文語的に zhǎo、口語では zhuǎ
　　zhǎo：虎爪 hǔzhǎo、鹰爪 yīngzhǎo、爪牙 zhǎoyá
　　zhuǎ：爪子 zhuǎzi、鸡爪 jīzhuǎ、狗爪 gǒuzhuǎ、三爪锅 sānzhuǎguō

正：「正しい」「真ん中」などは zhèng、「旧暦の正月」は zhēng、
　　「（金額が）ちょうど」は zhěng
　　zhēng：正旦 zhēngdàn、正月 zhēngyuè
　　zhèng：正本 zhèngběn、正比 zhèngbǐ、正常 zhèngcháng、正式 zhèngshì、
　　　　　 正义 zhèngyì、正在 zhèngzài
　　zhěng：三百元正 sānbǎi yuán zhěng

怔：「おじけ恐れる」は zhēng、「ぼんやりする」は zhèng
　　zhēng：怔忡 zhēngchōng、怔松 zhēngzhōng、怔营 zhēngyíng
　　zhèng：发怔 fāzhèng、愣怔 lèngzheng、魔怔 mózhèng

挣：「必死に振り切る」「抜け出す」「稼ぐ」は zhèng、"挣扎（必死にもがく）"だけ zhēng
　　zhēng：挣扎 zhēngzhá
　　zhèng：挣脱 zhèngtuō、挣揣 zhèngchuài、挣命 zhèngmìng、挣钱 zhèngqián

只：「ただ」「〜だけ」などは zhǐ、「単独」「量詞」は zhī
　　zhī：只身 zhīshēn、一只鸟 yìzhīniǎo、两只手 liǎngzhīshǒu
　　zhǐ：只得 zhǐdé、只有 zhǐyǒu、只顾 zhǐgù、只是 zhǐshì

⑤⑤ Bùrù lǎonián hé chéngshúde chāyì

Wèile bǎ **yuèmǔ** jiēguolai zhàogù, wǒjiā juédìng **fānjiàn jiùfáng**. Wǒ **yuèfù zǎojiù** qùshìle, dúzìshēnghuóde yuèmǔ jǐniánqián yòutuī zuòle quán**xīguānjié zhìhuàn** shǒushù, dàn shǒushù **yǐhòu** bùlǐxiǎng, réng gǎnjué téngtòng. Wǒmen xiǎng shuōfú tā yìqǐ zhù, wèicǐ xūyào **kuòjiàn** fángzi.

Tàitai gēn wǒ shuō: "Wǒmen bùyīnggāi jǐn kǎolǜ wǒ māma, háiyào kǎolǜ èrshínián hòu wǒmen zìjǐ xūyào jiēshòu **hùlǐ**de qíngkuàng. Wǒmen zìjǐ jiānglái hěn kěnéng děiyòng zhège fángzi." Wǒ xiànzài hái hěn xǐhuan yùndòng, gēnběn méi kǎolǜguo zìjǐde shēnghuó xūyào bèirén zhàoliàode qíngkuàng. Dàn tàitai shuōdeduì, wǒmen bìxū **chéngrèn** jiēxialai jiāng zhújiàn bùrù lǎonián zhèyíxiànshí.

Zànqiě bùshuō zìjǐ lǎole yǐhòu **qíngxíng** rúhé, wǒmen zhèdàirén xīnlǐ fāngmiànde chéngshúdù yòu rúhé ne? Yǔ **shàngbèi**rén bùtóng, wǒmen xǐhuan tīng **yáogǔnyuè**, qí dàxíng mótuōchē, **shènzhì** yǒuxiē nǚtóngxué háishi "**Jiénísī**" míngxīngde zhuīxīngzú. Cóng biǎomiànshang kàn, wǒmen **shàngwèi** chéngshú.

Dànshì zhèxiē xíngwéide xíngchéng shì yǒu qí shídàibèijǐngde. **Bùguǎn** xǐhuan shénme, zhòngyàode shì néngfǒu pèihé zhěnggeshèhuìde lìyì ér xíngdòng. Yǒuxiērén lǎole yǐhòu yě zǒngshì wèi zìjǐde lìyì huò **míngshēng** xíngdòng. Búguò, rén zhēnzhèng chéngshú hòu, huì fāxiàn jǐn kǎolǜ zìjǐde xíngwéi yěbúhuì yǒu tàiduō **shōuhuò**, ér **lìtā** xíngwéi cái néng **huòyìliángduō** bìng **tǐhuì**dào hěndàde **chéngjiùgǎn**.

Bùrù lǎoniánqī bùyídìng yìwèizhe **xīnzhì**de chéngshú, yǒuderén suīrán niánqīng què hěn chéngshú. Guójiā yě yíyàng, **gùzhíjǐjiàn**、**jūnyú** zìshēnlìyìde guójiā yě bùnéng suànshì chéngshúde guójiā. Chéngshúguójiāde zhèngfǔ yīnggāi jùyǒu quánqiú shìyě, zài kǎolǜ gèdìqūde lìyì hòu zài zhǔzhāng zìjǐde lìchǎng.

45. 老いることと成熟の違い

　義母の介護のため、**古い家**を**建て替える**ことにした。**義父**は**早くに**なくなり、一人暮らしの義母は数年前、右**ひざの関節置換**手術を受けたのだが、**予後**がよくなく、今も痛みを感じている。我々は彼女に同居するよう説得しようと思い、**家を広くする**必要ができたのだ。

　妻は私に「母のことだけでなく、20年後に私たち自身が**介護**を受けるときのことを考えなくちゃ。私たち自身が将来、この家で介護を受けなくちゃいけないのよ」と言った。私は今もスポーツが好きで、自分が介護を必要とする状況を全く考えたことがなかった。しかし妻の言うとおりで、我々も次第に老いることは**認め**なくてはいけない。

　自分の老後の様子がどうかは**さておき**、我々の世代の心理的な成熟度というのはいかがなものだろう？ **上の世代**の人と違って、我々は**ロック**が好きで、大型バイクに乗り、女子の同級生に**いたっては**「ジャニーズ」の追っかけをやっている人さえいる。表面上は、我々は**まだ成熟**していない。

　しかし、こうした行為を形作ったのはその時代背景だ。何が好きかに**関わらず**、大切なのは社会全体の利益のために行動できるかどうかだ。ある人たちは老後もつねに自分の利益と**名誉**のために行動する。しかし、人が本当に成熟すれば、自分のことしか考えない行為は収穫が少なく、**人を利する**行為こそ**多くの収穫を得られる**とともに大きな**達成**感があるということを**理解する**。

　老人になるということは必ずしも**人格**の成熟を意味しない。若くても成熟している人もいる。国家とて同じだ。**自分の意見に固執し**、自身の利益に**こだわって**いる国は成熟した国家とは言えない。成熟した国の政府は世界的な視野を持つべきだし、各地の利益を考えて自らの立場を主張すべきだ。

---

yuèmǔ〔岳母〕：妻の母　fānjiàn〔翻建〕：建物を建て直す　jiùfáng〔旧房〕：古い家　yuèfù〔岳父〕：妻の父　zǎojiù〔早就〕：早くに。とっくに　xīguānjié〔膝关节〕：膝関節　zhìhuàn〔置换〕：置き換える　yùhòu〔预后〕：予後。病気治療後の経過　kuòjiàn〔扩建〕：増築する。拡張する　hùlǐ〔护理〕：看護する。世話する　chéngrèn〔承认〕：認める。同意する　zànqiě〔暂且〕：しばらく　qíngxing〔情形〕：事実。事情。様子　shàngbèi〔上辈〕：先代。一代上の世代　yáogǔnyuè〔摇滚乐〕：ロックミュージック　shènzhì〔甚至〕：甚だしきに至っては　Jiénísī〔杰尼斯〕：ジャニーズ　shàngwèi〔尚未〕：いまだに～しない　bùguǎn〔不管〕：～にかかわらず。～であろうと　míngshēng〔名声〕：名声。評判　shōuhuò〔收获〕：収穫。得るところ　lìtā〔利他〕：他人のために利益をはかる、または与える　huòyìliángduō〔获益良多〕：得るところが多い　tǐhuì〔体会〕：体得する。理解する　chéngjiù〔成就〕：達成する。成し遂げる　xīnzhì〔心智〕：精神。品性。人格　gùzhíjǐjiàn〔固执己见〕：自説に固執する　jūní〔拘泥〕：こだわる。固執する

步入老年和成熟的差异

为了把**岳母**接过来照顾，我家决定**翻建旧房**。我**岳父早就**去世了，独自生活的岳母几年前右腿做了全**膝关节置换**手术，但手术**预后**不理想，仍感觉疼痛。我们想说服她一起住，为此需要**扩建**房子。

太太跟我说："我们不应该仅考虑我妈妈，还要考虑 20 年后我们自己需要接受**护理**的情况。我们自己将来很可能得用这个房子。"我现在还很喜欢运动，根本没考虑过自己的生活需要被人照料的情况。但太太说得对，我们必须**承认**接下来将逐渐步入老年这一现实。

暂且不说自己老了以后**情形**如何，我们这代人心理方面的成熟度又如何呢？与**上辈**人不同，我们喜欢听**摇滚乐**、骑大型摩托车，**甚至**有些女同学还是"**杰尼斯**"明星的追星族。从表面上看，我们**尚未**成熟。

但是这些行为的形成是有其时代背景的。**不管**喜欢什么，重要的是能否配合整个社会的利益而行动。有些人老了以后也总是为自己的利益或**名声**行动。不过，人真正成熟后，会发现仅考虑自己的行为也不会有太多**收获**，而利他行为才能**获益良多**并**体会**到很大的**成就**感。

步入老年期不一定意味着**心智**的成熟，有的人虽然年轻却很成熟。国家也一样，**固执己见**、**拘泥**于自身利益的国家也不能算是成熟的国家。成熟国家的政府应该具有全球视野，在考虑各地区的利益后再主张自己的立场。

多音字 —複数の音を持つ漢字 ㉚

中：「当たる」「受かる」などは zhòng、「中」「中間」「中央」などは zhōng
    zhōng：中层 zhōngcéng、中档 zhōngdàng、心中 xīnzhōng、中途 zhōngtú
    zhòng：中标 zhòngbiāo、中签 zhòngqiān、中毒 zhòngdú、中风 zhòngfēng、
           猜中 cāizhòng

种：「種をまく」「植える」ときは zhòng、「種子」「種族」などは zhǒng
    zhǒng：种子 zhǒngzi、种类 zhǒnglèi、种群 zhǒngqún、种族 zhǒngzú
    zhòng：种植 zhòngzhí、种地 zhòngdì、种田 zhòngtián、种菜 zhòngcài

轴：「軸」「シャフト」などは zhóu、"大轴子（最後の出し物）"関連は zhòu
    zhóu：轴子 zhóuzi、车轴 chēzhóu、画轴 huàzhóu、轴线 zhóuxiàn
    zhòu：大轴子 dàzhòuzi、压轴子 yāzhòuzi、中轴子 zhōngzhòuzi

转：「変える」「転ずる」のときは zhuǎn、「（ぐるぐる）回る」のときは zhuàn、
    「難しい言葉を使う」は zhuǎi
    zhuǎi：转文 zhuǎiwén、他又转起来了 tā yòu zhuǎiqilaile
    zhuǎn：转脸 zhuǎnliǎn、转移 zhuǎnyí、转达 zhuǎndá、转换 zhuǎnhuàn、
           转向 zhuǎnxiàng
    zhuàn：转圈 zhuànquān、旋转 xuánzhuàn、转筋 zhuànjīn、转椅 zhuànyǐ

琢：主な「(玉を) 削り磨く」「修行する」などは zhuó、
    「よくよく考える」のときは zuó
    zhuó：琢磨 zhuómó、瞧琢 qiáozhuó、"玉不琢，不成器" yùbùzhuó, bùchéngqì
    zuó：琢磨 zuómo

钻：「穴を開ける」など動詞のときは zuān、「きり」など工具を表す名詞は zuàn
    zuān：钻探 zuāntàn、钻心 zuānxīn、钻孔 zuānkǒng、钻研 zuānyán
    zuàn：钻机 zuànjī、钻石 zuànshí、钻戒 zuànjiè、钻台 zuàntái、手钻 shǒuzuàn

作：「作る」「行う」などは zuò、"作坊（作業場）"のときは zuō
    zuō：作坊 zuōfang、石作 shízuō、小器作 xiǎoqìzuō
    zuò：作态 zuòtài、作案 zuò'àn、作风 zuòfēng、作品 zuòpǐn、作战 zuòzhàn

語句索引

A
àihào	爱好	35, 103
ānfènshǒujǐ	安分守己	143
ānjūlèyè	安居乐业	159
ānwèi	安慰	31
ānwěn	安稳	107
ānzhì	安置	55
ànniǔ	按钮	139
ànzhào	按照	19, 27
āoxiàn	凹陷	67
àomàn	傲慢	163

B
BBS	BBS	111
bǎwò	把握	43
bàle	罢了	159
bǎidòng	摆动	11
bǎifàng	摆放	143
bǎituō	摆脱	175
bānjiā	搬家	31
bānjiǎng	颁奖	127
bāngmáng	帮忙	167
bàngqiú	棒球	103
bāo	包	103
bāozhuāng	包装	91
bǎoguì	宝贵	111
bàochou	报酬	47, 159
bàomíng	报名	35
bèijīnglíxiāng	背井离乡	31
Bēnchí	奔驰	31
běnshi	本事	47
bēngkuì	崩溃	51, 175
bǐcǐ	彼此	111
bìkāi	避开	167
bìmiǎn	避免	11, 23, 107, 143
bìshǔ	避暑	151
bìxū	必须	99
biānjí	编辑	95
biàn	便	59
biàngé	变革	147
biànhuàn	变换	39
biànlìdiàn	便利店	7
biànrèn	辨认	27
biànshí	辨识	135
bìngfēi	并非	111
bìngqì	摒弃	55
bōduó	剥夺	71
bōfàng	播放	51
bóqǔ	博取	119
bózi	脖子	143
búduàn	不断	151
búgù	不顾	75, 159
búkuài	不快	115
búkuì	不愧	163
bútài	不太	135
búzhìyú	不至于	143
bǔxíbān	补习班	135
bǔxíxiào	补习校	75
bùdébù	不得不	67
bùduān	不端	171
bùguǎn	不管	95, 175, 179
bùjiā	不佳	135
bùjǐn	不仅	23, 87
bùjīn	不禁	31, 39
bùjīngyì	不经意	15
bùkān	不堪	127
bùlǐmào	不礼貌	39
bùshí	不时	51
bùxī	不惜	123
bùyídìng	不一定	7
bùzhībùjué	不知不觉	51, 127
bùfá	步伐	55
bùrù	步入	159

C
cāicè	猜测	15
cáifù	财富	171
càiyáo	菜肴	43
cānsài	参赛	103
cānyǐndiàn	餐饮店	95
cánkuì	惭愧	75
cánshí	蚕食	95
cǎocóng	草丛	39
chābié	差别	91
chājù	差距	43
chāyì	差异	167
chá	查	99
chákàn	查看	95
chángpǎo	长跑	35, 115
chángshì	尝试	151, 167
chāoshì	超市	67
chǎonào	吵闹	31
chèdǐ	彻底	151
chéngběn	成本	63
chéngjiā	成家	159
chéngjiù	成就	147, 167, 179
chéngpìn	诚聘	7
chéngrèn	承认	179
chéngyuán	成员	87, 111
chéngzuò	乘坐	3
chōngjī	冲击	127
chōngxǐ	冲洗	83
chōngpèi	充沛	51
chóngjiàn	重建	135
chóngkāi	重开	79
chóngxīn	重新	35
chóngzhěng	重整	19
chǒngwù	宠物	15

182

chōushíjiān	抽时间	47
chǒunǚ	丑女	163
chūjī	出击	171
chūmáobìng	出毛病	139
chūmíng	出名	55
chūshòu	出售	43
chūzhōng	初中	59
chúfēi	除非	67
chúshī	厨师	139
chǔxīnjīlǜ	处心积虑	91
chuàngxīn	创新	99
cídiǎn	词典	99
cídiào	辞掉	131
císhàn	慈善	43, 55
císhànjiā	慈善家	115
cōngmáng	匆忙	119
cónglái	从来	55
cóngqián	从前	175
cóngshì	从事	43, 131
cóngwèi	从未	11, 127
cóngyī'érzhōng	从一而终	131
cuīshēng	催生	95
cuìruò	脆弱	159
cuòguò	错过	27

D

dǎjià	打架	31
dǎjiāodào	打交道	171
dǎrù	打入	147
dǎtōng	打通	91
dǎzào	打造	7
dǎzhàng	打仗	71
dàpáidàng	大排档	63
dàixièzōnghézhèng	代谢综合症	23
dānfāngmiàn	单方面	43
dānqīn	单亲	71, 75
dānwèi	单位	107
dànbó	淡泊	59
dànchū	淡出	119

dāng	当	71
dǎoméi	倒霉	79
dǎotā	倒塌	11
dàodǐ	到底	103, 131
dàowèi	到位	119
dàoxiè	道谢	163
déshī	得失	111
děi	得	91
dībǎo	低保	75
díquè	的确	123
dìduàn	地段	143
dìjī	地基	11
dìyīshíjiān	第一时间	111
diǎn	点	51, 95
diǎnlǐ	典礼	171
diànchēzhàn	电车站	7
diànfànbāo	电饭煲	139
diànjiā	店家	47
diànmiàn	店面	7
diàodòng	调动	91
diézi	碟子	19
dǐngjí	顶级	23, 59, 103
dìngyì	定义	67, 111
Dōngjīng Qíngkōngtǎ	东京晴空塔	11
dòuzhì	斗志	123
dúshū	读书	155
dùguò	度过	147
duǎnpǎo	短跑	115
duǎnxìn	短信	95
duǎnzàn	短暂	119
duìdài	对待	15
duìwǔ	队伍	75
duìyǒu	队友	123
duōyuánhuà	多元化	119
duóqù	夺去	79
duóqǔ	夺取	43
duǒkāi	躲开	83

E

èxìng xúnhuán	恶性循环	71
éryán	而言	3
éryǐ	而已	35

F

fāfú	发福	119
fā láosāo	发牢骚	163
fàdài	发带	27
fānjiàn	翻建	179
fánrén	烦人	15
fǎn'ér	反而	43, 143
fǎnbó	反驳	103, 155
fǎncháng	反常	131
fànr	范儿	51
fànshì	范式	47
fàntuán	饭团	47
fáng'ài	妨碍	143
fángdìchǎn	房地产	131
fángzū	房租	47
fángfàn	防范	79
fàngqì	放弃	79
fēiyào	非要	95
fēiyínglìtuántǐ	非营利团体	159
fēnbiàn	分辨	139
fēnfā	分发	43, 115
fēnlí	分离	11
fěnsī	粉丝	119
fēngxiǎn	风险	63
fúxiàn	浮现	159
fǔlàn	腐烂	147
fǔyǎng	抚养	87
fùchū	付出	175
fùzhū	付诸	147
fùyù	富裕	103, 107

G

gānrǎo	干扰	151
gǎnlǎnqiú	橄榄球	103

gǎnshàng	赶上	11	gǔguài	古怪	99	hūshì	忽视	63
gǎnshòu	感受	47	gǔjìn	鼓劲	123	hūyù	呼吁	143
gǎntóngshēnshòu			gǔlì	鼓励	123	hùlǐ	护理	75, 179
	感同身受	71	gǔzhǎng	鼓掌	51	huāyàng huábīng		
gànjìnr	干劲儿	87	gǔpén	骨盆	167		花样滑冰	103
gāngqín	钢琴	119	gùyòng	雇用	131	huálì	华丽	51
gǎngwèi	岗位		gùzhíjǐjiàn	固执己见		huáxuě	滑雪	167
	91, 107, 131			163, 179		huàfēn	划分	127
gāo'ǎi	高矮	27	guà	挂	143	huàjiā	画家	39
gāodàng	高档		guān'ài	关爱	115	huáiyí	怀疑	
	35, 63, 139		guānjiàn	关键	11		63, 79, 139, 143	
gāoduān	高端	139	guānxi	关系	91	huánchéng	环城	51
gāofēng	高峰	19	guānxīn	关心	67	huánqiú	环球	47
gāoguǎn	高管	91	guānzhù	关注	15	huǎnjiě	缓解	51
gāokējì	高科技	83	guānyuán	官员	71	huǎnmàn	缓慢	55
gāoshēng	高升	91	guǎngkuò	广阔	3	huànjùhuàshuō		
gāowūjiànlíng			guīdìng	规定	155		换句话说	175
	高屋建瓴	75	guīzé	规则	151	huànxiǎng	幻想	131
gàoshì	告示	7	guójiè	国界	131	huīhuáng	辉煌	19
gēqǔ	歌曲	51	guòdù	过度	75	huíbào	回报	
gèshūjǐjiàn	各抒己见	155					115, 123, 175	
gètǐhù	个体户	87	**H**			huíbì	回避	79
gēnshàng	跟上	83	hǎibào	海报	47	huígù	回顾	75, 151
gōngjù	工具	99, 155	hàisào	害臊	119	huíkuì	回馈	103, 115
gōngxīnjiēcéng			hǎnjiàn	罕见	31, 139	huítóukè	回头客	3
	工薪阶层	147	hǎnjiào	喊叫	51	huìbào	汇报	87
gōngkè	攻克	167	hángyè	行业	87, 171	huìjù	汇聚	23
gōnglù zìxíngchē			háobù	毫不	71	huìkuǎn	汇款	47
	公路自行车	23	hǎochù	好处	59	hùndòngchē	混动车	139
gōngyù	公寓	79	hàoqí	好奇	39	hùnwéiyìtán	混为一谈	111
gōngnéng	功能	63, 139	hédelái	合得来	111	huóyuè	活跃	27, 151
gōngxǐ	恭喜	159	héděng	何等	23	huòdé	获得	23, 143
gòngxiàn	贡献	75	héqi	和气	163	huòjiǎng	获奖	127
gōutōng	沟通	135, 155	hècǎi	喝彩	123	huòjià	货架	139
gǒuzǎi	狗崽	15	hēishèhuì	黑社会	31	huòxǔ	或许	
gòuchéng	构成	147	héngliáng	衡量	163		35, 39, 127, 135	
gòuzhù	构筑	67	hóngwěi	宏伟	147	huòyìliángduō		
gòuwù	购物	67	hòubèi	后背	115		获益良多	171, 179
gūdú	孤独	39	hòushì	后世	147			
gūfù	辜负	175	hòushēngláodòngshěng			**J**		
gūjì	估计	35		厚生劳动省	71	jīhū	几乎	155

184

拼音	词	页码	拼音	词	页码	拼音	词	页码
jīgòu	机构	115	jiàngé	间隔	83	jīngyīng	精英	71
jīlǐ	机理	147	jiànkāng	健康	7	jīngdiǎn	经典	99
jīxíng	机型	139	jiànquán	健全	19	jīngjiǔ	经久	119
jīzhì	机制	75	jiànshi	见识	155, 171	jīnglì	经历	39
jīhuó	激活	19	jiànzhèng	见证	51	jīngyà	惊讶	99, 135
jīliè	激烈	23	jiànyú	鉴于	107	jǐngshǔ	警署	67
jīqíng	激情	119	jiānghuà	僵化	75	jìng	竟	47
jīlěi	积累	27, 83	jiǎngpái	奖牌	103	jìngrán	竟然	51, 139
jīzǎn	积攒	19, 47	jiàngdī	降低	167	jìngsài	竞赛	35
jíbiàn	即便	47, 91, 143	jiàngshēng	降生	31	jìngyì	敬意	87
			jiāokè	教课	39, 135	jìngzhí	径直	15
jíjiāng	即将	7	jiāoshēngguànyǎng	娇生惯养	47	jiǔbā	酒吧	51
jíshǐ	即使	43, 59, 71, 91, 131	jiāotán	交谈	15, 95	jiǔyuǎn	久远	119
jídù	嫉妒	163	jiāowǎng	交往	15, 111, 171	jiùdú	就读	123
jíqǔ	汲取	7				jiùxué	就学	43
jíwéi	极为	51	jiàoliàn	教练	103	jiùyè	就业	71
jíjù	集聚	87	jiàoxùn	教训	27	jūduō	居多	151
jítǐ zìwèiquán	集体自卫权	71	jiēchù	接触	83	jūmín	居民	3
			jiē'èrliánsān	接二连三	95	jūrán	居然	135
jì	既	155				jūní	拘泥	179
jìyǒu	既有	7	jiējì	接济	47	júbù	局部	151
jìchéng	继承	119	jiējiǎo	街角	7	jǔjué	咀嚼	139
jìjiào	计较	111	jiēwǔ	街舞	123	jùbèi	具备	79, 147
jìyì	记忆	39	jiédiǎn	节点	127	jùhuì	聚会	87, 171
jiāyǐ	加以	63	jiégòu	结构	11	jùxī	据悉	135
jiāzhǎng	家长	27, 55	jiéjìn	竭尽	91	jùzēng	剧增	23
jiǎyá	假牙	19	jiéjìnquánlì	竭尽全力	131	juānkuǎn	捐款	115, 143, 159
jiānchí	坚持	35, 59, 83, 159	Jiénísī	杰尼斯	179	juéqǐ	崛起	107
jiānxìn	坚信	147	jiěshì	解释	71, 119	juésài	决赛	127
jiānduān	尖端	83	jièkǒu	借口	35, 127			
jiānkǒu	缄口	163	jièshí	届时	135	**K**		
jiānkǔ	艰苦	35, 123	jīnbuzhù	禁不住	15	kāibàn	开办	131
jiānnán	艰难	71	jīnzìtǎ	金字塔	27	kāifàn	开饭	95
jiǎnféi	减肥	23	jǐnbiāosài	锦标赛	35	kāituō	开脱	163
jiǎnzhèn	减震	11	jǐnjǐn	仅仅	7	kāituò	开拓	175
jiǎnmáo	剪毛	15	jǐnguǎn	尽管	7, 31, 83	kāixué	开学	171
jiǎnyì	简易	63	jìnliàng	尽量	79, 103	kāiyè	开业	3
jiàncì	渐次	75	jìnrì	近日	11	kāizhǎn	开展	43
jiànjiàn	渐渐	55, 107	jìnshēng	晋升	91	kàndài	看待	163
			jīngcǎi	精彩	39, 99	kànhǎo	看好	127

185

kànglì	伉俪	159	lìjí	立即	107, 127	mànyán	蔓延	175
kǎoròu	烤肉	19	lìliang	力量	35	mángdǎ	盲打	55
kàodezhù	靠得住	87	lìzhēng	力争		mángyú	忙于	35
kělián	可怜	143			59, 75, 103, 107	ménkǎn	门槛	147
kěwèi	可谓	63, 155	lìtā	利他	179	ménpiào	门票	11
kěxī	可惜	127	lián	连	35, 39	méngshēng	萌生	31
kèchéng	课程	55	liánwǒ	连我	95	mèngxiǎng	梦想	167
kèlún	客轮	47	liánjià	廉价	63	mílù	迷路	43
kěndìng	肯定		liánmǐn	怜悯	115	mìbùkěfēn	密不可分	175
	95, 135, 151, 175		liánxì	联系	67, 95	miǎnfèi	免费	75
kǒngpà	恐怕	43	liǎnghuíshì	两回事	111	miànshì	面试	91
kòngzhì	控制	11, 139	liáotiān	聊天		miáohuì	描绘	39
kǔnǎo	苦恼	75, 135			75, 135, 167	miáozhǔn	瞄准	63, 99
kù	酷	63	liǎobuqǐ	了不起	167	mǐnjié	敏捷	123
kuàguógōngsī			liǎojiě	了解	11	míng'é	名额	59
	跨国公司	135	liǎojiědào	了解到	63	mínglì	名利	111
kuàimén	快门	27	línjū	邻居	31	míngpái	名牌	175
kuǎndài	款待	3	línlíjìnzhì	淋漓尽致	3	míngshēng	名声	179
kuángrè	狂热	119	lìnxī	吝惜	155	míngxiào	名校	75
kuàngjià	框架	131, 151	línghún	灵魂	15	mínglǎng	明朗	123
kuīsǔn	亏损	63	línghuó	灵活	55	míngxiǎn	明显	67
kuīxīn	亏心	67	línghuóxìng	灵活性	63	mófǎng	模仿	123
kūnchóng	昆虫	99	língyòngqián	零用钱	115	móliàn	磨炼	155
kùnjìng	困境	111	lǐnglüè	领略	15	móuqiú	谋求	7, 43
kuòjiàn	扩建	179	lǐngqǔ	领取	67, 75	mǔxiào	母校	123, 171
			lǐngyù	领域	155, 171	mǔzǐ	母子	71
L			lìngrén	令人	135	mùguāng	目光	95, 163
lālāduì	啦啦队	123	liù	遛	15			
láiyuán	来源	159	lùbiāntān	路边摊	63	**N**		
lánqiú	篮球	103	lùrén	路人	143	nǎpà	哪怕	115
lántú	蓝图	147	lùxù	陆续	19, 35	nǎinai	奶奶	31
láojì	牢记	87	luòhòu	落后	135	nàixīn	耐心	83
lǎolínghuà	老龄化	19	luòshí	落实	147	nándào	难道	107, 119
lǎoshi shuō	老实说	19	lüèyǒu	略有	63	nánguài	难怪	23
lèqù	乐趣	59				nányǐyányù	难以言喻	119
lěijì	累计	3	**M**			nǎohǎi	脑海	159
lǐfà	理发	51	mǎdá	马达	83	nèigé huìyì	内阁会议	71
lǐsuǒyīngdāng			mà	骂	151	nèizhì	内置	99
	理所应当	115	màichū	迈出	167	néngfǒu	能否	67
lǐxiǎng	理想	23	mǎntóudàhàn			nénggàn	能干	159
lìhai	厉害	79		满头大汗	23	niánfùlìqiáng	年富力强	19

186

niánmǎn	年满	19	píngjià	平价	7	qínggǎn	情感	31
niàngchéng	酿成	107	píngshí	平时		qíngxíng	情形	179
niēbǎhàn	捏把汗	23			31, 47, 155	qǐngqiú	请求	47
níngshì	凝视	39	píngjià	评价	87	qìngzhù	庆祝	171
nóngyù	浓郁	147	píngmù	屏幕	51	qiúzhí shēnqǐng		
nòngbuqīng	弄不清	135	pòbùdéyǐ	迫不得已	79		求职申请	131
nòngzāng	弄脏	15	pǔbiàn	普遍	115, 151	qūfú	屈服	39
			pǔjí	普及	115, 151	qūzhǐkěshǔ	屈指可数	163
O						qǔjǐngqì	取景器	27
ǒuxiàng	偶像	119	Q			qù	去	3
			qíchē	骑车	35	quānzi	圈子	171
P			qízhì	旗帜	143	quánqiú	全球	35
páshān	爬山	167	qǐbù	起步	135	quànshuō	劝说	171
pāishè	拍摄	27, 63	qǐdiǎn	起点	111	quēfá	缺乏	
pāizhào	拍照	27	qǐyīn	起因	135			47, 75, 123, 155
pāndēng	攀登	39	qǐrényōutiān			quēshǎo	缺少	115
pángdà	庞大	83		杞人忧天	159	quèshí	确实	87
pángrén	旁人	163	qìněi	气馁	59	qúntǐ	群体	71
pàomò	泡沫	75	qìquán	弃权	127			
pàomòjīngjì	泡沫经济	131	qiàqià	恰恰	171	R		
péiyǎng	培养	31	qiānmíng	签名	143	rán'ér	然而	55, 115
pēnchū	喷出	83	qiānxū	谦虚	59	rào	绕	151
pēngrèn	烹饪	139	qiánbèi	前辈	87	rèliàng	热量	23
pèng	碰	59, 151, 167	qiánbùjiǔ	前不久	87, 111	rènao	热闹	143
pīpíng	批评	15	qiánwǎng	前往	123	rèqíng	热情	147
píbèi	疲惫	127	qiánxiàn	前线	71	rèzhōng	热衷	51
pífū	皮肤	83	qiáncái	钱财	115	rénqún	人群	127
píqi	脾气	111	qiǎntán	浅谈	107	rénxíngdào	人行道	151
píqixiāngtóu			qiángjìng	强劲	99	rěnshòu	忍受	167
	脾气相投	171	qiángrén	强人	159	rènhé	任何	
piànduàn	片段	99	qiángzhuàng	强壮	167			35, 67, 131
piē	撇	163	qiěmàn	且慢	111	rènmiǎn	任免	91
pīnmìng	拼命		qīnpénghǎoyǒu			rènqīng	认清	151, 155
		23, 107, 127		亲朋好友	159	réngrán	仍然	107
pínkùn	贫困	71	qīnqiè	亲切	95	róngrù	融入	63
pínqióng	贫穷	43	qīnyǎn	亲眼	175	róngshēn	容身	175
pǐnpái	品牌	23	qīngnáng xiāngzhù			róngyù	荣誉	23
pìnyòng	聘用	103		倾囊相助	115	rúhé	如何	
píng	凭	107	qīngtīng	倾听	67			19, 55, 111, 139, 155
píngdàn	平淡	175	qīngyán	轻言	167	rújīn	如今	103, 155
pínghéng	平衡	39	qīngyì	轻易	107	ruǎnyìngdù	软硬度	139

S

sàichǎng	赛场	35
sàishì	赛事	123
sàngshī	丧失	87, 99
shāndìyuèyěpǎosài		
	山地越野跑赛	127, 151
shāndòng	煽动	71
shàncháng	擅长	
		3, 27, 39, 55, 135
shànxíng	善行	159
shànyì	善意	43, 115
shàngbèi	上辈	179
shàngjìn	上进	87
shàngmén	上门	47
shàngsè	上色	39
shàngshù	上述	127
shàngwǎng	上网	55
shàngwèi	尚未	179
shǎoguǎnxiánshì		
	少管闲事	31
shēchǐ	奢侈	15, 35, 99
shèjiāo	社交	155
shèjiāo wǎngzhàn		
	社交网站	95, 111
shèqǔ	摄取	23
shèyǒu	设有	11
shēnbiān	身边	55
shēnchuān	身穿	119
shēnqǐng	申请	143
shēnrù	深入	39
shēnzhī	深知	59
shénmì	神秘	11
shénsè	神色	15, 23
shènzhì	甚至	
		7, 135, 179
shēngchēng	声称	35
shēngsīlìjié	声嘶力竭	123
shēngyàn	生厌	163
shēngyi	生意	63
shēngyù	生育	19
shèngchū	胜出	87, 91
shèngqíng	盛情	3
shèngxià	剩下	147
shèngxíng	盛行	103
shīgōng	施工	7
shīxiōng	师兄	47
shíbiàn	识辨	27
shíduàn	时段	63
shí'ér	时而	39
shíshí	时时	3
shíjiàn	实践	151
shílì	实力	71
shípǔ	食谱	139
shízìlùkǒu	十字路口	7
shǐmìng	使命	147
shìchuān	试穿	43
shìdàng	适当	51, 127
shìhé	适合	63, 99
shìjiǎo	视角	47
shìpín	视频	51, 63
shìqì	士气	123
shōuhuò	收获	179
shōulù	收录	99
shǒudūquān	首都圈	3, 79
shǒuqūyìzhǐ	首屈一指	59
shǒutóu	手头	95
shòubuliǎo	受不了	167
shòuquánfāng qǐyè		
	授权方企业	7
shūfǎjiā	书法家	87
shūjí	书籍	155
shūmiàn kǎoshì		
	书面考试	55
shūguǒ	蔬果	147
shūshì	舒适	19, 83
shúxī	熟悉	111
shùcuò	数错	27
shùjù	数据	83, 139
shùmǎ	数码	27
shuāituì	衰退	127
shuǎimài	甩卖	95
shuàigē	帅哥	163
shuǐdī	水滴	83
shùnbiàn	顺便	103
sīháo	丝毫	147
sìhū	似乎	7
sǒnglì	耸立	11
suīrán	虽然	55
suíchù	随处	3
suízhe	随着	151
suìdiào	扔掉	31
suǒcháng	所长	107
suǒwèi	所谓	19, 63, 91
suǒdìng	锁定	91
suǒmén	锁门	67, 79

T

tāxiāng	他乡	31
tānfàn	摊贩	63
tānzi	摊子	123
tánhuāyíxiàn		
	昙花一现	119
tánjí	谈及	31
tántiānshuōdì		
	谈天说地	171
tánzī	谈资	111
tǎnrán	坦然	79
tǎntè	忐忑	111
tànbǐ	炭笔	39
tànjiū	探究	63
tànqīn	探亲	19
tángniàobìng	糖尿病	23
tǎngruò	倘若	127, 147
táocí	陶瓷	83
táoyì	逃逸	67
tǎoyàn	讨厌	151
tèchǎn	特产	43, 63
tèyì	特意	31
tíxǐng	提醒	87, 111
tǐhuì	体会	
		39, 59, 71, 135, 159, 179
tǐtài	体态	119
tǐxiàn	体现	147

tiānjià	天价	31	wēihài	危害	147	Xiàwēiyí	夏威夷	35
tiánxiě	填写	91	wēixiào	微笑	39	xiānjìn	先进	11
tiáokuǎn	条款	143	wēiyán	威严	163	xiāntiān	先天	59
tiàocáo	跳槽	131	wéibèi	违背	143	xiānxì	纤细	11
tiěrénsānxiàng			wéihù	维护	139	xiānyàn	鲜艳	27
	铁人三项	35	wěizhuāng	伪装	91	xiǎnshì	显示	115
tiěrénsānxiàngsài			wèihé	为何	123	xiǎnxiàngguǎn		
	铁人三项赛	151	wèisuō	畏缩	163		显像管	31
tiězi	帖子	95, 155	wènhòu	问候	67	xiànchǎng yǎnchànghuì		
tīngzhīrènzhī			wòchuángbùqǐ				现场演唱会	119
	听之任之	7, 159		卧床不起	127	xiànxiàng	现象	27
tíngliú	停留	59	wúbànzòu héchàng			xiànfǎ	宪法	71
tíngyùn	停运	79		无伴奏合唱	123	xiànrù	陷入	51, 111
tíngzhì	停滞	123	wúfǎ	无法		xiànzhì	限制	143
tíngzhìbùqián					39, 79, 167	xiāngbǐ	相比	135
	停滞不前	147	wúlùn	无论	91	xiāngchǔ	相处	171
tōngguān	通观	75	wúnài	无奈	175	xiāngdāngyú	相当于	3
tōngsuō	通缩	51	wúqióng	无穷	83	xiāngfǎn	相反	99
tóngháng	同行	87	wúshén	无神	163	xiāngguān	相关	55
tónglíng	同龄	23	wúzǔ	无阻	143	xiāngjì	相继	99
tóngwū	同屋	35	wúyōngzhìyí			xiāngsì	相似	3
tǒngjì	统计	103		毋庸置疑	15	xiāngxìn	相信	67
tōutōu	偷偷	27	wǔlì	武力	71	xiāngxià	乡下	67
tújiàn	图鉴	99	wǔtīng	舞厅	75	xiǎngbì	想必	119
túzhōng	途中	7				xiǎngniàn	想念	31
tǔrǎng	土壤	147	X			xiǎngshòu	享受	
tuánduì	团队	143	xīfú	西服	51			15, 19, 59, 79, 107
tuīxiāo	推销		xīgài	膝盖	23	xiàngmù	项目	
		47, 87, 91, 95	xīguānjié	膝关节	179			115, 151, 159
tuīxiè	推卸	163	xīqǔ	吸取	27	xiàngsù	像素	63
tuìxiū	退休	91	xīyǐn	吸引	23	xiāochú	消除	75, 79
tuǒdàng	妥当	103	xǐyuè	喜悦	115	xiāohào	消耗	23
tuòzhǎn	拓展	7	xì	系	171	xiǎogǒu	小狗	31
			xìwēi	细微	83, 139	xiàoxiànghuà	肖像画	119
W			xìxīn	细心	3	xiàoyǒu	校友	171
wàizhuàn	外传	163	xìzhì	细致	39	xiàoyuán	校园	123, 171
wán'ǒu	玩偶	15	xiá'ài	狭隘	171	xiétiáo	协调	75
wánshuǎ	玩耍	3	xiàgōngfu	下功夫	27	xiétóng xiàoyìng		
wánshàn	完善	55	xiàshǔ	下属	91		协同效应	123
wǎnnián	晚年	19	xiàzǎi	下载	95, 139	xīnchóu	薪酬	131
wǎngmín	网民	155	xiàyítiào	吓一跳	103	xīnkuǎn	新款	95

pinyin	词	页码
xīnniáng	新娘	43
xīnrén	新人	159
xīnhuái	心怀	31
xīnlíng	心灵	31
xīnlǜbùqí	心律不齐	167
xīnqíng	心情	115
xīnzhì	心智	179
xīnshǎng	欣赏	39, 51
xìnfú	信服	83
xīngqǐ	兴起	151
xǐngwù	醒悟	175
xìngkuī	幸亏	59
xìngmiǎn	幸免	115
xiūchǐ	羞耻	115
xiūzhèng	修正	75
xiūzhǐ	休止	95
xuānchuáncè	宣传册	43
xuānjiǎng	宣讲	107
xuézhǎng	学长	171
xúnhuán	循环	75
xùnliàn	训练	35

Y

pinyin	词	页码
yāsuō	压缩	87
yāyì	压抑	163
yà	亚	135
Yàzhōu	亚洲	63
yàgēnr	压根	143
yán'àn	沿岸	55
yánfā	研发	83
yántǎohuì	研讨会	63
yánzhì	研制	139
yánjùn	严峻	107, 175
yánzhòng	严重	55
yǎnqiú	眼球	123, 143
yànjuàn	厌倦	131
yǎnggǒu	养狗	15
yǎnglǎojīn	养老金	19
yāoqǐng	邀请	111
yáogǔnyuè	摇滚乐	179
yáohuàng	摇晃	11

pinyin	词	页码
yěxǔ	也许	175
yèbúbìhù	夜不闭户	67
yīcì	依次	27
yīkào	依靠	87, 99, 107
yíbèi	一辈	35
yíbèizi	一辈子	39, 55
yígezhōngtóu	一个钟头	3
yíhàn	遗憾	127
yǐwǎng	以往	55, 103
yìchéngbúbiàn	一成不变	27
yìlì	毅力	167
yìwài	意外	143
yīn'ér	因而	59
yīnsù	因素	35, 55, 147
yǐnyuē	隐约	91
yīngjiè	应届	107
yīngyǒu	应有	107
yíngguāng	萤光	27
yíngjiē	迎接	35
yíngnán'érshàng	迎难而上	167
yíngxiāo	营销	47
yìngfu	应付	55
yìngyòng	应用	11, 95
yōngjǐ	拥挤	151
yònggōng	用功	107
yòngrénjīngfèi	用人经费	159
yóucǐkějiàn	由此可见	167
yóuzhōng	由衷	115
yóujiàn	邮件	95
yóuxiāng	邮箱	95
yóuxì	游戏	155
yǒuqù	有趣	11, 87
yòuzhì	幼稚	155
yúqián	余钱	47
yǔqì	语气	155

pinyin	词	页码
yùdào	遇到	27
yùhòu	预后	179
yùliào	预料	91
yùsài	预赛	127
yùyuē	预约	139
yùwàng	欲望	175
yuánběn	原本	3
yuángōng	员工	3
yuánshǒu	援手	135
yuánzhù	圆柱	11
yuànhèn	怨恨	163
yuànwàng	愿望	31
yuèfù	岳父	179
yuèmǔ	岳母	31, 179
yǔnxǔ	允许	47, 71, 83
yùnyíng	运营	79

Z

pinyin	词	页码
zá	砸	31
zāipéi	栽培	147
zāiqū	灾区	55, 143, 159
zàisuǒbùxī	在所不惜	131
zàn	赞	95
zànzhù	赞助	115
zànzhùshāng	赞助商	103
zànqiě	暂且	179
zāogāo	糟糕	55
zāoyù	遭遇	79
zǎojiù	早就	79, 99, 171, 179
zǎowǎn	早晚	51
zé	则	59, 95, 135, 139
zéyè	择业	131
zháinán	宅男	119
zhǎnlǎnhuì	展览会	39
zhǎnwàng	展望	11
zhǎnwèi	展位	43
zhàntái	站台	79
zhànjù	占据	7

zhāngtiē	张贴	47	zhìhuàn	置换	179	zhuǎnniàn	转念	159
zhǎngwò	掌握	59	zhìnáng	智囊	171	zhuànqián	赚钱	75
zhāohu	招呼	43	zhìnéngshǒujī			zhuàng	撞	67
zhāopìn	招聘	107		智能手机	139	zhuàngtài	状态	127
zhàoshì	肇事	67	zhìshǎo	至少		zhuīsuí	追随	123
zhēnxīn	真心	155			51, 103, 155	zhuóshí	着实	23, 99
zhènhàn	震撼	39	zhìyǒu	挚友	111	zhuózhòng	着重	7
zhènzuò	振作	127	zhōngdiǎn	终点	27, 91	zhuóyuè	卓越	139
zhēngduó	争夺	7	zhōngshēn	终身	131	zītài	姿态	91
zhēngqǔ	争取	59	zhōngyú	终于	115	zīxúnshī	咨询师	87
zhēngjí	征集	143	zhòngzhí	种植	147	zīzhù	资助	103, 159
zhěngge	整个	3	zhūduō	诸多	63	zǐxì	仔细	15
zhěngqí	整齐	123	Zhūmùlǎngmǎfēng			zì	自	3
zhèngquè	正确	75		珠穆朗玛峰	167	zìgǔyǐlái	自古以来	11
zhèngshì	正视	59	zhúbù	逐步	67	zìháo	自豪	83
zhèngzhí	正值	131	zhújiàn	逐渐	15	zìláishuǐ	自来水	83
zhǐbuguò	只不过		zhǔchírén	主持人	115	zìyǐwéishì	自以为是	43
	35, 47, 99, 111, 131	zhǔdòng	主动	171	zǒngjié	总结	71
zhīchēng	支撑	111	zhǔjué	主角	123	zǒngrénkǒu	总人口	3
zhīchí	支持	3	zhǔliú	主流	147	zǒngshì	总是	3
zhíchǎng	职场	91	zhǔzhǐ	主旨	143	zúqiú	足球	103
zhíyè	职业	103	zhǔfàn	煮饭	139	zǔ'ài	阻碍	35, 55
zhídào	直到	63	zhùcè	注册	103	zǔchéng	组成	27
zhíjìng	直径	11	zhùcún	贮存	147	zuānyán	钻研	59
zhǐchū	指出	99	zhùmíng	著名	167	zuǐjiǎo	嘴角	163
zhǐyào	只要	131	zhuānmén	专门	75	zūnshǒu	遵守	143, 151
zhìcí	致辞	119	zhuǎnhuàn	转换	47	zuòděng	坐等	167
zhìdìng	制定	31						

著者略歴

木本一彰（きもと かずあき）
1963年生まれ。1987年大阪外国語大学（現大阪大学外国語学部）中国語学科卒業。同年、共同通信社入社。1991年全日本トライアスロン皆生大会初出場。1996年〜1997年北京の対外経済貿易大学に語学留学。社会部、外信部記者を経て2001年〜2003年香港支局長。2008年から国際局多言語サービス室。トライアスロン（ロングタイプ）9回、ウルトラマラソン（100キロ超）8回など完走多数。

中国語監修
孫暁艶、許欣斐

吹き込み
李軼倫、李婷

中国語筋トレ100読練習法（MP3CD付）

2015年 8月31日　初版第1刷発行
2021年 4月10日　初版第6刷発行

著　者●木本一彰
発行者●山田真史
発行所●株式会社東方書店
　　　　東京都千代田区神田神保町1-3　〒101-0051
　　　　電話(03)3294-1001　営業電話(03)3937-0300
装　幀●大田真一郎
印　刷●モリモト印刷株式会社
CD製作●東京録音

※定価はカバーに表示してあります

Ⓒ2015　木本一彰　　Printed in Japan
ISBN978-4-497-21509-3　C3087

乱丁・落丁本はお取り替え致します。恐れ入りますが直接本社へご郵送ください。
Ⓡ本書を無断で複写複製（コピー）することは、著作権法上での例外を除き、禁じられています。本書をコピーされる場合は、事前に日本複製権センター（JRRC）の許諾を受けてください。
JRRC〈http://www.jrrc.or.jp　Eメール：info@jrrc.or.jp　電話：03-3401-2382〉
小社ホームページ〈中国・本の情報館〉で小社出版物のご案内をしております。
http://www.toho-shoten.co.jp/

好評発売中
（価格は10%税込で表示しています）

HSK6級 読む聴く覚える2500
（音声ダウンロード方式、チェックシート付き）

田芳・安明姫著／72篇の文章を繰り返し聴き、繰り返し読んで、HSK6級の新出語彙2500語を身に付けよう。
…… A5判320頁◎税込3300円（本体3000円）978-4-497-22023-3

すらすらさくさく
中国語中級ドリル1000

林松濤・謝辰著／すらすら訳してさくさく作文！ "是〜的"文、"了"、"把"など36のポイントにしぼった和文中訳・中文和訳ドリル1000問。
…… A5判208頁◎税込1980円（本体1800円）978-4-497-21901-5

やさしくくわしい
中国語文法の基礎
改訂新版

守屋宏則・李軼倫著／充実した検索機能など旧版の長所はそのままに、例文を全面的に見直し、解説もアップデート。
……… A5判380頁◎税込2640円（本体2400円）978-4-497-21918-3

つたわる中国語文法
前置詞・副詞・接続詞を総復習

林松濤著／空間・時間、受け手と対象など、虚詞（前置詞・副詞・接続詞）を意味ごとにまとめ、用法や使い分けをすっきり解説。例文も満載。
……… A5判376頁◎税込2640円（本体2400円）978-4-497-21709-7

東方書店ホームページ〈中国・本の情報館〉https://www.toho-shoten.co.jp/